应用技能型院校"十四五"规划教材

立体化校企合作财经教材

财经应用文实训教程

（第二版）

杨汉东 / 主　编

张　莉 / 副主编

立信会计出版社

LIXIN ACCOUNTING PUBLISHING HOUSE

图书在版编目(CIP)数据

财经应用文实训教程 / 杨汉东主编. —2 版. —上海:立信会计出版社,2021.5(2024.8 重印)

ISBN 978 - 7 - 5429 - 6713 - 8

Ⅰ. ①财… Ⅱ.①杨… Ⅲ.①经济—应用文—写作—高等学校—教材 Ⅳ.①H152.3

中国版本图书馆 CIP 数据核字(2021)第 066641 号

策划编辑 赵新民
责任编辑 孙 勇
封面设计 南房间

财经应用文实训教程(第二版)

Caijing Yingyongwen Shixun Jiaocheng

出版发行	立信会计出版社			
地　　址	上海市中山西路 2230 号	邮政编码	200235	
电　　话	(021)64411389	传　　真	(021)64411325	
网　　址	www.lixinaph.com	电子邮箱	lixinaph2019@126.com	
网上书店	http://lixin.jd.com	http://lxkjcbs.tmall.com		
经　　销	各地新华书店			

印　　刷	浙江天地海印刷有限公司
开　　本	787 毫米×1092 毫米　　　1/16
印　　张	13.75
字　　数	326 千字
版　　次	2021 年 5 月第 2 版
印　　次	2024 年 8 月第 2 次
书　　号	ISBN 978 - 7 - 5429 - 6713 - 8/H
定　　价	36.00 元

如有印订差错,请与本社联系调换

随着社会的发展和进步,应用文成为传递信息、组织生产、推广成果、发展科学,以及人们在社会交往、思想交流中使用的重要工具。在现实社会里,人们无论从事何种工作,都离不开应用文。有人把应用文写作能力和英语能力、计算机能力列为当代大学生必须具备的三种基本能力。就经济类专业的高职高专学生而言,具备较强的财经应用文写作能力是适应职业发展的需要,也是提升自身职场竞争力的需要。基于此,我们在多年教学实践的基础上探索性地编写了这本教材,以供职业院校财经、商贸类学生学习使用。

本教材的主要特点是:

(1)突破了以学科体系为主的传统教材模式,构建了体现职业岗位能力的项目任务式的教材体系。教材编写中以项目任务为载体,以学校生活、工作过程等真实情境为主线,划分成"基础项目""提高项目""专业项目"等部分,再将每个项目分解成具体任务。

(2)体例新颖、选文典型,具有可读性和可操作性。教材整体结构采用"任务导入——任务要求——知识准备——范文赏析——任务实施"五个环节,以案例引领,先理论后实践,由格式到内容,由思路到方法,使学生的财经商贸应用文知识体系逐步形成,最终实现由模仿写作到独立写作的跨越。

(3)紧密对接新的法律、法规、条例、标准等,确保教材内容的新颖性和科学性。2020年5月28日,十三届全国人大三次会议表决通过了《中华人民共和国民法典》,自2021年1月1日起施行。本教材中涉及的合同部分是按照《中华人民共和国民法典》的规定来编写的,确保了教材内容与时俱进。

本教材建议教学课时为72学时(18周×4课时/周),课时分配见下表。实际教学时可视教学时间和教学对象进行调整。

课时分配建议

教学内容	讲授	实践	合计
项目一　财经应用文基础知识	3	1	4
项目二　常见的校园文书	6	4	10
项目三　常见的财经社交文书	6	4	10
项目四　常见的财经事务文书	8	6	14
项目五　常见的财经公务文书	8	6	14
项目六　常见的财经专业文书	10	9	19
附录		1	1
合　计	41	31	72

　　本教材由无锡市教师发展学院、无锡城市职业技术学院的老师参与编写。杨汉东任主编，张莉任副主编，由杨汉东、张莉修改定稿。本教材编写的具体分工为：项目一、项目四(任务六)、项目五、项目六(任务七)由杨汉东编写，项目二、项目六(任务六)由张莉编写，项目四(任务一、任务二)、项目六(任务一至任务四)由陈玉英编写，项目三、项目六(任务五)由胡懿编写，项目四(任务三至任务五)、项目六(任务八)由王海燕编写。本教材在编写过程中，得到了无锡城市职业技术学院和无锡市教育科学研究院诸多同志的大力支持和热情帮助，在此一并表示感谢。

　　本教材在编写过程中，参考了一些相关资料，引用了一些研究成果，在此一并表示感谢。由于编写时间仓促、编者水平有限，不足之处在所难免，敬请广大教师和读者多提宝贵意见，以期日臻完善。

编　者

2021 年 4 月

Contents

项目一

财经应用文基础知识

项目引领

刘丽同学,新学期了,你写一份新学期学习计划吧!

什么是财经应用文?如何写作财经应用文呢?

　　财经应用文写作能力既是做好财经工作的基本要求,也是从事财经工作人员综合素质的组成部分,更是担任领导职务的必备能力。财经应用文写作能力的提高不可能一蹴而就,而是一个不断学习总结、逐步提高的过程。我们只有平时用心学习,把握写作的结构、理清写作的思路,把财经应用文写作理论和工作实践相结合,才能使写作能力逐步得到提高。

项目目标

1. 了解财经应用文的性质、特点、功能
2. 掌握财经应用文写作主旨、材料、结构、语言的要求
3. 能分析财经应用文的结构形式
4. 能够正确运用财经应用文的语言

任务一　走进财经应用文

任务导入

秋风送爽、丹桂飘香，刘丽同学开始了大专学习生活。不久，她接到班主任王老师布置的一项任务，让她写一篇新学期个人发展计划。几天后，她把新学期个人发展计划交给了班主任，没想到被老师退了回来，班主任说她写的是散文，不是应用文，不符合规范，那什么是应用文呢？它与文学作品有联系吗？

任务要求

1. 了解财经应用文的性质、功能
2. 掌握财经应用文的特点

知识准备

一、财经应用文的性质

关于"应用文"的性质，学界并无统一、严格的定义，尚需辨析。

《辞海》中指出，应用文是指日常生活或工作中经常应用的文体，如公文、契约、条据等；《现代汉语词典》中对"应用文"一词的解释与《辞海》中的解释相差不大。由此可见，应用文是处理日常生活或工作事务时采用的一种文体，"处理日常或工作事务"可以说是应用文与文学作品的最主要区别。

纵观应用文和文学作品，应用文大多有特定的形式或者惯用的格式，而文学作品没有相对固定的格式。

综上所述，所谓应用文，是指国家机关、社会团体、企事业单位和人民群众在处理日常生活或工作事务时，经常应用的、具有特定形式或惯用格式的文体。

随着社会的发展，人们在工作和生活中的交往越来越频繁，事情也越来越复杂，因此，应用文的功能也就越来越广，种类也越来越多，有日常的私务应用文、法定性的公务应用文、事务性的公务应用文、专业性的应用文等。

财经应用文就是专业性应用文的一种，其概念有狭义和广义之分。狭义的财经应用文专指各类只为财经工作所用的财经专业文书，是专门用于经济活动的经济应用文体的统称。广义的财经应用文是指国家机关、社会团体、企事业单位、人民群众在财经工作中所使用的各类应用文书的统称，既包括财经专业文书，也包括一些同时在其他领域应用的文书。本书中所指的财经应用文采用的是广义概念。

资料卡

应用文的溯源

我国甲骨文所载内容"卜辞"是应用文的雏形。周代《尚书》是我国现存最早、保存最完整的一部以应用文为主要内容的历史文献总集,除此之外,秦代的制诏谕奏、汉代的表疏律令、魏晋的简牍署书、唐宋的图籍表册、明清的史册文翰也都是应用文。

"应用文"一词,最早见于北宋,欧阳修在他的《免进五代史状》中说:"自忝窃于科名,不忍忘其素习,时有妄作,皆应用文字。"但其所指的应用文与现在的概念完全不同。

我国历史上,第一次正式提出"应用文"概念的是清代学者刘熙载。

二、财经应用文的特点

财经应用文具有应用文的共性特征,也具有其自身的个性特征。

1. 价值的实用性

"实用性"是应用文区别于其他文章的根本属性。应用文是为解决生活或工作中的问题而产生的,而文学是为了抒发情感,反映现实生活,感化、教育社会而创作的。

人类的写作活动是伴随着文字的产生而开始的,应用文最初的诞生就是为了实际应用。随着社会的发展和科学技术的进步,现在应用文已经成为人们传递信息、处理事务、解决问题、交流经验的一种必不可少的工具,并且在纷繁复杂的社会事务中越来越显现出它的重要性。应用文与我们的生活关系密切,大到国家大事,小到生活琐事。例如,国家机关宣传党的政策、指导工作,需要用到行政公文;企事业单位要经营管理,需要用到计划、总结;单位和单位之间交流合作,需要用到函和经济合同;企业面向社会招聘员工,需要写招聘启事;个人生活中,想把丢失的东西找回来,需要写寻物启事;想找份工作,一封求职信可以成为你和用人单位之间沟通的桥梁。

而文学反映社会生活,有认识社会、娱乐消遣、陶冶情操、提高鉴赏能力等功能,但它核心和本质的功能是感化、教育读者。文学通过人物形象的塑造、跌宕起伏的情节和激烈的矛盾冲突给人们美的享受,同时,也使读者潜移默化地受到熏陶感染,凭借情感的沟通,激发人们心灵中潜在的向往真善美和追求自由的天性,以使读者体悟人生的真谛和提升精神境界。

2. 材料的真实性

一切文章都要求做到材料真实,"真实"是文章的生命。但文学的真实和应用文的真实是不同的。

文学的真实,是指艺术的真实,允许艺术的虚构。文学中所反映的生活,源于生活又高于生活,不一定是现实生活本身,可以是经过作者加工的艺术生活。正如鲁迅先生所说:"作家所写的事迹,大抵有一点见过或听到过的缘由,但决不全用事实,只是采取一端,加以改造,或者生发开去,到足以几乎完全发表我的意思为止。人物的模特儿也一样,没有专用过一人,往往嘴在浙江,脸在北京,衣服在山西,是一个拼凑起来的角色。"

但应用文要求的材料真实,是指文本中所涉及的人和事必须真实可靠、准确无误,也就是说,应用文在内容上必须完全符合客观实际,既不能夸大也不能缩小,更不能经过任何艺术加工。

3. 结构的规范性

结构的规范性是应用文区别于文学作品的又一大重要特点。文学作品在结构上没有固定的要求,力戒程式,力求创新,可以说"文无定法"。而应用文的结构有"约定俗成"或"法定使成"的规范。

每一种应用文都有固定的格式。一些应用文是人们在长期的实践过程中流传、效仿并形成社会公认的结构,我们称之为"约定俗成",如书信、条据等。还有一些应用文的格式以法律或法规的形式加以明确,并在管辖范围或行业内普遍执行,我们称之为"法定使成"。例如,《党政机关公文处理工作条例》(中办发〔2012〕14 号)和《党政机关公文格式》(GB/T 9704—2012)对我国现行的党政机关公文的结构要素和结构形式作了明确的规定。

4. 语言的简约性

这一特点可以说是由"价值的实用性"派生出来的。应用文是用来解决现实问题的。因此,作者必须使用简约明了的语言将思想观点表达清晰。正如叶圣陶先生在谈公文写作时说:"公文必须写得一清二楚、十分明确,句稳词妥,通体通顺,让人家不折不扣地了解你说的是什么。"

在句式的使用上,为了便于理解,尽量用单句不用复句;语言朴实,明白晓畅,不用象征、隐喻、比拟、暗示、双关、夸张等可能引起读者对文意曲解或引申的修辞方式;尽量不用生僻的典故成语;使用庄重典雅的书面语,少用或不用方言、俚语、歇后语等。

5. 明显的专业性

财经应用文作为专业性应用文的一种,除具有上述应用文的共性特点之外,还具有自身的个性特征,即极强的专业性,具体体现在内容、语言等几个方面。内容上,财经应用文主要以经济活动为主要写作内容;语言上,财经应用文多采用财经方面的专业术语,如资产、负债、成本、费用、利润、标的、价金等。

资料卡

应用文的分类

应用文分为公务应用文和私务应用文两大类。

公务应用文可以分为通用文书和专业文书两大类。通用文书又分为法定公文(如党政公文、军队公文)、事务文书(如计划、总结、简报、制度、办法)。专业文书可以分为财经文书、法律文书等。

私务应用文可以分为书信、传志等类别。

三、财经应用文的功能

应用文的写作历史悠久,它追随着人类文明的诞生与发展。从它诞生之日起,就确定了其在社会与个体生活中的重要地位。财经应用文作为其分支之一,在我国经济发展的各个时期,都起着十分重要的作用。

1. 计划指导作用

为了将国家经济发展的方针政策或单位的规章制度、经营决策贯彻下去,发文单位一般都会以决定、通知等公务文书的形式部署工作,要求收文单位以该应用文为依据和指导,遵照或参照执行文件精神,并通过实践,将该应用文的内容落到实处。实际工作中,规模较大的公司常常以决定、通知等文书来实现决策的落实和管理的实施。

2. 沟通协调作用

现代社会,特别是在经济领域,分工合作尤为紧密,单位与单位之间、个人与个人之间、单位与个人之间交流沟通十分频繁,财经应用文就是实现有效沟通的工具之一。它在交流信息、联系情感、协商事项等方面起着十分重要的作用,如函、经济合同、条据、申请书、招投标书、经济起诉状等。

3. 规范促进作用

一个单位就是一个小的社会,各种关系错综复杂,协调各方关系、平衡各方利益就显得尤为重要,借助应用文也可以实现这一目的。财经应用文中的许多文种,如规定、章程,都不同程度地规范了人们的行为准则;企业的内部审计报告可以监督检查各部门的经济活动,及时纠正错误,提高经济效益。

另外,企业的主要目的是提高经济效益,财经应用文中的招投标书可以推介企业、改善经营;市场调查报告能够为企业决策提供参考依据;企业的内部审计报告可以促使企业内控制度更加健全完善;商品广告可以树立企业的良好社会形象,促进产品或服务的推广和销售。

4. 依据凭证作用

财经应用文记载着每个经济部门各个时期的经济活动,它为一定范围的单位或个人提供了办事的依据。各种票据,是经济活动的基础性工具;各种契约文书,如合同、意向书、招投标书,是单位或个人开展正常经济活动的保障,也是处理经济纠纷的重要依据。另外,财经应用文资料的积累,也为经济活动的研究和探索提供了丰富、翔实的第一手资料。

任务实施

想一想

1. 什么是财经应用文?

2. 请结合《财政部关于印发〈会计人员管理办法〉的通知》(节选)一文,谈谈财经应用文具有哪些特点和功能。

财政部关于印发《会计人员管理办法》的通知

财会〔2018〕33 号

各省、自治区、直辖市、计划单列市财政厅(局),新疆生产建设兵团财政局,中共中央直属机关事务管理局,国家机关事务管理局财务管理司,中央军委后勤保障部财务局:

为加强会计人员管理,明确会计人员范围和专业能力要求,根据《中华人民共和国会计法》及相关法律法规的规定,我部制定了《会计人员管理办法》,现予印发,请遵照执行。

财 政 部

2018 年 12 月 6 日

会计人员管理办法

第一条 为加强会计人员管理,规范会计人员行为,根据《中华人民共和国会计法》及相关法律法规的规定,制定本办法。

第二条 会计人员,是指根据《中华人民共和国会计法》的规定,在国家机关、社会团体、企业、事业单位和其他组织(以下统称单位)中从事会计核算、实行会计监督等会计工作的人员。

会计人员包括从事下列具体会计工作的人员：

（一）出纳；

（二）稽核；

（三）资产、负债和所有者权益（净资产）的核算；

（四）收入、费用（支出）的核算；

（五）财务成果（政府预算执行结果）的核算；

（六）财务会计报告（决算报告）编制；

（七）会计监督；

（八）会计机构内会计档案管理；

（九）其他会计工作。

担任单位会计机构负责人（会计主管人员）、总会计师的人员，属于会计人员。

第三条 会计人员从事会计工作，应当符合下列要求：

（一）遵守《中华人民共和国会计法》和国家统一的会计制度等法律法规；

（二）具备良好的职业道德；

（三）按照国家有关规定参加继续教育；

（四）具备从事会计工作所需要的专业能力。

第四条 会计人员具有会计类专业知识，基本掌握会计基础知识和业务技能，能够独立处理基本会计业务，表明具备从事会计工作所需要的专业能力。

......

第十一条 本办法自 2019 年 1 月 1 日起施行。

议一议

3. 自己搜集一篇财经应用文，分析财经应用文与文学作品的区别。

4. 采访你身边的亲戚朋友，结合自己所学专业，请谈谈学习财经应用文的重要性和必要性。

任务二 探析财经应用文的内容要素

✕ 任务导入

接触财经应用文不久，刘丽同学认为该课程非常实用。那如何构思一篇财经应用文呢？其主旨、材料、结构、语言的写作与文学作品又有何区别呢？

◎ 任务要求

1. 了解财经应用文的内容要素

2. 理解财经应用文主旨、材料、结构、语言的概念及要求

3. 能够掌握并分析财经应用文的结构要素和结构形式

知识准备

一、财经应用文的内容要素

一篇完整的财经应用文,一般由主旨、材料、结构、语言四个内容要素构成。主旨,主要是解决言之有理的问题;材料,主要是解决言之有物的问题;结构,主要是解决言之有序的问题;语言,主要是解决言之有法的问题。

二、主旨

(一) 主旨的概念

财经应用文的主旨是财经应用文作者撰写文章的目的和观点。它是全文的灵魂和统帅,它决定着文章价值的大小,决定着材料的取舍和使用,统领着结构的安排,制约着语言的运用。

和文学作品一样,主旨是一个系统。它有"篇旨""段旨""句旨"等子系统,且这些系统又具有一定的层次。低层次的主旨服务于高层次的主旨,如句子的主旨服务于段落的主旨,段落的主旨服务于全篇的主旨。例如:

寻 物 启 事

本人于20××年5月8日中午丢失一个黑色"DUBAODULU"牌单肩挎包,内有上海市永信惠达贸易有限公司公章、财务章、税务登记证、53张增值税发票、一个棕色钱包(内有身份证、驾驶证、招行卡、公交卡)。本人万分焦急,如有捡到或提供线索者,希望能与我联系,当面重谢。联系人:李存,联系电话:13900000000。

李 存

20××年5月9日

上面这则寻物启事,标题是全文主旨的高度概括,统帅全文,可谓"标题点旨"。第一句紧承标题,开宗托旨,明确了遗失物品的时间、特征等具体情况;第二句表明了寻物心切及对成功帮寻者的承诺;最后一句提供了自己的联系方式。这样的安排符合读者的阅读习惯,也有利于自己目的的达成。

(二) 主旨的类别

从实际情况来看,主旨有以下两种类型。

1. 思想型主旨

这类主旨具有明确的倾向性,对财经工作的情况或问题提出了明确的观点和意见,制定相应的措施、办法。大多数财经应用文主旨属于这一类。

2. 信息型主旨

这类主旨只对财经工作的情况或问题作客观说明,不需要表明观点或态度。如简报、会议记录等,其目的是沟通信息、传递情况,而不表明写作意图。

（三）主旨的要求

与文学作品相同,财经应用文的写作也必须"主旨先行""意在笔先";但财经应用文主旨的确定者和财经应用文的实际写作者常常不是同一人,也就是说财经应用文的实际写作者与主旨之间往往是间接关系。因此,财经应用文的实际写作者在主旨上不需要发挥其主观能动性。基于此,财经应用文的主旨有其特殊要求。

1. 正确

财经应用文的主旨,必须真实地反映领导的意图,准确反映客观事实,切忌妄加猜测、主观臆断。同时,财经应用文的主旨还必须符合党和国家的方针、政策,遵循国家的法律、法规。例如,某会议通知中明确"各单位要高度重视,不得缺席,否则停业处理或取缔",这一句显然不符合我国的法律、法规。

2. 鲜明

文学作品的主旨要求含而不露,但财经应用文的主旨必须鲜明直白。文章对事情或问题的认识、评价必须十分明确,主张什么、反对什么、应该怎么做、不应该怎么做等,要让读者一目了然,最大限度地提高财经应用文的效用。

3. 集中

财经应用文的主旨要集中,要围绕一个问题、一项工作,集中力量阐述。正因为此,财经应用文的写作常常遵循"一文一事"的原则。

三、材料

（一）材料的概念

财经应用文的材料,是指财经应用文的写作者为完成写作,实现自己写作意图,从实际工作中搜集、提取的一系列的事实现象和理论依据,一般包括人、事、数据、法规、政策等。

财经应用文的材料是财经应用文确立主旨、形成观点的依据,也是支撑主旨的基石。因此,在实际工作中,选择和运用材料就显得尤为重要。

（二）材料的分类

财经应用文中使用的材料,根据材料的性质,可分为事实材料和理论材料;根据材料的来源,可分为直接材料和间接材料;根据材料存在的时间,可分为历史材料和现实材料;根据材料在文章中的作用,可分为正面材料和反面材料;根据材料表现的形式,可分为文字材料和数字材料。

以上材料的分类,只是形式上的、相对的分类。实际写作中,材料是较为丰富的,不能完全将其孤立地区分开来。这样的分类,只是为我们选择和运用材料提供一定的视角和思路。

（三）材料的选择

材料的选择应遵循以下原则:

(1)切旨。凡是与主旨有关,并能很好表现主旨的材料,就选用;凡是与主旨无关或似是而非的材料,就舍弃。对已经选定的材料,根据主旨需要决定详略。

(2)真实。财经应用文中涉及的人和事必须确有其人,确有其事,符合实际情况,不能杜撰,也不能夸大或缩小;引用的理论材料也必须认真核对,绝不能有误。

(3)典型。典型是指材料所具有的代表性和普遍意义,能起到以少胜多,以一当十的作用。选材贵在精,精就精在"典型"上。

(4)新颖。一是新近发生的、鲜为人知的、别人未曾使用过的材料,如新人、新事、新方针、新政策、新数据、新问题等;二是虽为人知却因变换角度而具有新意的材料。

(四)材料的运用

选好材料之后,想要正确运用,应注意以下几点:

(1)量体裁衣,决定取舍。所谓量体裁衣,是根据财经应用文的体裁不同,对选定的材料进行不同的剪裁加工。所谓决定取舍,就是针对一些法律、法规、行政文书,多数材料作为写作的依据,虽然通过了挑选,但实际写作过程中还是要有所取舍。

(2)主次分明,详略得当。使用材料时,能直接说明和表现主旨的,应置于核心地位;配合或间接说明和表现主旨的,应置于次要地位。核心材料,要注意详尽;过渡材料、交代性材料,要相应从略;读者感到生疏或难以把握的材料应详细;读者所了解或容易接受的材料可从略。

(3)条理清晰,排好顺序。对已选定的材料,应根据事物发展的过程、人们的认识规律或材料之间的逻辑关系排好顺序,将各种不同类型的材料合理搭配,有条不紊地写出来。

大多数财经应用文,是选择若干材料,从不同角度、不同层次来阐明主旨的。写作过程中,常有理论材料与事实材料结合、具体材料与概括材料结合、文字材料与数字材料结合等情形,将不同类型的材料结合使用,可以优势互补,提高整体表达效果。

四、结构

(一)结构的概念

结构是指文章内部的组织和构造,是作者按照主旨的需要,对材料所进行的有机组合和编排,又称"谋篇布局"。文章的结构具有两重含义:一是宏观结构,即文章的总体构思、大体框架;二是微观结构,即对财经应用文标题、缘起、过渡、展开、结束、落款等要素的具体设计和安排。本书只就微观结构而言。

财经应用文在长期的写作实践过程中,大都形成了比较固定的结构形态,也叫"程式"或"模式",一般由开头、主体、结尾三大部分组成。

(二)结构安排的原则

(1)要服从表现主旨的需要。主旨是作者写作目的、意图的体现,结构必须服从主旨的需要,为表现主旨、突出主旨服务。例如,怎样安排缘起与结束、怎样划分层次与段落、怎样设置过渡与照应、怎样确定主次与详略等,都要围绕主旨进行。这样,才能使文章组成一个严谨周密、内容形式统一的有机整体。

(2)要正确反映客观事物的发展规律和内在联系。财经应用文是对现实生活、客观事物的反映,客观事物总有一个发生、发展、结束的过程,作者对它的认识也应遵循一定的规律。这种规律性,也就表现为文章结构的基本形式。

（三）结构安排的要求

（1）严谨自然。其是指财经应用文结构应精当严密，顺理成章。这要求作者思路清晰，思维严密，以主旨贯穿全文始终，不蔓不枝。层次段落的划分要恰当，组织严密，联系紧凑，脉络畅通，行止自如。过渡和照应要自然，不能刻意地修饰，更不能牵强拼凑。

（2）完整匀称。其是指财经应用文各部分要配置齐全，比例协调，详略得当，完整合理，重点突出，符合格式要求。例如，财经应用文一般都有开头、主体和结尾三部分，三部分比例要协调，主体内容要充实，不能虎头蛇尾或尾大不掉；对并列内容，要注意处理好详写和略写的关系，以保证结构的完整和匀称，使之浑然一体。

（3）清晰醒目。大多数财经应用文不要求行文曲折波澜，而要求纲举目张、清晰醒目，以便读者把握要领或贯彻执行，所以常采用分条列项、加小标题等形式，这在一些公文、总结、计划、经济合同、审计报告中较为明显。

（四）结构的内容

1. 标题

俗话说"秧好一半谷，题好一半文"，标题是财经应用文的眼睛。常见的标题形式有以下几种：

（1）公文式标题。公文式标题主要包括"发文机关单位""事由""文种"三要素，其中"事由"和"文种"是最基本的要素。若三要素俱全，我们称之为"完整式标题"，如《××生物职业技术学院关于举办第23届校园文化艺术节的通知》。若只有"事由"和"文种"，我们称之为"准齐式标题"，如《关于开展"节约粮食、防止浪费"主题宣传教育活动的通知》。

（2）文种式标题。这类标题只写文种名称，如求职信、起诉状、借条、证明信、启事等，可以直接用文种作为标题。需要特别指出的是，公务文书一定不能使用这类标题。

（3）文章式标题。文章式标题一般是用一句话或几个字概括文章的主旨，如《创新机制 锻造队伍 提升效能》。

（4）新闻式标题。从构成形式看，新闻式标题有单标题、双标题（正题和副题或引题和正题）、三标题（引题、正题、副题）等几种形式。正题一般揭示文章的主题或提示重要事实。引题一般用来交代背景、烘托气氛，引出正题。副题一般用来补充说明情况或说明正题。

例如，2020年10月23日，纪念中国人民志愿军抗美援朝出国作战70周年大会在北京隆重举行。有一则新闻标题采用了双标题，正题——气壮山河的凯歌 永载史册的丰碑，副题——写在中国人民志愿军抗美援朝出国作战70周年之际。

再如，××物业公司开展全员节约活动取得明显效果后，集团公司要求该公司上报经验材料，以便在全集团推广。这则经验材料的正题可以拟为"挖潜增效大有可为"，副题为"××物业公司开展全员节约活动情况总结"。

2. 开头

开头是全篇的第一步，可以起到统领全篇、展开全文的作用。财经应用文常见的开头方式有以下几种：

（1）目的式，就是将写作的目的和意义直接说明。公文、计划类文书常用这种方式，常用介词"为""为了"领起。

（2）依据式，就是开头阐明撰文的根据，或引据法律、政策和规定，或引据事实和问题，一般包括理论依据和事实现象两类。

事实现象常用"××××年×月×日""最近一段时间以来""多年来"等时间概念的词领起，以具体有力的数据或事件交代出行文的必要性、针对性。理论依据常用"根据""按照""遵照"等词领起下文。

（3）原因式，就是在开头交代行文的原因，常用"因（为）""由于""鉴"等引出原因或简述某种情况作为原因。

（4）概述式，就是在开头部分对全文内容的背景、基本情况、主要内容加以概述。采用这一方式，能起到提纲挈领的作用。综合性工作报告、总结、审计报告常采用这类开头方式。

（5）结论式，就是将结论、结果先作交代，再由果溯因。

（6）提问式，就是开篇提出问题，然后引起下文，常见于调查报告的写作。

（7）引述式，一般引述来文的标题和文号，以此作为撰文的依据，其常见结构形式为"××单位《关于×××××的××》（×〔××××〕×号）收悉"或"××××年×月×日来文收悉"。公文中，批复、复函、答复报告等常用这种方式开头。

3. 层次与段落

层次是文章中作者表达主旨的阶段和次序，是文章内容展开的次序。层次体现了事物发展的阶段，是问题的各个侧面和作者思维的过程，又称为"意义段""逻辑段""章""节"等。段落，又称"自然段"，是组成文章，表达思想最基本、相对独立的最小单位。段落的形式是层次的再分割，是文章意思的间歇或转换，以换行为标志。两者有明显的区别，层次侧重于内容的划分，段落侧重于文字形式的表现。一般而言，段落的划分主要由层次决定，有时一个段落恰好是一个层次，有时几个段落表现一个层次或一个段落内有几个层次。常见的层次有以下三种模式：

（1）纵式，即写作思路纵向展开的结构方式。多数财经应用文都是采用这种结构方式，具体有时间顺序式和逻辑顺序式两种类型。时间顺序式是按照事物的生产流程、事情或事件的发展过程或时间的先后顺序安排层次。需要注意的是，采用这种结构方式，不能事无巨细地记流水账，要抓住事物发展的关键环节。逻辑顺序式是按照事理内在的逻辑顺序安排层次，一般表现为"现象——本质""原因——结果""宏观——微观""个别——一般"等逻辑关系。例如：

国务院批转发展改革委关于20××年深化经济体制改革重点工作意见的通知
国发〔20××〕20号

各省、自治区、直辖市人民政府，国务院各部委、各直属机构：

国务院同意发展改革委《关于20××年深化经济体制改革重点工作的意见》，现转发给你们，请认真贯彻执行。

国　务　院
20××年5月18日

上例正文中，从"同意"到"转发"，再到"执行"，这些词有明显的时间先后顺序，所以该文段落内的几个层次采用纵式结构,使得文章思路清晰、内容简明。

（2）横式,即写作思路横向发展的结构方式。表现形式上,把整体划分为若干相对的层次,各层次之间互不交织、平等并列,从不同方面和角度共同揭示了事物的整体面貌和主旨,或按照空间方位的变换,或按照材料的不同性质和类型,或按照问题的不同侧面等。这种结构形式,在财经应用写作中运用也较为广泛,调查报告、总结、纪要等常采用此结构方式。例如:

国务院办公厅关于做好20××年全国普通高等学校毕业生就业工作的通知
国办发〔20××〕35 号

各省、自治区、直辖市人民政府,国务院各部委、各直属机构:

普通高等学校毕业生(以下简称高校毕业生)是国家宝贵的人才资源。做好高校毕业生就业工作,关乎经济发展、民生改善和社会稳定。20××年,全国高校毕业生就业总量压力继续加大,结构性矛盾十分突出,就业任务更加繁重。党中央、国务院高度重视高校毕业生就业工作,要求采取切实有效的措施,进一步做好高校毕业生就业工作。经国务院同意,现就有关问题通知如下:

一、深入落实高校毕业生就业政策(略)

二、拓宽高校毕业生就业渠道(略)

三、鼓励高校毕业生自主创业(略)

四、加强高校毕业生就业服务(略)

五、开展就业帮扶和就业援助(略)

六、大力促进就业公平(略)

七、推动高等教育更好地适应经济社会发展需要(略)

八、加强高校毕业生就业工作组织领导(略)

各地区、各有关部门要按照本通知精神,抓紧制定实施办法,切实抓好贯彻落实。

国务院办公厅(印章)

20××年 5 月 16 日

上例中,国务院办公厅围绕做好高校毕业生就业工作提出了八项切实可行的措施。这八项措施横向展开,相关职能部门职责明确到位,从政策的制定到渠道的拓宽,整体、有效地推进大学生就业工作。

（3）纵横结合式。对于内容丰富、篇幅较长的财经应用文,安排时单纯采用纵式或横式,很难合理地组织材料,这时可采用纵横结合式结构模式。使用时,可以纵横并重,也可以在整体纵式中局部使用横式,还可以在整体横式中使用纵式。使用这种结构必须精心安排、主次分明,切忌杂乱无章。

4. 过渡与照应

过渡是指层次与段落之间的衔接与转换,在文章中起着承上启下、穿针引线的作用。照应是指文章内容的前后呼应和关照,可以使文章结构周密严谨,浑然一体,还能使某些关键内容得到强调,突出主旨。

一般情况下,当内容由总到分或由分到总、意思转换以及表达方式变化时,需要安排过渡。过渡的形式有段落、句子或词语。上下文空隙大,转折也很大,常用过渡段联结;上下文空隙小,多用提示性的句子,如公文中,开头和主体之间常用"特此如下通告""现将有关事项通报如下"等作过渡。

在财经应用文中,常用的照应方法有以下几种:

（1）文题照应,即指在行文中照应标题,对主旨加以强调、提示,如大多数公文标题中都包含着"事由",文章内容自然要与标题相照应。

（2）首尾照应,即在文章的结尾处,把开头交代的事或提出的问题再次提起,有的进一步加以概括、归纳、补充,如经济论文、总结、调查报告等。

（3）文中照应,即文章自身前后内容间的照应,如某些细节和问题在行文中不断被提起,这样能强化印象,更好地实现作者的表达意图。

5. 结尾

结尾是全文的收束和结局,能帮助读者加深认识,把握全篇,达到预期的写作目的。常见的结尾方式有:

（1）惯用语,即在结尾处,采用特定的用语结束全文。如条据常用"此据"结尾,通知常用"特此通知"结尾,请示常用"妥否,请批复"结尾。

（2）希望要求式,即在结尾部分提出希望,发出号召,并明确要求。如通报常在结尾处提出希望,以突出其教育性的特点。

（3）总结归纳式,即在主体写完后,对全文的主旨进行简要的概括,总结全文。如总结、报告、经济论文等。

（4）自然收尾式,即在主体部分写完之后,事尽言止,自然收结。

6. 落款

落款包括发文者署名和成文日期两个部分。

发文者署名主要是写明作者的姓名或发文单位的名称;在公文写作中,还需要加盖发文单位的印章。

成文日期要求写明年、月、日,根据《党政机关公文格式》(GB/T 9704—2012)规定,党政公文的日期统一用阿拉伯数字将年、月、日标全,年份应标全,月、日不编虚位(即 1 不编为01)。因此,所有财经应用文写作日期均应使用阿拉伯数字书写,如"20××年 9 月 10 日"。

五、语言

(一) 财经应用文语言

语言是人类思维的工具和重要的交际工具,也是表达思想、进行写作、构成文章的物质手段。财经应用文的实用性,决定了其语言必须有以下特殊要求:

（1）准确。财经应用文的语言必须符合文字本身的逻辑,用词用语意思准确,不会产生歧义,不会引起误会。在某些特定的语境条件下,可以使用模糊语言,以弥补某些准确语言的不足,如"各部门""部分地区""当前""再三强调",使语言表达更贴近客观事实,同时可以取得准确的效果。

（2）得体。财经应用文要言辞得当,恰如其分,遣词造句要符合行文的文体和语体风格的需要。如上行文用语要尊重、简约;平行文的语言要谦虚、诚恳。

模 糊 语 言

模糊语言,作为一种弹性语言,是指外延不确定、内涵无定指的特性语言。与精确语言相比,模糊语言具有更大的概括性和灵活性。这种概括性与灵活性集中反映在语言的外延上。

模糊语言具有两重性特点,即在本质上是明确的,在表象上是模糊的;在定性表述上是肯定的,在定量表述上是变化的;在内容上是确指的,在形式上是灵活的。

例如:各单位、有些地方、当前、今后、及时、有些、广泛、普遍、重大、不少、再三、多次等。

(3)简约。财经应用文不用文学描绘的笔法行文,不兜圈子,不绕弯子,要用较少的文字表达清楚较丰富的内容,做到文约意丰。写作中,常常使用"简称"和"统括"的语言形式。"简称"又称"压缩",一般是由长的、复杂的词语压缩成的短的、简单的词语。例如,"中国共产党中央委员会"写成"中共中央","高等职业技术学院"写成"高职院"。"统括"又称为"抽取",一般是抽出原词语中的共同部分,或概括原来几个词语表示的事物的共性,然后加上一个数词组成新的词语。例如,"定产量、定成本、定利润"写成"三定","以经济建设为中心,坚持四项基本原则,坚持改革开放"写成"一个中心,两个基本点"。

(二)财经应用文的表达方式

常见的表达方式有叙述、说明、议论、描写、抒情,但财经应用文常见的表达方式只有三种,即叙述、说明、议论。

1. 叙述

叙述,是把人物的活动、经历和事件发展变化过程交代出来一种表达方式。它在财经应用文写作中是最基本、最常用的表达方式。

应用文写作中叙述的人称,有第一人称("我""我们")和第三人称("他""他们")。使用第一人称"我""我们"系指作者本人,或作者所代表的群体、单位。书信、请示、报告、总结等文体的写作,多用第一人称。有时,为简要起见,常使用无主句。有的应用文体,如新闻报道、调查报告,为表明作者立场客观、公正,传播的信息真实、可信,常采用第三人称写作。

财经应用文中记叙事件的发展过程,介绍单位的基本情况,一般都是按顺叙,即按时间先后叙述。倒叙、插叙、分叙等用得较少,只在新闻、调查报告的写作中才用得上。

应用文中的叙述要力求真实、准确,不带主观感情色彩;线索清晰,表述完整;以概述为主,尽可能用概括的语言说出其前因后果、来龙去脉,使读者了解其梗概。

2. 说明

说明,就是用简明扼要的文字对事物、事理及人物进行解说的表达方式。目的是使读者对事物的形态、构造、成因、性质、种类、功能以及对事理的概念、特点、来源、演变、关系等有一个鲜明的了解和认识。

说明在财经应用文中使用广泛,如介绍信、商品广告等文体,主要是用说明的方法来写作。其他文体如经济合同、起诉状等,也常常借助说明的方法解释、剖析事理。

说明的方法多种多样,有下定义、分类别、举例子、列数字、图表说明等。

3. 议论

议论,即议事论理,是运用事实材料和理论材料进行逻辑推理、阐明观点的一种表达方式。它的主要特点是证明性,即通过摆事实、讲道理,或证明自己的观点正确,或驳斥对方的观点错误。

在应用文写作中,经常使用议论。调查报告、总结、通报、经济起诉状、经济答辩状等文体,经常在叙述事实、说明情况的基础上,表明对人物、事件、问题的评价。

应用文写作中的议论,与一般议论文中的议论有明显的区别。一般议论文中,论点、论据、论证三要素齐备,且议论是最主要的表现方法,贯穿全文始终。而在应用文写作中,最主要的表达方式是叙述和说明,议论居于从属地位,一般只是在叙述、说明的基础上进行。另外,应用文的议论,一般也不需要作长篇大论,不需作复杂的多层次的逻辑推理,也不一定具备论点、论据、论证这样一个完整的议论过程,而只是在需要分析论证的地方,采取夹叙夹议的方法,或采取三言两语的方式,点到即止,不作深入论证。

运用议论要注意:一要庄重,对任何事物的评价要实事求是,以理示人,以理服人;二要明快,要直截了当地阐明观点,不拐弯抹角,不回避矛盾。

任务实施

练一练

1. 下列属于模糊语言的是(　　)。

A. 有些地方　　　　　B. 长期以来　　　　　C. 基本完成　　　　　D. 贵局

2. 下列应用文成文日期书写正确的是(　　)。

A. 21 年 11 月　　　　　　　　　　　　B. 2021 年 11 月

C. 11 月 10 日　　　　　　　　　　　　D. 2021 年 11 月 10 日

3. 请分析下列材料的开头方式。

(1) 20××年,财务部紧紧围绕集团公司的发展方向,在为全公司提供服务的同时,认真组织会计核算,规范各项财务基础工作。站在财务管理和战略管理的角度,以成本为中心、以资金为纽带,不断提高财务服务质量。现将一年的工作总结如下。

(2) 为加强对第一次全国地理国情普查的领导,根据《国务院关于开展第一次全国地理国情普查的通知》(国发〔2013〕9 号),国务院决定成立第一次全国地理国情普查领导小组(以下简称领导小组)。

(3) 近期,接连发生四川省泸州市泸县桃子沟煤矿"5·11"重大瓦斯爆炸事故、保利民爆济南科技有限公司"5·20"特别重大爆炸事故、吉林省长春市宝源丰禽业有限公司"6·3"特别重大火灾事故等多起重特大事故,暴露出一些地方和企业安全意识淡薄,隐患排查治理不认真,安全责任不落实,安全监管不到位,打击非法违法和治理违规违章行为不得力等问题。为深刻吸取事故教训,切实加强安全生产工作,经国务院同意,定于 6 月至 9 月底,在全国集中开展安全生产大检查。

(4) 你公司《关于直接接触药品工作人员体检有关问题的函》(粤食药监函〔20××〕10 号)收悉。经研究,现函复如下。

4. 层次是文章中作者表达主旨的阶段和次序,是文章内容展开的次序。请拟写出《××公司财务部工作总结》(节选)的三个小标题,并分析该文的层次模式。

通过总结,我们有几点感触:

一是要＿＿＿＿＿＿＿＿。因为公司经营不是个人行为,一个人的能力毕竟有限,如果大家拧成一股绳,就能做到事半功倍。但这建立在每名员工具备较高的业务素质、对工作的责任感、良好的品德基础之上,否则团队精神就成了一句空话。那么如何主动发扬团队精神呢? 具体到各个部门,如果你努力工作,业绩被领导认可,势必会影响到你周围的同事,大家以你为榜样,你的进步无形地带动了大家共同进步。反之,别人取得的成绩也会成为你不断进取的动力,如此产生连锁反应的良性循环。

二是要＿＿＿＿＿＿＿＿。公司的机构分布就像是一张网,每个部门看似独立,实际上它们之间存在着必然的联系。就拿财务部来说,日常业务和每个部门都要打交道。与部门保持联系,听听他们的意见与建议,发现问题及时纠正。这样做一来有效地发挥了会计的监督职能,二来能及时地把信息反馈到领导层,把工作从被动变为主动。

三是要＿＿＿＿＿＿＿＿。随着社会的不断发展,会计的概念越来越抽象,它不再局限于某个学科,在金融、税务、计算机应用、公司法、企业管理等诸多领域都有所涉及。这就给我们财务人员提出了更高的要求——逆水行舟,不进则退。如果想在事业上有所发展,就必须用知识武装自己的头脑,以适应优胜劣汰的市场竞争环境。通过对税务筹划的学习,我们提高了每月纳税申报工作的质量,并且熟练掌握了统计局、财政局、税务局各项报表的填制工作。

常见的校园文书

古月同学,快毕业了,你有中意的单位了吗?准备好自己的求职信了吗?

我想在校园文艺汇演中担任总策划,得赶紧写一份申请书。如果汇演顺利,我还得为此写一个宣传新闻稿。

项目引领

在日常学习生活中,同学们需要掌握基本的应用文知识来应付正常的学习交往,良好的应用文素养可以为你和谐处理日常关系添砖加瓦,具备常用的应用文知识已成为现代人才不可或缺的能力要素。

项目目标

知识目标:
1. 了解请假条、演讲稿、求职信、主持词、新闻等校园文书的性质
2. 掌握校园文书写作的基本要素

能力目标:
1. 能够形成校园文书写作的思路
2. 能够独立开展校园文书的写作

任务一　撰写请假条

任务导入

　　××城市学院财务管理专业三年级4班古月同学因急性肠胃炎生病,需要向班主任李老师请假两天,古月让自己好朋友木子将请假条代交给李老师。李老师是个要求非常严格的班主任,曾经对请假条的格式和内容三令五申,因此古月打算认认真真写好这张"请假条"。

任务要求

1. 了解请假条的性质
2. 掌握请假条的写作思路
3. 能够独立写作请假条

知识准备

一、请假条的性质

　　请假条是请假人因某种原因请求领导或相关负责人,准假不参加某项工作、学习或活动的文书。根据请假原因的不同,请假条可分为病假条和事假条两种。

二、请假条的结构与写作

　　请假条的结构包括标题、称呼、正文、落款四部分。

1. 标题

标题写"请假条"三个字即可,居中写于第一行。

2. 称呼

在第二行顶格写明向谁请假。一般请假多向领导或老师请假。具体写法是"尊敬的＋姓氏＋职务(职称)",如"尊敬的李老师""尊敬的王科长""尊敬的张教授"等。

3. 正文

请假条的正文要包含请假的缘由、请假的起止时间、准假愿望和敬祝语四项内容。

(1)请假的缘由。请假缘由在称呼之后另起一行空两格开始。缘由应当具体、清晰。

这部分写作时,采用叙述的方式将前因后果交代清楚即可。不能过于简单模糊,也不可过于夸张渲染。如有相佐证材料,可以将其作为附件列于落款之下,但必须在附件说明处注明附件的名称及数量。

(2)请假的起止时间。这部分写作应当明确,要使用准确数字而不能采用约数,因为这将会影响对方工作上的考虑和安排。此外,在工作中,时间超过3天的假条建议在结尾部分附上相关证明材料。

(3)准假愿望。准假愿望一般以常用语表达,如"请予准假""望予以批准"等来结束全文。

(4) 敬祝语。在正文最后为表敬意,常以"此致敬礼""敬祝教安"等语句祝颂。

4. 落款

落款处应署上请假人姓名和写作日期。

范文赏析(一)

请　假　条

尊敬的李老师:

　　我因饮食问题上吐下泻,经医生诊断为急性肠胃炎,特向您请假两天(4月20日至4月21日)。请予批准!

　　此致

敬礼!

　　附件:××市第×人民医院医疗证明单1份

学生:古月

20××年4月19日

　　简评:标题居中,称呼顶格,并在其后加上冒号,正文写明了请假缘由和请假天数,请假缘由详略得当。本文在结尾处还附有相关证明。范文用语清楚,事实交代明了,体现了请假条的基本写法。

范文赏析(二)

请　假　条

尊敬的凌经理:

　　我和妻子的婚礼定于10月16日在天津老家举办,特向您请假5天(10月14日至10月18日),望予以准假。

　　此致

敬礼!

财务部:王亮

20××年10月13日

　　简评:这篇范文紧紧围绕"请假"两字展开,文中清楚交代了请假的具体原因,请假天数也很具体。范文的用语也处处体现了"请"的诚恳态度。

请假条写作的参考模板:

请　假　条

尊敬的×××:

　　请假缘由(起因、经过、结果)、请假天数(具体几天、日期)、结尾(请予准假)。

　　敬祝语

　　附件:××××××

×××××××

××××年×月×日

任务实施

练一练

1. 根据下面几则材料,拟写请假缘由。

(1)周涛因从小患有慢性病需定期前往医院复查病情,他决定明天去市第一人民医院检查身体,因此不能去学校上课。

(2)董婉本来要参加下午的部门人事会议,但因自己的客户光华集团有限公司李总突然要来商谈合作项目,因此董婉需向部门负责人请假。

改一改

2. 找出并修改请假条中的几处错误。

请　假

王老师

　　我妈妈因病住院,我不能来上课,请准假。谢谢!

学生:李红

20××年3月

写一写

3. ××城市学院财务管理专业二年级4班的木子同学因淋雨感冒,经医生诊断感染肺炎,需要请假两周。请以木子的身份向班主任写一张请假条,要求各要素完整。

4. 接上级通知,公司办公室王晓春需参加市城市建设档案管理办法实施情况调研会,为此,他需要向公司李经理请假两天。请代王晓春写一张请假条。

任务二　撰写申请书

任务导入

　　古月是个多才多艺的女孩子,她进入××城市学院后就一直在文艺部工作。凭借着她的才能,她在校学生会担任了文艺部副部长的职务。临近元旦,学校决定要为全体同学呈上"饕餮盛宴"——由各班的文艺佼佼者汇集而成的文艺表演。学工处陈老师希望本次表演的总策划在学生代表中产生,古月知道后异常兴奋。她渴望由舞台上的演员转向幕后的导演,也想借机锻炼自己的组织能力,为此,她需要向学工处陈老师递交一份申请书。

任务要求

1. 了解申请书的性质及特点
2. 掌握申请书写作的内容要素、思路及注意事项
3. 能够根据需要独立完成申请书的写作

知识准备

一、申请书的性质及特点

申请书是个人或单位向上级、有关部门或组织提出愿望并期望得到批准或解决问题的一种书信文体。

申请书是向上级机关反映问题,表达心声的有效手段,也是沟通上下、协调关系、提高工作效率的好办法。它具有单一性、请求性的特点,一般一事一信,即一份申请书只提一个请求或问题。此外,申请书是为了解决某个问题或者达成某个心愿而提出的,因此语言应当符合请求的特性,语气平和,态度诚恳。

二、申请书的分类

申请书广泛用于各行各业,种类较多。按照申请的内容,申请书可以分为以下三类:

(1) 请求加入某个组织的申请书,包括入党、入团、入会、参军等。这类申请书与普通书信结构基本相同,先说明申请事项,后写明申请理由,最后表明自己的决心和态度。

(2) 请求解决问题的申请书,如房屋拆迁、调动工作等。这类申请书的重点放在理由的申述上,理由要具体充分,情理兼备,态度真诚,语言简明。

(3) 申领任务或要求某种权利的申请书,如专利申请、组织活动等。这类申请书应当以事实说话,讲清自己的情况,说明理由,以鲜明的理据说服对方。

资料卡

申请书写作注意事项

申请书不管是个人的还是单位的,都是下对上,没有平行,更没有上对下的,就行文方向看,它类似于上行文。申请书写作应注意如下事项:

(1) 充分考虑有无申请的必要,自己是否具备申请的条件。

(2) 一文一事,一事一中心,如有多件事请另行行文。

(3) 避免面面俱到,提出主要申请理由,务必使对方了解自己的意愿。

(4) 注意用语的分寸感,切忌夸大事实或阿谀奉承。

(5) 请求合情合理,把握时机。

三、申请书的结构与写作

申请书的结构一般包括标题、称谓、正文、落款四个部分。

1. 标题

申请书的标题一般有两种写法:一种是直接写"申请书"三字;另一种则是使标题明确,在申请书前加上申请事项,如"入团""贷款""科研项目"等。无论何种申请书,标题都居中书写,字号加大。

2. 称谓

顶格写明接受申请书的单位、组织或者领导。申请书的称谓一般只有一个,在标题下另起一行,在负责的组织或者领导后面加冒号,如"敬爱的××团支部:""××市教育局:"等。

3. 正文

正文部分必须包括三个部分:申请事项、申请缘由、申请人的决心和态度。

(1)申请事项:这一部分可以开门见山地提出自己的意愿,也可以委婉地引出自己的申请要求。尽量做到简明扼要,明白易懂,不要含糊其辞。

(2)申请缘由:根据自己申请的事项提出申请的理由,或写出自己的思想变化过程,或说明自己的实际情况,或讲明自己的主观条件及客观情况,理由动机应当充分、客观,切实符合自己提出的申请。

(3)申请人的决心和态度:这部分应当再次诚恳地向领导或组织表明希望或者请求,表明自己的决心,语气坚定。

在表明自己的决心之后,可以"特此申请""恳请领导帮助解决""希望领导研究批准""敬请核准"等作结束语。

正文写完,一般以"此致敬礼"等敬祝语结束。

4. 落款

在正文的右下方写上申请人的姓名或者申请单位的名称及印章,并在下面注明申请日期。

范文赏析(一)

入 团 申 请 书

敬爱的团组织:

我是一名普通的××级学生,同每一名青年人一样,有着理想和抱负,向往着美好的未来,而这些的开始需要有一个指路的标灯,团组织就是青年人前进道路上的航标,所以我迫切要求加入共青团组织。

中国共产主义青年团是中国先进青年的群众组织,是学习共产主义的学校,是中国共产党的有力助手。中国共产主义青年团是中国共产党缔造和培育的,它在不同的条件下的各个历史时期都有着自己的任务。中国特色社会主义建设中,它是英勇的突击队,它仿佛是一个大熔炉,有志向的青年人都应在这个大熔炉中锻炼成长。

我在班里担任班长一职,学习成绩优异,乐于助人,曾多次被评为校"三好学生"。我积极参加学校内的各项活动,爱好广泛,是老师们的得力助手,同学们学习的好榜样。今后,我还会更加努力地完善自己,努力学习,严格要求自己,刻苦钻研,不断提高学习成绩和政治思想觉悟,提高自制力,遵守学校的规章制度,认真完成老师布置的作业和任务。我一定拥护中国共产党,履行团员的义务,成为中国共产党的好助手和后备军。

我要求加入团组织,是为了能更直接地接受团组织的培养教育,以团员的标准严格要求自己,更好地为建设我们伟大的社会主义祖国贡献自己的力量。如果团组织批准我的入团申请,使我成为一名光荣的共青团员,我将按照团的章程,认真履行团员义务,按时交纳团费,坚决执行团组织的决议,充分发挥共青团员的先锋模范作用,做品学兼优的好学生。如果团组织暂时没有批准我的申请,我也不灰心丧气,我将继续努力,积极向团组织靠拢,向好的同志看齐,努力克服自己身上存在的不足,争取早日加入团组织。

　　此致

敬礼!

申请人:古月

20××年4月5日

　　简评:这是一份入团申请书,即请求加入团组织的规范文稿。

　　标题采用"内容+文种"的方式,简明扼要。

　　正文遵循"申请事项—申请缘由—决定态度"的写作思路,先写明自己希望加入共青团,再写明自己为什么要加入共青团并列出自己的主客观条件,最后真挚热情地表明自己的态度。言辞庄重而又充满情感,在正文结尾处用"此致敬礼"收束。格式规范,一目了然。

范文赏析(二)

机房使用申请书

尊敬的系领导:

　　您好!

　　我是××12班财务管理专业的袁枚,现申请12月10日至12月12日中午使用系部学生机房。

　　进入××城市学院已有5年时间。弹指一挥,已到了毕业之际。面临毕业论文的考核,我遇到了一些困难,我和班上的同学多数是住宿生,使用电脑颇费周折。由于毕业设计需要反复修改,电脑使用不方便问题是我们目前遇到的最大的阻力。

　　在学校5年中,我成绩优秀,帮助同学,尊敬师长,不希望在最后的毕业设计环节留有遗憾,希望对殷切培养我的学校、无私授课的老师交上满意的答卷。

　　毕业设计对我十分重要,关系到我能否更好地踏入社会。如若系领导答应我的请求,我一定会遵守机房管理要求,确保机房财产的安全,不辜负系领导对我的信任和期望。

　　恳请系领导批准!

　　此致

敬礼!

申请人:袁枚

20××年11月20日

　　简评:范文是一篇请求领导帮助解决问题的申请书。

　　这篇申请书的重点是对理由的申述,作者将申请事项放到了开头,在开门见山后大量地摆事实、讲道理,动之以情、晓之以理地讲明了自己的困难,具体充分、态度诚恳地表明自己的愿望,并在正文结尾处以"恳请系领导批准"作结束语。

"申请书"写作的参考模板：

××申请书

尊敬的××领导(敬爱的××组织)：

　　提出申请事项(开门见山或层层深入)

　　提出申请理由(列举主客观条件、动机、理由)

　　表示决心态度(真诚地表明自己的决心)

　　正文结尾(望领导批准等)

申请人：×××
××××年×月×日

任务实施

练一练

1. 根据下面几则材料,拟写出申请书的标题及申请理由。

(1)××城市学院的韩静文是一名四年级学生,在班内担任班长一职。日前,她作为学生优秀团员代表出席了校内的党员发展大会,目睹了学长学姐们成长为中国共产党党员的全过程。这次活动燃起了韩静文入党的激情,她对照自身的条件,也渴望成为其中一员。

(2)××市戴德房地产有限公司经有关主管部门批准,要对纳新桥至夹城里一带的危旧房进行改造建设,需要拆除该地区的房屋及附属物。依据我国拆迁管理法律、法规的规定,戴德房地产有限公司已经制订了拆迁计划和拆迁方案,并准备好了拆迁安置房,现需要上级主管部门颁发房屋拆迁许可证。

改一改

2. 找出并修改申请书中的几处错误。

开业申请书

××市工商行政管理局：

　　我们5人都是建筑设计师,虽然年过60,但觉得还能发挥余热。因此,我们决定集资100万元,成立"上和建筑设计所"。

　　特此申请,希予审核,准予开业。

上和建筑设计所
20××年4月21日

写一写

3. ××城市学院团委正在招募新人,财务管理专业二年级4班木子同学是班级的团支书,从初中开始就积累了团组织工作的经验,班内人缘好,自身成绩优异,是老师的得力助手。木子渴望有更大的发展平台,她希望加入校团委的大家庭,请替木子写一份申请书。

4. 根据自己的情况,写一份入党申请书。

任务三　撰写演讲稿

**任务导入**

　　××城市学院古月同学经过自己的不懈努力,在学生会的工作越来越顺利。这个学期校学生会主席叶子要离开学校了,新的主席将会在既有的学生会干部中产生,学校要求每个竞选者做3分钟的演讲。古月成竹在胸,准备利用双休日写一份演讲稿,在家里认真练习。

任务要求

　　1. 了解演讲稿的性质及分类
　　2. 掌握演讲稿写作的一般格式及写作要求
　　3. 能够根据需要独立撰写演讲稿

知识准备

一、演讲及演讲稿的性质

　　演讲是指在较为隆重的仪式或公众场合,以有声语言和体态语言就某个具体问题、某个事件向听众发表意见、讲明事理、抒发情感的一种信息交流活动。演讲稿又叫演说词,它是在听众面前就某一个问题发表自己的意见或者阐述某一个事理的讲话文稿。

　　演讲不是随便说说,而是要有所准备。演讲稿可以帮助演讲者梳理思路,精心组织材料,使演讲内容深刻、丰富、有条理,还可以帮助演讲者消除紧张恐惧的心理,增强演讲者的自信心。

　　演讲稿具有针对性、交流性、临场性三大特点,针对性即要根据听众的情况来确立选题,选择表达方式;交流性即文稿应当易于演讲者与听众情感交流,拟稿要以有感染力为前提;临场性则是要考虑演讲时可能出现的问题,以及应付各种情况的对策。

二、演讲稿的分类

　　演讲稿的种类有很多,大致可以分为两大类。

　　(1) 按演讲的专业内容看,可以把演讲稿分为政治演讲稿、学术演讲稿、教学演讲稿、法律演讲稿、社会生活演讲稿等。

　　(2) 按演讲方式限定看,可以把演讲稿分为命题演讲稿、即兴演讲稿和论辩演讲稿三种。

　　无论哪一种演讲稿,都要求有感染力和说服力,感情深厚,结构清晰完整,力求朴实、形象。

三、演讲稿的结构与写作

演讲稿没有严格的、固定的格式,它是根据讲话者的身份、讲话场合、听众的身份而撰写的。一般来说,分为标题、称谓和正文三部分。

(一)标题

演讲稿的标题一般能够高度概括内容,或点明宗旨,揭示主题,如《我有一个梦想》《小故事中的大智慧》;或直抒胸臆,发出号召,如《珍惜时间 把握青春》;或单刀直入,如以地点命名的《在全军政治工作会议上的讲话》。标题要醒目、鲜明。

(二)称谓

称谓在标题下顶格书写。演讲面向的是群体,因此称谓一般用"各位领导、各位代表""同志们"等群体称呼。如果有重要领导和嘉宾参加,则采用"尊敬的+群体性称呼"的形式,如"敬爱的老师们"。

(三)正文

演讲稿的正文一般由开头、主体、结尾三部分组成。

1. 开头

演讲稿的开头也叫开场白,它在演讲稿中处于最夺目的地位,具有重要的作用,好的开场白能够吸引听众,引起听众的关注。常用的开头有以下几种:

(1)开门见山,亮出主题。政治的或学术的演讲稿一般都是开门见山,直接揭示演讲的中心。这种开头能让听众一开始就明白自己今天听的内容,注意力集中。比如宋庆龄《在接受加拿大维多利亚大学荣誉法学博士学位仪式上的讲话》的开头:"我为接受加拿大维多利亚大学荣誉法学博士学位感到荣幸。"

(2)叙述事实,介绍缘由。开头向听众报告一些事实,能够引起听众的注意,缩短与听众的距离。比如恩格斯《在马克思墓前的讲话》的开头:"3月14日两点三刻,当代最伟大的思想家停止了思想,让他一个人留在房里还不到两分钟,当我们进去的时候,便发现他在安乐椅上安静地睡着了——但已经永远地睡着了。"这个开头对事情发生的时间、地点、人物作出了必要的说明,运用这种方法开头,一定要从演讲的中心论点出发,不能信口开河,离题万里。

(3)抛出问题,让人深思。通过提问,制造悬念,引起听众的期待,这种问题应该新颖、独特,有思考的必要和价值。比如姚能海《教育与民族振兴》的开头:"世界上有这样一个国家,它曾参与挑起一场罪恶的战争并且惨遭失败。在战后那些凄凉悲惨的日子里,铺天盖地笼罩它的是寂寞和黑夜。那时它每年的人均国民收入只有20美元,它资源贫乏而又人口密集,似乎它唯一的出路只有拿起饭碗与打狗棍了。但是这样一个当年被舆论一致加以嘲弄的民族,竟在大洋中的那一小群岛屿上创造了举世瞩目的经济奇迹……日本民族振兴的秘诀在哪里?"

(4)名言警句,引出下文。引用内涵深刻的名言警句,来发人深省,引出下文的内容。比如引用"明日复明日,明日何其多"来激励青年朋友,引用"桃花潭水深千尺,不及汪伦送我情"来谈朋友之道。

除以上四种外,还有一些其他方式。总之,开头力求先声夺人,富于吸引力。

2．主体

演讲稿在开头后要迅速转入主体,这是演讲稿的核心部分,也是演讲的高潮。演讲稿要注意在理论上一步步说服听众,在内容上慢慢吸引听众,在感情上感染听众。做到层层深入,环环相扣。

演讲稿主体部分展开的方式有以下两种:

(1)横式。围绕演讲的中心论点,从不同角度、不同侧面来表现,每一个角度的立足点都是演讲的主题,也都为主题服务。

(2)纵式。采用步步深入,层层推进的方法,卒章显志地揭示主题。这当中可以引经据典,也可旁征博引,要求内容突出,问题说透,层次清晰。

一般情况下,演讲稿的形式比较活泼,可以综合运用两种方式,但必须是紧扣主题,围绕中心,在感情高潮的部分,演讲者的思想倾向也应当逐渐明朗。演讲者一方面要注意语言的锤炼,可适当采用排比、反问的句式来增加气势,另一方面要将自己的思想观点呈献给听众,尽可能和听众的思想产生共鸣。

3．结尾

结尾是演讲稿的自然结尾,是它的有机组成部分。结尾的印象往往决定了整个演讲的印象。言简意赅、余音绕梁的结尾能够令听众振奋,并促使听众思考和回味。结尾没有固定的格式,或号召鼓动,或名言诗词,或幽默俏皮,或直截了当。切忌画蛇添足,节外生枝。

范文赏析(一)

我有一个梦想
马丁·路德·金

100年前,一位伟大的美国人签署了解放黑奴宣言,今天,我们就是在他的雕像前集会。这一庄严宣言犹如灯塔的光芒,给千百万在那摧残生命的不义之火中受煎熬的黑奴带来了希望。它的到来犹如欢乐的黎明,结束了束缚黑人的漫漫长夜。

然而100年后的今天,黑人还没有得到自由,100年后的今天,在种族隔离的镣铐和种族歧视的枷锁下,黑人的生活备受压榨。100年后的今天,黑人仍生活在物质充裕的海洋中一个贫困的孤岛上。100年后的今天,黑人仍然萎缩在美国社会的角落里,并且意识到自己是故土家园中的流亡者。今天,我们在这里集会,就是要把这种骇人听闻的情况公之于众。

……

我并非没有注意到,参加今天集会的人中,有些受尽苦难和折磨,有些刚刚走出窄小的牢房,有些由于寻求自由,曾在居住地惨遭疯狂迫害的打击,并在警察暴行的旋风中摇摇欲坠。你们是人为痛苦的长期受难者。坚持下去吧,要坚决相信,忍受不应得的痛苦是一种赎罪。

让我们回到密西西比去,回到阿拉巴马去,回到南卡罗莱纳去,回到佐治亚去,回到路易斯安那去,回到我们北方城市中的贫民区和少数民族居住区去,要心中有数,这种状况是能够也必将改变的。我们不要陷入绝望而不能自拔。

朋友们,今天我对你们说,在此时此刻,我们虽然遭受种种困难和挫折,我仍然有一个梦想。这个梦是深深扎根于美国的梦想中的。

我梦想有一天,这个国家会站立起来,真正实现其信条的真谛:"我们认为这些真理是不言而喻的——人人生而平等。"

我梦想有一天,在佐治亚的红山上,昔日奴隶的儿子将能够和昔日奴隶主的儿子坐在一起,共叙兄弟情谊。

我梦想有一天,甚至连密西西比州这个正义匿迹,压迫成风,如同沙漠般的地方,也将变成自由和正义的绿洲。

我梦想有一天,我的四个孩子将在一个不是以他们的肤色,而是以他们的品格优劣来评判他们的国度里生活。

我今天有一个梦想。

我梦想有一天,阿拉巴马州能够有所转变,尽管该州州长现在仍然满口异议,反对联邦法令,但有朝一日,那里的黑人男孩和女孩将能够与白人男孩和女孩情同骨肉,携手并进。

我今天有一个梦想。

我梦想有一天,幽谷上升,高山下降,坎坷曲折之路成坦途,圣光披露,满照人间。

这就是我们的希望。我怀着这种信念回到南方。有了这个信念,我们将能从绝望之岭劈出一块希望之石。有了这个信念,我们将能把这个国家刺耳的争吵声,改变成为一支洋溢手足之情的优美交响曲。有了这个信念,我们将能一起工作,一起祈祷,一起斗争,一起坐牢,一起维护自由;因为我们知道,终有一天,我们是会自由的。

......

简评:该范文是马丁·路德·金在1963年8月28日发表的著名演讲,内容关于黑人民族平等问题,该文对美国甚至世界的影响都很大。全文采用比喻、排比等修辞,运用激情飞扬、极富感召力的语言把自己对前途的看法告诉了云集的听众,围绕"为什么要实现梦想—怎样实现梦想—梦想是什么"的思路展开演讲,开头部分引起黑人的伤感和愤怒,中间部分让黑人们看到希望,最后在希望中推出梦想,让所有人为之振奋,将现场气氛带向高潮。

范文赏析(二)

讲故事的人(节选)

各位观众:

我获得诺贝尔文学奖后,引发了一些争议。起初,我还以为大家争议的对象是我,渐渐地,我感到这个被争议的对象,是一个与我毫不相关的人。我如同一个看戏人,看着众人的表演。我看到那个得奖人身上落满了花朵,也被掷上了石块,泼上了污水,我生怕他被打垮,但他微笑着从花朵和石块中钻出来,擦干净身上的脏水,坦然地站在一边,对着众人说:对一个作家来说,最好的说话方式是写作。我该说的话都写进了我的作品里,用嘴说出的话随风而散,用笔写出的话永不磨灭。我希望你们能耐心地读一下我的书,当然,我没有资格强迫你们读我的书。

即便你们读了我的书,我也不期望你们能改变对我的看法,世界上还没有一个作家,能让所有的读者都喜欢他。在当今这样的时代里,更是如此。

尽管我什么都不想说,但在今天这样的场合我必须说话,那我就简单地再说几句。

我是一个讲故事的人,我还是要给你们讲故事。

20世纪60年代,我上小学三年级的时候,学校里组织我们去参观一个苦难展览,我们在老师的引领下放声大哭。为了能让老师看到我的表现,我舍不得擦去脸上的泪水。我看到有几位同学悄悄地将唾沫抹到脸上冒充泪水,我还看到在一片真哭假哭的同学之间,有一位同学,脸上没有一滴泪,嘴巴里没有一点声音,也没有用手掩面,他睁着眼看着我们,眼睛里流露出惊讶或者是困惑的神情。事后,我向老师报告了这位同学的行为。为此,学校给了这位同学一个警告处分。多年之后,当我因自己的告密向老师忏悔时,老师说,那天来找他说这件事的,有十几个同学。这位同学十几年前就已去世,每当想起他,我就深感歉疚,这件事让我悟到一个道理,那就是:当众人都哭时,应该允许有的人不哭,当哭成为一种表演时,更应该允许有的人不哭。

　　我再讲一个故事:30多年前,我还在部队工作,有一天晚上,我在办公室看书,有一位老长官推门进来,看了一眼我对面的位置,自言自语道:"噢,没有人?"我随即站起来,高声说:"难道我不是人吗?"那位老长官被我顶得面红耳赤,尴尬而退,为此事,我洋洋得意了许久,以为自己是个英勇的斗士,但事过多年后,我却为此深感内疚。

　　请允许我讲最后一个故事,这是许多年前我爷爷讲给我听过的:有8个外出打工的泥瓦匠,为避一场暴风雨,躲进了一座破庙。外边的雷声一阵紧似一阵,一个个的火球,在庙门外滚来滚去,空中似乎还有吱吱的龙叫声,众人都胆战心惊,面如土色。有一个人说:"我们8个人中,必定有一个人干过伤天害理的坏事,谁干过坏事,就自己走出庙接受惩罚吧,免得让好人受到牵连。"自然没有人愿意出去。又有人提议道:"既然大家都不想出去,那我们就将自己的草帽往外抛吧,谁的草帽被刮出庙门,就说明谁干了坏事,那就请他出去接受惩罚。"于是大家将自己的草帽往庙门外抛,7个人的草帽被刮回了庙内,只有一个人的草帽被卷了出去。大家就催这个人出去受罚,他自然不愿出去,众人便将他抬起来扔出了庙门。故事的结局我估计大家都猜到了,那个人刚被扔出庙门。那座破庙轰然坍塌。

　　我是一个讲故事的人。

　　因为讲故事我获得了诺贝尔文学奖。

　　我获奖后发生了很多精彩的故事,这些故事,让我坚信真理和正义是存在的。

　　今后的岁月里,我将继续讲我的故事。

　　谢谢大家!

　　简评:该文是莫言获得诺贝尔文学奖后获奖感言的节选文字,体现了莫言承认自己是一个"讲故事的人"。

　　这篇演讲稿中,作者并没有空洞地致谢或者煽情,而是紧紧围绕标题"讲故事的人"给听众讲了三个故事,看似没有关联的三个故事既交代了自己的生活背景,又向全世界的听众展现了自己讲故事的能力,运用并列式的方式证明一件事情:自己擅长讲故事。文章开头以他人对自己的争议切入,交代情况,叙写事实,引起听众的兴趣。结尾部分则言简意赅地告诉听众自己将继续讲故事,虽然平实,却富有韵味。它既是一篇获奖感言,又是一篇驳斥谣言的申明,还是作家本人的人生阶段总结。因此,整篇演讲稿张弛有度,节奏平缓,却字字铿锵有力。

演讲稿写作的参考模板:

×××××××××(标题)

×××:

　　开头(开门见山、抛出问题、引用诗句、交代事实)

　　主体(分层阐述、层层深入)

　　结尾(号召式、总结式、引用式)

🔑 任务实施

练一练

1. 以下关于演讲稿的表述中不正确的是( )。

A. 演讲稿的层次性是根据演讲的时空特点、听众情况加以组合的

B. 演讲词的结尾没有固定的格式,应当要给听众留下深刻的印象

C. 演讲稿的中心思想要靠感人的典型事例来阐明

D. 演讲词语言要通俗易懂,生动形象

2. 修改下列演讲词的词句。

(1) 今天,得幸来到美丽的莫斯科国际关系学院,同诸位见面,感到十分雀跃。

(2) 世界潮流,浩浩荡荡,听它的就好,不听的就倒霉。

(3) 保护环境,保护水资源。让我们行动起来吧!让我们一起关心乱闯红绿灯现象,大家一起做个文明人!

(4) 流离失所、民生凋敝、百业待废,我们的健康得不到保证,我们的教育也难当重任,每天,我们都处于危机中,今天我们相聚在此,是因为我们知道没有未来,我们快处于危险了。

改一改

3. 找出并修改演讲稿中的几处错误。

演 讲 稿

Long long ago,有一位学大提琴的年轻人去向本世纪最伟大的大提琴家卡萨尔斯讨教:我怎样才能成为一名优秀的大提琴家?

卡萨尔斯面对雄心勃勃的年轻人,意味深长地回答:先成为优秀而大写的人,然后成为一名优秀和大写的音乐人,再然后就会成为一名优秀的大提琴家。

听到这个故事的时候,我还年少,老人回答时所透露出的含义我还理解不多,然而随着采访中接触的人越来越多,这个回答就在我脑海中越印越深。

在采访北大教授季美林的时候,我听到一个关于他的真实故事。有一个秋天,北大新学期开始了,一个外地来的学子背着大包小包走进了校园,实在太累了,就把包放在路边。这时正好一位老人走来,年轻学子就拜托老人替自己看一下包,而自己则轻装去办理手续。老人爽快地答应了。近一个小时过去,学子归来,老人还在尽职尽责地看守。学子谢过老人,两人分别!

几日后北大的开学典礼上,这位年轻的学子惊讶地发现,主席台上就座的北大副校长季美林正是那一天替自己看行李的老人。

我不知道这位学子当时是一种怎样的心情,但在我听过这个故事之后却强烈地感觉到:人格才是最高的学位。

前几天,我在北大听到一个新故事,清新而感人。一批刚刚走进校园的年轻人,相约去看季美林先生,走到门口,却开始犹豫,他们怕冒失地打扰了先生。最后决定,每人用竹子在季老家门口的土地上留下问候的话语,然后才满意地离去。

这该是怎样美丽的一幅画面！离季老家不远，是北大的伯雅塔在未名湖中留下的投影，而在季老家门口的问候语中，是不是也有先生的人格魅力在学子心中留下的投影呢？只是在生活中，这样的人格投影在我们的心中还是太少。

听多了这样的故事，便常常觉得自己是只气球，仿佛飞得很高，仔细一看却是被浮云托着；外表看上去也还饱满，但肚子里却是空空。这样想着就有些担心，怎么能走更长的路呢？

于是，渴望年老，四个字对于我就不再是幻想中的白发苍苍或身份证上改成 60 岁，而是如何在自己还年轻的时候，便能吸取优秀老人身上所具有的种种优秀品质。

于是，我也更加知道了卡萨尔斯回答中所具有的深义。怎样才能成为一个优秀的主持人呢？

于是，我知道，这条路很长，但我将执著地前行。

写一写

4. ××城市学院夕月同学因为家境贫寒，所以在闲暇之余兼职打工，但这并没有妨碍她的学习。她充分利用课内时间，每年获校级一等奖学金，课外则打工挣钱，贴补家用，对待同学、老师都关爱有加。现全班同学决定推选夕月去参加全校十佳好标兵的评选，但该评选需要每个报名的同学公开演讲 3 分钟。夕月觉得自己还不够格，但木子认为夕月是非常有实力的，决定替她写一篇演讲稿，如果你是木子，你会怎么来写这篇演讲稿呢？

根据上述材料，请选取下列木子需要的内容来帮助木子完成演讲稿。

(1) 夕月身高 1 米 6，体重 100 斤，鹅蛋脸。

(2) 夕月已经连续 3 年将部分自己打工的钱财捐助低年级贫困同学。

(3) 春晓因为宿舍公用电话问题和夕月发生口角，后经班主任协调解决。

(4) ××教育电视台上周致电夕月，邀请她担任校园新闻播报员。

任务四　撰写新闻

任务导入

××城市学院财务管理专业木子同学被评为"××市优秀学生"，系主任邀请古月为木子写一则新闻，让全校同学都知道这个好消息。可是古月只会看新闻，不会写新闻，于是她开始了解"新闻"的特点及写作要求。

任务要求

1. 了解新闻的性质及特点

2. 掌握新闻的内容要素及写作思路

3. 能够根据相关要求独立撰写新闻

知识准备

一、新闻的性质及分类

新闻是指报纸、电台、网络等媒体使用的记录社会、传播信息、反映时代的一种文体。新闻能够迅速反映社会的状况,让人们了解真相,既能反映社会方方面面,也能对社会的发展起促进和指导作用。新闻概念有广义和狭义之分,就其广义而言,包括消息、通讯、特写、速写等;狭义的新闻则专指消息,是用简明扼要的文字,迅速、及时地报道国内外最新发生的、有价值的事实。

二、新闻的特点

(1) 及时性,新闻一定是播报最近发生的事实,并且是有价值的内容。

(2) 真实性,真实是新闻的命脉,新闻切忌夸大或捏造,真实的新闻才有生命力。

(3) 简洁性,新闻的目的是尽快地在一定范围内流通,只有扩散于社会,才有其价值。因此新闻稿用词一般都简洁明了,通俗易懂,并且避免抒情描写的文字,而以记叙为主。

三、新闻的类别

新闻按其报道的内容和特点,大致分为以下四种。

1. 动态新闻

这是为反映社会上最新发生的事实而写的报道。凡是国内外的新动态,都属于动态新闻的内容范畴。校园、城市、国家等有价值的新消息,都是动态新闻,它在新闻中占有很大的比例。

2. 综合新闻

综合新闻一般是为反映某个地区、某个部门、某个时期的总体情况、问题、成绩而写的新闻。

3. 典型新闻

典型新闻是为介绍新经验、新典型而写的新闻报道,其目的是借助典型推动一般。这种新闻多具有借鉴价值。

4. 评述新闻

评述新闻多为评论,是为阐明某件事的价值和意义而写的报道。一般采用夹叙夹议的方式,就人们关注的问题分析情况、总结经验、揭示矛盾、指明方向。这种新闻大多具有指导意义。

四、新闻的写作

新闻在结构上一般包括标题、导语、主体、背景和结语五部分。前三者是主要部分,后两者是辅助部分。

(一) 标题

标题一般有引标题、正标题和副标题。重大新闻采用多层标题,引题排在第一行,用来交代背景,烘托气氛;正题居中,是新闻主要内容的概括,字体较大;副题排在第三行,补充说明消息的来源、依据或次要的事实。如:

宣布开发浦东仅十天(引题)

浦东已成外商洽谈投资热点(正题)

一百多位海外客商纷至沓来(副题)

一般的新闻是正题加副题或者引题加正题,也有的只有一个正题,单层标题,简洁概括,如《嫦娥五号探测器对接组合体成功分离》。

标题要做到准确、鲜明、引人入胜。

(二)导语

导语是新闻的开头,一定要开门见山,紧扣主题。导语一般有以下四种方式:

(1)结论式。先写结论,然后再具体叙述,它像倒叙一样,先交代结局。

(2)描写式。用形象生动的语言对新闻的某一个侧面加以描写,以引起读者的兴趣,这种方式不常用。

(3)提问式。先提出一个问题,引起读者的思考和兴趣,评述式新闻大多采用这种开头。

(4)叙述式。用叙述的语言,概括报道事实,写在文章最前面,用最简洁的话语交代时间、地点、人物、事件起因、经过、结果。

(三)主体

导语之后就是新闻的主体。主体与导语有着密切的关系,但又不是导语,不能重复导语,而是把报道的事实详细、完整地反映出来,它是报道的核心部分。主体结构形式大致有以下两种:

(1)按时间顺序。按照时间的顺序组织材料,按照事件的发生、发展、结束的顺序来写,让读者知道新闻的始末。

(2)按逻辑顺序。按照事物的内在联系、逻辑关系来组织材料,有利于揭示事物的内在联系。

(四)背景

有的新闻需要有背景材料的交代,背景材料其实是与这段事实有关的其他情况,在文章中起衬托主体的作用。例如,"嫦娥五号"探测成功的背景就是我国探月工程的发展情况。交代背景的目的是帮助读者认识新闻的性质和意义。

(五)结语

结语是新闻的结束语,写好结尾能够让文章画龙点睛,还能表现文章的完整性和结构的逻辑性。结尾有的是一句话,有的是一个段落,可以是简单的议论抒情,也可以是发人深省的提问。结尾千变万化,不拘一格。

资料卡

新闻的内容要素

新闻六要素(也就是记叙要素):时间、地点、人物、事件起因、经过、结果,即五个"W"和一个"H";Who(何人)、What(何事)、When(何时)、Where(何地)、Why(何因)、How(如何)。

范文赏析（一）

中央储备粮绿色科技储粮覆盖率达到98%

目前，中央储备粮科技储粮覆盖率提升到98%，中储粮集团通过绿色科技储粮，向市场供应安全优质放心粮源，管住管好管优保百姓饭碗的中央储备粮，粮食安全和食品安全的基础更加牢固。

在当前社会公众越来越关注餐桌上的营养与健康，粮食安全内涵从数量安全向质量安全、食品安全扩展的形势下，作为服务粮食产消两端、国内最大的粮食储备集团，中储粮集团积极适应粮食市场需求变化，贯彻绿色发展理念，突出保鲜、营养、安全储粮管理目标，以绿色科技保障粮食储存保质、减损、降耗、增效。

据了解，中储粮集团大力实施科技发展5年规划，基本形成了北方低温准低温为主、南方控温和气调为主的储粮技术路线，分品种、分生态区域推广智能氮气储粮、内环流控温储粮、智能通风等储粮新技术。2017年新增内环流控温储粮896万吨、空调控温储粮702万吨、氮气气调储粮146万吨、粮面压盖和薄膜密闭储粮236万吨，绿色科技储粮覆盖率又提高3个百分点，达到98%。目前，在高温高湿的南方地区，稻谷基本实现控温储藏，能够安然度夏；在北方地区，普遍应用内环流控温技术，有效降低储存期间粮食损耗。储存中保质保价，销售时好粮好价，取得了较好的社会效益和经济效益。

近年来，围绕储粮技术研发创新，中储粮集团累计申报"现代粮仓绿色储粮科技示范工程"发明专利10项，建成"国家粮食储运监管物联网应用示范工程"40家库点，自主研发攻关项目10个，编写储粮技术应用操作丛书4本，制定储粮技术企业标准5项，在中央企业双创成就展中获"表现突出集体"荣誉称号。

简评： 该范文是一则动态新闻，摘自《经济日报》。

粮食安全是国计民生的头等大事，该新闻向全国人民报道了我国运用绿色科技开展粮食储备工作的情况，采用单行标题，简单明了。主体部分介绍了粮食储备的技术及取得的成效，结尾介绍了近年来国家储粮技术发展的基本情况。整篇报道简明扼要，让老百姓有"技术储粮、心中不慌"的踏实感。

范文赏析（二）

无锡也有奥特莱斯了

想要购买国际一线折扣名品，无锡人不用再去上海青浦奥特莱斯了。6月29日，离市区10多公里，位于无锡新区的百联奥特莱斯广场即将亮相。

近日，市民唐小姐和朋友趁周末到上海青浦奥特莱斯购买了5000多元衣物，"大部分品牌的折扣在5~7折，还是很有吸引力的。"唐小姐说，从家里自驾到上海青浦，全程大约一个半小时，如今到无锡新区的奥特莱斯，开车只要15分钟左右，不仅时间上大大缩短，而且还省下了200多元高速公路过路费和汽油费。

据悉，新区的奥特莱斯广场还引进了国内第一辆城市有轨双层观光电车，共设11个站点，环绕奥特莱斯，方便游客观光购物，轨道全长1.5公里。

奥特莱斯进驻无锡后，此前几乎垄断了无锡国际名品销售的大东方百货和八佰伴，会否因此受到冲击?对此,无锡百联奥特莱斯商业有限公司总经理周孙彤昨天坦言,奥特莱斯是对无锡和苏南商业圈的补充,不是冲击,更不是亮红牌的搏杀,"我们希望能在苏南和其他零售百货商场共同发展"。

但也有业内人士对此并不乐观,"年内紧接着苏宁、恒隆、惠山万达等百货都将陆续进驻锡城,无锡奥特莱斯不在市中心,无锡的商业氛围多年来始终没有营造出副中心,奥特莱斯是否能再创上海的辉煌,还需时间来检验。"

简评:该范文是一则规范的动态新闻,摘自《现代快报》。

这则新闻涵盖了新闻的五大结构:标题采用单行标题,直接揭示内容。导语采用结论式,直接点明无锡人不用再前往上海奥特莱斯了。主体部分介绍了无锡奥特莱斯的总体情况,然后结合背景介绍无锡百货业发展情况,突出奥特莱斯对无锡新商业规模的冲击,最后以业内人士的点评来收束全文。

新闻写作的参考模板:

×××××××(标题)

导语(时间、地点、人物、事件起因、经过、结果)

主体(详细介绍事实)

背景(辅助主体,丰富新闻)

结尾(展望未来,品评当下,转引评论,自然收尾等)

任务实施

练一练

1.请根据下列材料,拟写新闻的标题。

(1)南京大屠杀死难者公祭仪式在侵华日军南京大屠杀遇难同胞纪念馆集会广场举行。现场国旗下半旗。3 000余名各界代表胸前佩戴白花,默然肃立。10时整,公祭仪式开始,奏唱《中华人民共和国国歌》。国歌唱毕,全场向南京大屠杀死难者默哀,南京市全城拉响防空警报,汽车停驶鸣笛,行人就地默哀。默哀毕,在解放军军乐团演奏的《国家公祭献曲》的旋律中,解放军仪仗大队16名礼兵将8个花圈敬献于公祭台上。

(2)成都大熊猫繁育研究基地日前在北京宣布,首批6只经过野化过渡训练的人工繁育大熊猫将于20××年1月11日入驻"都江堰繁育野放研究中心熊猫谷"。此举标志着人工繁育大熊猫将步入野放时代。

(3)全国劳动模范和先进工作者表彰大会24日上午在北京人民大会堂隆重举行。中共中央总书记、国家主席、中央军委主席习近平出席大会并发表重要讲话,代表党中央、国务院,向受到表彰的全国劳动模范和先进工作者表示热烈的祝贺,向为改革开放和社会主义现代化建设作出突出贡献的我国工人阶级和广大劳动群众致以诚挚的问候。习近平强调,光荣属于劳动者,幸福属于劳动者。社会主义是干出来的,新时代是奋斗出来的。劳动模范是民族的精英、人民的楷模,是共和国的功臣。我国是人民当家作主的社会主义国家,党和国家始终坚持全心全意依靠工人阶级方针,始终高度重视工人阶级和广大劳动群众在党和国家事业发展中的重要地位,始终高度重视发挥劳动模范和先进工作者的重要作用。立足新发展阶段,贯彻新发展理念,构建新发展格局,推动高质量发展,必须紧紧依靠工人阶级和广大劳动群众。我国工人阶级和广大劳动群众要更加紧密地团结在党中央周围,勤于创造、勇于奋斗,努力在全面建设社会主义现代化国家新征程上创造新的时代辉煌、铸就新的历史伟业。李克强主持大会,王沪宁宣读表彰决定。

2. 根据上述第一则和第三则材料,拟写出新闻的导语。

改一改

3. 找出并修改新闻中的几处错误。

> 新华网北京6月23日电(记者李江涛)北京今年高考录取分数线23日公布,因为考试难度有所降低,考生各学科成绩均有提高,录取分数线也大幅蹿升。
>
> 记者从23日北京教育考试院召开的新闻通气会上获悉,今年高考各批次录取分数线均大幅蹿升。其中,一本文科549分,一本理科550分。与2012年相比,文科本科三个批次分数线平均提高近50分,理科本科三个批次分数线平均提高超过70分。
>
> 今年高考北京试题突出考查了课程的主干知识和要着重培养的主干能力,全卷在设计上针对这些内容增加了一定的比重,但题目依然保持了较高的灵活性、较强的综合性,同时也紧密联系实际。调整后的试卷对各层次的考生都能提供较好的展现空间,考生各学科成绩均有提高。
>
> 据介绍,今年北京高考虽然在总体设计上对试题难度有所调整,但降低难度不是目的。
>
> 6月23日

写一写

4. ××城市学院会计与审计专业二年级3班同学在初级会计职称考试中通过率高达100%,系主任和班主任都非常高兴,现学校教务处请古月同学为自己班级取得的优异成绩写一则新闻,古月觉得班级取得的成绩离不开同学们夜以继日的努力,更离不开老师们的辛勤教导。请你代古月写一篇新闻稿。

任务五 撰写求职信

任务导入

××城市学院的古月同学经过在校5年的学习,即将进入社会,走向人生的下一个征程。她希望进入无锡市大公会计师事务所工作,抱着试一试的心态,她决定给大公事务所写一封求职信。为此,她翻看了"求职信"的写作要求。

任务要求

1. 了解求职信的性质和特点

2. 掌握求职信的基本结构及写作思路

3. 能够根据相关需要独立撰写求职信

知识准备

一、求职信的性质

求职信是求职者为了寻求一份比较理想的工作,或是谋求一个相对合适的职业,而向有关单位或领导介绍自己的实际才能、专长,表达就业愿望的一种专用书信。求职信包含以自荐为目的和以应聘为目的两种:自荐侧重向用人单位自我推荐,谋求可能的机会;而应聘则是针对用人单位提供的职位进行愿望表达,其目的更为明确,求职的意愿更为迫切。不管哪种求职信,都是为了推销自己,引起对方的兴趣,达到成功推荐自己的效果。

一般来说,求职信是个人用文字在推销自己,求职简历是对自己条件的客观叙述,常用表格式文字。通常,求职信与求职简历合起来被称为求职材料。

二、求职信的分类

(1) 从成文的目的看,有自写的求职信和由他人推荐而写的求职信。

(2) 从内容或者行业看,有销售型求职信、技术型求职信、生产型求职信、医疗型求职信等。

(3) 从求职的时间看,有短期求职信、中期求职信和长期求职信等。

(4) 从求职的要求看,有基本要求的求职信和具体要求的求职信等。

三、求职信的结构与写作

求职信一般由标题、称谓、正文、落款和附件五个部分组成。

1. 标题

求职信的标题通常只有文种名称,即在第一行居中写上"求职信"三个字。

2. 称谓

称谓,即求职信的致送对象,一般在标题下方另起一行顶格写上收信对象,如果用人单位明确,可以直接写上单位名称,前面加上"尊敬的"修饰,后面以"领导"落笔;如果单位不明确,则统用"贵单位领导"或"尊敬的领导"领起。称谓后面要加上冒号。

3. 正文

正文是求职信的写作核心和重点。一般有开头短语、自我简介、自荐缘由、条件展示、愿望决心、敬祝语六部分组成。

(1) 开头短语。开头应该表示向对方的问候、致意,如"您好"。

(2) 自我简介。这是对自我概要的说明,主要介绍自己的身份、年龄、学历、校系专业、任职情况等,给用人单位一个初步的印象。介绍要符合求职的目的,无须冗长。

(3) 自荐缘由。这部分要写清信息来源、求职意向、承担工作目标等。求职目标应该根据自己的实际情况选择职业目标,这部分应该点明对方单位的长处,如良好的工作软环境,融洽的人际关系,培训晋升的机会等。对于热门行业,选择要谨慎,用语既不能自卑也不能自负。这一部分可以和"自我简介"合为一段进行写作。

（4）条件展示。这部分是求职信的关键内容,主要写清自己的特长和才能,要将专业知识、职业能力、职业经历充分展示;围绕岗位需要,有针对地展示知识;根据应届毕业生与社会人员侧重点不同,有差别地介绍能力;针对现代社会需求,充分体现自己的职业素养。从基本条件和特殊条件两方面解决"凭什么求职"的问题。让用人单位意识到你是最佳的人选。

（5）愿望决心。求职信的结尾要再次强调自己求职的愿望,恳请对方给自己一次工作机会,表示最大的决心,并表明对对方单位美好前景的祝福,语气要自然恳切,不卑不亢。简言之,既要有对应聘职业的热爱,也要有对自己被录用后的承诺,还要有对用人单位回复的期望和企盼,以及对用人单位的祝愿。

（6）敬祝语。常以"敬祝语"结束全文,如"此致敬礼"。

资料卡

求职信正文的内容要素

开头短语、自我简介、自荐缘由、条件展示、愿望决心、敬祝语。

4. 落款

求职信的落款就是在正文的右下方写上"求职人：×××"的字样,并标注成文日期,随文处要说明回函的联系方式、邮政编码、地址、电话号码等。署名一般由求职人自己签名,以示郑重。

5. 附件

附件是求职信的一个重要组成部分,正文中提到的相关条件的获奖证书、证明在附件中都要有反映。相关材料还要有必要的签名和盖章。此部分也可列在敬祝语前。

范文赏析（一）

求　职　信

尊敬的人事部主管：

您好!

我从20××年4月29日《经济日报》上看到贵酒店的招聘启事,得悉贵酒店招聘一名经理秘书,特冒昧写信应聘。

两个月后我将从广州工商学院酒店物业管理系毕业。我身高1.65米,相貌端庄,气质颇佳;在校期间系统地学习了现代管理概论、社会心理学、酒店管理概论、酒店财务会计、酒店客房管理、酒店前厅管理、酒店营销、酒店物业管理、物业管理学、应用文写作、礼仪学、专业英语等课程;学习成绩优秀,曾发表多篇论文;熟悉电脑操作,英语通过国家四级考试,口语流利;略懂日语,粤语、普通话运用自如。

去年下半学期,我曾在深圳××××五星级酒店客房部和推广部各实习一个月,积累了一些实际工作经验。

我热爱酒店管理工作,希望能成为贵酒店的一员,和大家一起为促进酒店发展竭尽全力。我的个人简历及相关材料一并附上,如能给我面谈的机会,我将不胜感激。

　　此致
敬礼!

求职人:王以渐
20××年5月2日

　　联系地址:广州工商学院酒店物业管理系 510507
　　联系电话:12345678
　　简评:该范文是一封规范的求职信。

　　求职信从格式上来说,与一般书信有所不同的是有"标题"和其在正文的落款后增加了联系方式。求职者自荐,态度要诚恳,问候要真切,不可矫揉造作,自荐的内容要真实、具体,自我评价不能过分,但又要充满自信。本文主要从自己的职业知识、职业能力、职业素养、职业经历等方面向用人单位进行展示,在结尾处真诚地表达了自己的愿望,内容要素完整。

范文赏析(二)

求 职 信

尊敬的领导:

　　您好!

　　我从9月20日《××商报》得悉贵公司拟招聘财务经理一名,本人很感兴趣,特来应聘。

　　我目前任恒源祥有限公司的财务科副科长,工作已近10年,积累了较丰富的经验,具备较强的工作能力。在职单位对我的工作也颇为赞许,但是我感到目前的工作发展无多,想改变一下工作环境,以更好地发挥自己的特长,获得更多的工作经验。

　　贵公司是一流的大公司,制度健全,前景很好,我希望能以自己的全部能力为贵公司效劳。如蒙录用,定尽全力工作。

　　敬祝
大安!

求职人:李火
20××年9月28日

　　联系电话:87654321
　　E-mail:321@sohu.com
　　简评:该范文是一封规范的跳槽求职信。

　　随着社会的发展,公司人员的流动已经不再是稀罕事,而毕业后的工作更换也成了当代年轻人面临的新问题,求职信不再是一生只有一封,而是不同的时期需要不同的求职信。本文是一位工作近10年的求职者希望获得更大的发展机会而写的求职信,在信中开头交代了求职信息的来源,中间部分进行了条件展示,重点介绍了自身工作的经历和成绩,最后表明了自己的能力、决心和态度。与毕业求职信不同的是,跳槽求职信的目的更为直接明确。信中除了要向对方展示自己的与众不同之处外还要表达不卑不亢的态度,既不能阿谀逢迎,也不能自卑自贬。信中呈现的是你的才能,信末流露的是你对对方公司价值观的认同,这样才能形成一篇高质量的求职信。

求职信写作的参考模板：

求 职 信

尊敬的领导：

开头问候语("您好"等)

自我介绍

自荐缘由(从何处看到招聘启事；或是对方公司良好的软环境吸引你)

条件展示(有针对性地介绍)

愿望决心

此致

敬礼！

求职人：×××

××××年×月×日

联系方式

🔑 任务实施

练一练

1. 仔细看下面几则材料，找出语句措辞不合乎求职信要求的地方。

(1) 心怀自信诚挚之念，我坚信你们一定会聘用我的。

(2) 几年来的专业学习拓宽了我的知识面，使我在学习中不断提升素质，尤其在文科学习方面拥有很大的空间，我是一名即将毕业的专科生，我相信自己可以胜任贵公司的工作。

(3) 我从朋友那里听说贵公司要招聘，因此我就来试试玩玩。

改一改

2. 找出并修改求职信中的几处错误。

自荐求职信

总经理：

我叫王娟，今年23岁，毕业于四川商务职业学院外贸会计专业。普通的院校，普通的我却拥有一颗不甘于平凡的心。

我，自信，乐观，敢于迎接一切挑战。虽然只是一名普通的专科毕业生，但是，年轻是我的本钱，拼搏是我的天性，努力是我的责任，我坚信，成功定会成为必然。

经过大学3年锤炼，在面对未来事业的选择时，我对自己有了更清醒的认识。我注重专业知识的研究，广泛学习各学科基础知识和技能，自强不息，只为学以致用。同时，摄取其他领域知识来充实自身，广泛阅读各方面书籍，熟练地掌握了会计的基础知识，常用操作和office办公软件。经过自己的不断努力，我曾获得三等奖奖学金。大学3年，参加过心理健康中心干事的培训，在担任"心理健康中心"里的秘书处干事一职的过程中，琐碎繁忙的秘书工作锻炼了我的组织、管理和写作能力，培养了我脚踏实地、认真

负责的工作作风,善于创新的工作思维方式;我以身作则,务实求真的工作原则,诚实宽容的做人原则以及工作能力赢得了师生的信任和支持,获得了"优秀学生干部"的称号。同时我多次参加过心理健康中心组织的"5·25"宣传活动和话剧比赛以及10月25日"心理健康日"公益宣传活动。为了能提高自己的素质,参加过我院的党校培训,在培训中,我了解到了作为一位当代的大学生,应该要尽的责任。

感谢您在百忙之中读完我的求职简历,诚祝事业蒸蒸日上!

××年3月

写一写

3. 假期要到了,同学们都准备找一份临时工作,以增加自己的经验,锻炼自己的能力。××城市学院财务管理专业的木子同学看中一份小学语文的家教工作,她找到了培训机构的王老师,王老师让她给对方家长写一份求职信,列出自己的优势。请你替木子写一份求职信,内容和格式要符合求职信的写作要求。

4. 周哲是××旅游商贸学院的学生,今年三年级,他在校期间学习刻苦自觉,社会实践能力强,英语的听说读写能力都很出色。他实习期间曾以流利的英语,广博的知识以及对祖国传统文化的深刻理解赢得外宾的好评。今年7月份他要毕业了,他从20××年6月20日的《江南晚报》上获悉××康辉旅行社招聘两名导游,并决定应聘。请代周哲写一份求职信。

项目三

常见的财经社交文书

项目引领

小古，最近公司要召开年会，除了本公司员工外，还要邀请一些客户参加，你去拟写一份邀请函吧！

近期，公司正在引进一批高端人才，我要写几封聘书。

　　在日常工作、生活中，无论从事的是财务工作还是商贸工作，都需要与其他人或单位打交道。财经、商贸类专业的学生除了要学好本专业知识外，还应具备必要的社交文书写作知识和写作能力。

项目目标

知识目标：

1. 了解邀请函、介绍信、证明信、聘书、感谢信等文种的性质
2. 掌握社交文书写作的结构要素

能力目标：

1. 能形成社交文书写作的思路
2. 能独立完成社交文书的写作

任务一 撰写邀请函

✖ 任务导入

江南集团有限公司财务部出纳兼公司文员古月,刚进公司不久,正好遇上公司要召开年会。除了本公司员工外,公司还打算邀请一些客户前来参加。公司总经理要求她拟写一份文书,时间紧急,古月必须及时草拟出格式规范、内容完整的邀请函。

◎ 任务要求

1. 了解邀请函的性质、作用、特点及类别
2. 掌握邀请函的内容要素及写作思路
3. 能够根据相关要求独立撰写邀请函

☢ 知识准备

一、邀请函的性质与作用

邀请函,又叫邀请书或邀请信,是邀请亲朋好友或知名人士、专家等参加某项重要活动时所常用的请约性书信。

邀请函在国际交往以及日常的各种社交活动中使用广泛。邀请函与请柬有相似之处,在使用中容易混淆,因此需要注意辨析以下不同:

(1)内容不同。请柬通常篇幅短小,内容简单;邀请函内容较多,信息量较大,除了如请柬一般表达邀请的意思之外,还可以在函中向被邀请者交代有关注意事项。

(2)装帧、款式不同。请柬的装帧、款式较为美观、精致;邀请函则无严格要求。

(3)邀请的对象不同。请柬的邀请对象一般为上级或长辈、平级或平辈;邀请函的邀请对象则较为宽泛。

二、邀请函的特点

1. 礼仪性

邀请函在实际应用中要体现对被邀请者的礼貌,表达尊重之意,以达到传递信息、沟通感情的效果,具有较强的礼仪性。

2. 确指性

邀请函的主送对象一般是针对特定的单位或个人,具有明确的指定性。

三、邀请函的类别

按照用途分类,邀请函大致可分为以下三类:

(1)会议类邀请函,专为召开庆祝会、纪念会、座谈会等而发出。

（2）活动类邀请函，专为举办仪式、宴请等而发出。

（3）工作类邀请函，专为开展成果评审、鉴定、决策论证等而发出。

四、邀请函的写作

邀请函的结构一般由四部分组成：标题、称谓、正文和落款。

1. 标题

邀请函的标题写作比较简单，一般有两种写法：一是直接以"邀请函"为标题；二是由事由和文种共同组成，如《关于出席亚洲经济发展会议的邀请函》。

2. 称谓

在标题的下一行左侧顶格写被邀请者的称谓（个人姓名或单位名称）。若被邀请者是个人，则在姓名之后可加"经理""博士"等职务或头衔名称，也可加"先生""女士"等尊称。若被邀请者是单位，则要写明单位的全称，以示尊敬。

3. 正文

正文一般要写清楚邀请的事由、时间、地点以及有关要求或注意事项。如果是向单位发出的邀请，还需写明被邀请的具体对象和人数。

正文的结尾要体现邀请者邀请的诚意，通常用"敬请光临""敬请莅临""敬请光临指导"或"恭候光临"等惯用语，以表示对被邀请方的恭敬和礼貌。

4. 落款

落款处要署邀请者的姓名或邀请单位的名称，单位还须加盖印章。署名的下方写明邀请函写作的日期。

资料卡

邀请函正文需特别注明的内容

附券：如有参观、文艺活动，或有礼品赠送，应附上入场券，或者领取礼品的赠券。

宴请：如有宴请，应写明"敬备菲酌""沏茗候教"等字样，并注明席设何处，以及入座时间。

特别提示：如有特殊的着装要求也应该在正文里注明。如果相距较远，则应写明交通路线，以及来回接送的方式等。其他差旅费及活动费的开销来源、被邀请者应准备的材料文件和节目发言等也应在正文中交代清楚。

范文赏析（一）

邀　请　函

尊敬的杨寒东先生：

为庆祝我公司创立 50 周年，我们将于 5 月 31 日（周五）17 时 30 分在江南宾馆江南厅（××市××路 888 号）举行庆典宴会和文艺联欢活动。我们非常希望借此机会感谢您多年来给予我公司的友善和支持。

敬请届时偕夫人光临！

附：文艺联欢会入场券 2 张

江南集团有限公司（公章）

20××年 5 月 2 日

简评:该邀请函是一则活动类邀请函,正文首先交代了活动邀请的目的,随后将活动时间、地点用较为明确的语言表达清楚,最后分寸得当地表达了对对方的感谢及对对方的诚挚邀请。入场券附后,有助于宴会后入席参加联欢。

范文赏析(二)

邀　请　函

尊敬的卞文女士:

您好!

我们很荣幸地邀请您参加将于5月15~16日在北京21世纪饭店举办的"第28届联合国粮食及农业组织亚太地区大会非政府组织磋商会议"。

本次会议的主题是:从议程到行动——继"非政府组织粮食主权论坛"之后。此次磋商会议由联合国粮农组织(FAO)和国际粮食主权计划委员会亚洲分会(IPC-Asia)主办,中国国际民间组织合作促进会协办。届时,来自亚太地区80多个民间组织的100余名代表将参加会议。本次会议宣言将在5月17~21日召开的第28届联合国粮食及农业组织亚太地区大会上宣读。

本次会议的主要议题有:

1. 粮食与世界和平

2. 世界经济一体化中的农业发展

3. 粮食与亚洲的明天

敬请届时拨冗参加!

附件:会议回执

联合国粮农组织(公章)
20××年4月15日

简评:该邀请函是一则会议类邀请函。该邀请函正文的第一段交代了会议召开的时间、地点以及会议名称,同时表达了邀请的含义。在此基础上,正文的第二段介绍了本次会议的主题,会议的主办者、参与者,以及本次会议的意义。正文的第三段进一步介绍了本次会议的主要议题,以便被邀请人能够提前做好准备,在会议进行时能更有效地参与。最后,以"敬请届时拨冗参加"为结束语,以表达邀请的诚意。因为这是一次较为大型的会议,主办者为了更好地进行会议组织与管理,还随邀请函附上了一则"会议回执",因而在结束语的下一行,需要写上附件说明。

范文赏析(三)

邀　请　函

尊敬的孙凯教授:

您好!

为更好地建设公司企业文化,我公司诚邀您来本公司做一次关于企业文化建设的讲座,时间定为20××年10月10日(周四)上午9~12时。

敬请莅临指导!

江南集团有限公司(公章)
20××年10月3日

简评：这是一则工作类的邀请函。这一类邀请的邀请方通常会与被邀请人提前联系,当被邀请人明确表示愿意接受此类邀请之后,才会发出邀请函。因此这一类邀请函的写作比较简单,在正文中只需简单交代邀请的背景,并明确工作内容、时间、地点即可。

任务实施

练一练

1. 试分析"具酌候驾""沏茗候教""敬祈光临"可用于什么内容的邀请函。

2. 请为下列材料排序,使其符合邀请函正文的行文思路。

(1) 在此,特邀请您届时光临指导。

(2) 感谢您一直以来对学院团委的关心和支持,使我院共青团工作得以蓬勃发展。

(3) 我委定于20××年×月×日(星期×)晚7:30在学院礼堂(西校区)隆重举行"××杯"第×届校园十佳歌手大奖赛决赛。

(4) 为了丰富学生课余文化生活,推动学院建设和谐健康的校园文化。

改一改

3. 找出并修改邀请函中的5处错误。

邀 请 函

陈雨盈:

  过往的一年,我们用心搭建平台。您是我们关注和支持的财富主角。

  新年即将来临,我们倾情实现公司客户大家庭的快乐相聚。为了感谢您1年来对江南集团有限公司的大力支持,我们特于20××年12月28日举办20××年度江南集团有限公司客户答谢会,届时将有精彩的节目和丰厚的奖品等待着您,期待您的光临!

  让我们同叙友谊,共话未来,迎接来年更多的财富,更多的快乐!

20××年12月28日

写一写

4. 12月8日,江南集团有限公司旗下新江南大酒店即将落成开业。这家酒店位于蠡湖之畔的××市湖滨路58号,风光秀丽,设施先进豪华,是江南集团有限公司旗下首家五星级酒店。为了庆祝酒店落成开业,公司董事会决定于开业当天上午9时在新酒店的江南厅举行开业仪式。仪式流程为:领导讲话、嘉宾剪裁、文艺演出、开业酒会,每位与会嘉宾都能凭邀请函免费获得一张酒店VIP贵宾卡及其他礼物。

请根据上述材料,代江南集团有限公司拟写一则邀请函。要求格式正确、内容完备、措辞热情文雅。

5. 企业文化是企业的灵魂。优秀的企业文化能够营造良好的企业环境,提高员工的文化素养和道德水准。对内能形成凝聚力、向心力和约束力,形成企业发展不可或缺的精神力量和道德规范,能使企业产生积极的作用,使企业资源得到合理的配置,从而提高企业的竞争力。为了更好地建设公司企业文化,江南集团有限公司打算邀请北京大学孙凯教授来公司做一次关于企业文化建设的讲座,讲座的听众为公司中高层管理人员,时间为10月11日

（周四）上午9～12时。

　　请根据以上材料,代江南集团有限公司拟写一则邀请函。要求格式正确、内容完备、措辞热情文雅。

任务二　撰写介绍信

任务导入

　　江南集团有限公司财务部出纳兼公司文员古月,刚进公司不久。公司要派遣两名员工出差联系业务,公司总经理要求她拟写一封格式规范、内容完整的介绍信。

任务要求

　　1. 了解介绍信的性质、作用及类别
　　2. 掌握介绍信的内容要素及写作思路
　　3. 能够根据相关要求独立撰写介绍信

知识准备

一、介绍信的性质与作用

　　介绍信是机关团体、企事业单位派员到其他单位联系工作、了解情况或参加各种社会活动时所使用的介绍目的、证明身份,并请求对方配合的一种专用书信。

　　介绍信具有介绍与证明的双重作用。持信人可以凭此获得对方的信任与支持,收信者可以凭此获知来者的情况(单位、职务、希望和要求等),从而促进双方的联系与合作。

二、介绍信的类别

1. 便函式介绍信

　　便函式介绍信用信笺(通常是公用信笺)临时书写,无预先印制的固定格式,可根据需要灵活处理。

2. 表格式介绍信

　　表格式介绍信有预先印制的固定格式,印刷成册,使用时逐项填写即可。这种介绍信,一般都带有信函编号,并留有存根。

三、介绍信的写作

　　便函式介绍信和表格式介绍信,在结构上略有不同。

1. 便函式介绍信

　　便函式介绍信在结构上一般由五部分组成:标题、称谓、正文、落款和附注。

　　(1)标题。介绍信的标题写作比较简单,常见的有两种写法。一是以"介绍信"为标题;

二是单位全称加"介绍信"组成。

（2）称谓。在标题下一行左侧顶格写收信者（个人或者单位）名称。如是单位，需写全称。如是个人，还需在姓名后加上相应的尊称，如"同志""先生"；或加上职务名称，如"总经理""董事长"等；或加上头衔，如"博士""教授"等。

（3）正文。在称谓下一行左起空两格开始书写，一般不分段。通常要交代以下三方面内容：

第一，派遣人员的姓名、身份、人数。人数要用汉字大写，如果事关保密，还应写明被介绍者的政治面貌、职务、级别等。

第二，说明所要联系的工作、接洽的事项等。

第三，对收信者的希望、请求等，如"请接洽为荷""希予接洽""请协助为盼"等。

以上三方面内容交代完毕后，一般还需写致敬语。通常写法为在下一行左起空两格写"致以"或"谨致"，再另起一行顶格写"敬礼"。

（4）落款。落款处写明发信单位名称和日期，并加盖公章。

（5）附注。在落款下一行左侧左空两个字括号内注明介绍信的有效期限。通常有两种写法：一种写作"有效期×天"，此种写法的具体天数一般用汉字大写书写；另一种写作"有效期：自××××年×月×日至××××年×月×日"，此种写法的日期可用阿拉伯数字书写。

2. 表格式介绍信

表格式介绍信在结构上一般由三部分组成：存根、间缝、本文。

（1）存根。存根部分一般由标题、信函编号、正文、开具时间等组成。标题一般写作"介绍信（存根）"，存根由出具单位留存备查。

（2）间缝。间缝部分写信函编号，应与存根部分的编号一致，还要骑缝加盖出具单位的公章。

（3）本文。本文部分与便函式介绍信基本相同，但在标题通常需写清信函编号。

范文赏析（一）

介　绍　信

中关村知识产权促进局：

　　兹有我公司刘新芳同志壹人，前往贵局办理申领专利资助金事宜。请予接洽为盼。

　　致以

敬礼！

北京市蓝天科技有限公司（盖章）

20××年 12 月 21 日

（有效期：叁天）

简评：这是一封便函式介绍信。其正文在写作时先后交代了"派遣人员信息""联系接洽事宜"和"希望请求"。在"派遣人员信息"部分，除了派遣人员的姓名之外，还注明了人数，使收信单位能更方便确认派遣人员的身份。在"联系接洽事宜"部分，文字十分简洁，使人一目了然。最后，礼貌地提出希望请求。在附注部分，本文是以天数来注明有效期，为了防止篡改，天数使用汉字大写来书写。

范文赏析（二）

介绍信（存根）	介绍信
×职字 12 号 张莉丽等壹人， 前往××市人事考试 中心联系领取三十名 同志高校教师资格证 事宜。 　　20××年 6 月 14 日 （有效期：20××年 6 月 14 日至 6 月 16 日）	×职字 12 号 ××市人事考试中心： 　　兹介绍张莉丽等壹人，前往你处联系领取我院三十名同志高校教师资格证事宜，希予接洽。 　　谨致 敬礼！ 　　附：××职业学院高校教师资格合格人员名单 　　　　　　　　××职业学院（公章） 　　　　　　　　20××年 6 月 14 日 （有效期：20××年 6 月 14 日至 6 月 16 日）

（间缝：×职字 12 号（公章））

简评：这是一封表格式介绍信，其正文内容与便函式介绍信基本一致。正文部分的人数一般用汉字大写书写，以免被涂改。此外，在这封介绍信上有三处需填写信函编号，分别是存根、本文的标题下方以及间缝位置。三处位置信函编号要一致。而出具单位的公章要盖两处，分别是本文的落款位置以及间缝位置。至于存根的落款位置则无需加盖公章。

资料卡

使用介绍信的注意事项

1. 不能将盖好公章的空白介绍信交给持有人自己填写。

2. 一份介绍信只能用于一个单位，收信单位接受后不退回。

3. 需经领导批准的重要介绍信，领导人要在存根上签字后才能发出。

4. 介绍信只能交给被介绍者持有，不准冒名顶替。

5. 底稿和存根的内容要与介绍信完全一致，底稿和存根都要保留，以备查考。

6. 接洽或联系的事项要写得简明扼要，不得涉及与此无关的内容。

7. 字迹要工整，不得涂改，如要涂改，则应在涂改处加盖公章。

8. 倘若介绍信的收信者是个人，原则上收信者与被介绍人之间在身份上应属同一级别。

任务实施

练一练

1. ××职业学院艺术节前夕，舞蹈社的同学排练了一个舞蹈节目，将在闭幕式上演出。为了提高演出质量，舞蹈社的同学准备去×市青少年活动中心和×市文化艺术学校借用演出服装。××职业学院应该出具几份介绍信？试分析之。

2. 江南集团有限公司派公司副总经理朱烈持介绍信前往上海宝钢集团有限公司谈判钢铁购销事宜。倘若这封介绍信的收信者是个人，那么该收信者应在宝钢集团身居何职？试分析之。

改一改

3. 找出并修改介绍信中的 5 处错误。

介　绍　信

刘和平:

　　兹介绍我公司陈方等 2 人前往你处洽谈销售事宜,请务必协助。

　　致以

敬礼!

江南集团有限公司(公章)
20××年 3 月

(有效期:3 天)

写一写

4. 江南集团有限公司于 10 月 16 日派出公司员工李明远和王浩前往攀枝花铁矿集团,与该集团商讨签订铁矿石精粉长期供货合同的事宜。介绍信的有效日期为 5 天。

请根据上述材料,代江南集团有限公司拟写一封介绍信。要求格式正确、内容完备。

5. 江南集团有限公司为提高业务水平,于 11 月 15 日选派李春(男,身份证号码:32020119×××××××34)、王来(男,身份证号码:32020219×××××××15)、许书语(女,身份证号码:32020319×××××××25)、王海鸥(女,身份证号码:32020419××××××××28)四人前往××职业学院参加"冬季企业人员培训班"。

请根据以上材料,代江南集团有限公司拟写一封介绍信。要求格式正确、内容完备。

任务三　撰写证明信

✳ 任务导入

　　江南集团有限公司职员王晓春打算贷款购买一套房子,在办理贷款时银行方面要求他提供一份由工作单位出具的收入证明。于是,王晓春找到公司财务部经理说明情况,经理让出纳兼文员古月写一份格式规范、内容完整的证明信。

◎ 任务要求

1. 了解证明信的性质、类别及特点
2. 掌握证明信的内容要素及写作思路
3. 能够根据相关要求独立撰写证明信

☢ 知识准备

一、证明信的性质及类别

证明信是机关团体、企事业单位或个人证明有关人员的身份、经历、学历或某件事情真相的一种专用书信。

从作用看,证明信可分为两种:一种是作为旁证材料用的,如收入证明、婚姻证明;另一种是作为身份证明用的,如学籍证明。

作为旁证材料的证明信,既可以是组织写的,也可以是个人写的。

二、证明信与介绍信的区别

在使用中,证明信与介绍信常常容易混淆,要注意其区别。

(1) 两者的写作主体不同。介绍信的写作主体只能是机关团体、企事业单位,不能是个人;证明信的写作主体既可以是机关团体、企事业单位,也可以是个人。

(2) 两者的作用不同。介绍信既可以起到证明身份的作用,也可以起到介绍目的的作用;证明信只能用来证明身份或经历,不能用来介绍目的。

(3) 写作主体所承担的法律责任不同。介绍信的写作主体要对持信人公办的过程及结果负责;证明信的写作主体只对证明内容真实性负责,不对持信人拟办事项承担任何法律责任。

三、证明信的特点

1. 凭证性的作用

证明信是持有者用以证明自己身份、经历或某事真实性的一种凭证,所以证明信的第一个特点就是它的凭证作用。

2. 书信体的格式

证明信是一种专用书信,尽管证明信有好几种形式,但它在写法上同书信基本一致,大部分采用书信体的格式。

四、证明信的写作

旁证材料用的证明信和身份证明用的证明信在结构上略有不同。

1. 旁证材料用的证明信

旁证材料用的证明信在结构上一般由四部分组成:标题、称谓、正文、落款。

(1) 标题。证明信的标题写作比较简单,通常以"证明信"或"证明"为题,也可写成"关于××××问题的证明信"。

(2) 称谓。在标题下一行左侧顶格书写,可写单位名称,也可写个人姓名。若无明确收信对象,也可不写。

(3) 正文。正文要根据对方的要求和实际情况,如实地写清被证明对象名称或姓名、需要说明的事项等有关内容。如是证明经历的,要写清被证明人主要经历的时间、地点和所担任的职务等;如是证明事件的,要按事件发展的顺序写清时间、地点、参与者的姓名及其在此事件中的地位、作用以及事件的前因后果。在正文的最后,另起一行左起空两格以"特此证明"等惯用语结束全文,不用写致敬语。

(4) 落款。在结尾下一行偏右处写明出具证明的单位名称或个人姓名以及具体日期。单位出具的证明信必须加盖单位公章,个人出具的证明信必须由出具人签名。

(5) 补充内容。如果是个人出具的证明信,证明人所在单位还可以在证明后面签署意见。

此外,证明信应在落款处下一行左起空两格括号标注证明经办人的姓名和联系电话,以便联系、核对。还有一些证明信需要附注该证明的有效期限。

2. 身份证明用的证明信

身份证明用的证明信,只有两点与旁证材料用的证明信不同:

第一,身份证明用的证明信一般没有称谓,标题下一行直接开始写正文。

第二,正文比较简单,只要写清被证明对象的姓名、性别、年龄、所在单位名称、职务(职称)等需证明的身份信息即可。

资料卡

写作证明信的注意事项

1. 内容必须确凿有据,不能弄虚作假,否则,写作者应负相当的责任,甚至法律责任。
2. 语言要明确清楚,绝不能含糊其辞、模棱两可。
3. 必须用蓝、黑色笔墨书写,不能用铅笔、圆珠笔书写。
4. 字迹端正规范,不能涂改,如有涂改,应加盖印章。

范文赏析(一)

证　明　信

江南集团有限公司:

蒋振伟同学,男,19××年9月2日生,于20××年9月考入我院会计系会计专业,后因身体原因休学1年,休学期间该生自修完当年的全部课程,并于20××年6月修完在校期间的全部学分。由于手续原因毕业时未能发给毕业证书,将于近期补发。

特此证明!

××职业学院(公章)

20××年7月20日

(联系人:×××,联系电话:×××××××××)

简评:这是一份单位开具的证明。正文首先交代了被证明对象的姓名、性别、出生年月日,然后交代被证明对象在校期间的学习时间和经历,以及未正常取得毕业证书的客观条件,以此证明此人的身份和学习经历相符合的真实性和可靠性。

范文赏析(二)

证　明

江南集团有限公司:

李佳悦同学,19××年5月25日生,是我在××市工业学校财会专业学习时的同学,学习期间我们一起代表学校参加过20××年全国职业学校财会专业技能大赛,并获得了团体一等奖。

特此证明!

附件:1. 20××年全国职业学校财会专业技能大赛团体一等奖奖状复印件1张
　　　2. 领奖照片1张

南京财经大学学生:曹琳(签名)
20××年11月3日

曹琳同学,19××年3月2日生,是我校财经学院金融专业20××届的学生,学习努力,成绩优秀。

南京财经大学学生处(公章)
20××年11月4日

(联系人:李老师,联系电话:××××××××)

简评:这是一则个人出具的旁证材料用的证明信。由于奖状丢失,李佳悦无法证实自己曾经的比赛获奖情况,只能请当时的队友(南京财经大学学生曹琳)写一份证明材料。这封证明信首先交代了被证明对象的基本身份信息,然后交代了当初比赛获奖的情况,还附上了奖状复印件和领奖照片,还请南京财经大学学生处对证明人的情况进行了简单介绍,以此增强本证明材料的可靠性。

范文赏析(三)

学 籍 证 明

束迢,男,19××年1月5日出生,系我院会计系会计审计专业20××级2班学生,学号2012010225。

特此证明!

××职业技术学院(公章)
20××年11月30日

(联系人:杨老师,联系电话:××××××××)

简评:这是一则身份证明用的证明信。该证明由标题、正文、落款三部分组成,没有称谓。标题为了让内容更加明了,在"证明"前加上了"学籍"两字。正文首先写明被证明人的基本身份信息,包括姓名、性别和出生年月日;然后写清其所在院系、专业、年级、班级、学号等学籍信息,以此证明其学籍;最后用"特此证明"四个字结束正文。

任务实施

练一练

1. 李艳艳是××职业学院会计系会计专业一年级学生。20××年7月,她随家人前往新加坡上海领事馆办理旅游签证。领事馆工作人员要求她提供一份学籍证明。由于当时正值暑假期间,李艳艳直接到班主任家中向他说明情况、请求帮助。班主任当即为她出具了一封证明信。在这封证明信中,班主任交代了李艳艳的基本身份信息(包括姓名、性别、出生年月日、身份证号码),并证明了她的专业、学制和班级番号等信息。在落款部分,班主任首先写清了他在学校的职务,然后签下了自己的姓名。李艳艳拿着这份证明信回到领事馆,却被工作人员告知此证明信无效。这份证明信为何无效?试分析之。

2. ××职业技术学院学生陈佳怡自幼学习古琴,技艺高超。20××年10月,她被×市古琴协会选中前往台湾地区参加"海峡两岸古琴艺术交流会",为期 15 天。为了向学校请假,陈佳怡不仅请家长开具了请假条,还请×市古琴协会开具了一份证明信。这份证明信的正文应包括哪些内容？试分析之。

改一改

3. 找出并修改证明信中的 5 处错误。

证　　明

江南集团有限公司有关领导:

　　你们好!

　　古月曾于 2020 年 9 月至 2021 年 7 月在我单位实习。实习期间工作认真负责,积极肯干,业务能力优秀,曾于 2020 年 6 月被评为"2019 年度第二季度优秀员工"。

　　此致

敬礼!

永道会计师事务所(公章)
8 月 15 日

写一写

4. 请你用自己的身份信息,以学校的名义写一张学籍证明。

5. 王晓春是江南集团有限公司销售部职员,他于近日看中了一套房子,打算以商业贷款的方式将它买下。但办理商业贷款的中国建设银行要求他提供由工作单位出具的当年税前收入证明。

根据上述材料,请代江南集团有限公司拟写一封证明信。要求格式正确、内容完备。

任务四　撰写聘书

任务导入

　　江南集团有限公司财务部出纳兼公司文员古月,刚进公司不久,正好遇上公司大规模聘任各部门经理。公司总经理要求她拟写数份聘书。时间紧急,古月必须及时草拟出格式规范、内容完整的聘书。

任务要求

1. 了解聘书的性质、作用及适用范围
2. 掌握聘书的内容要素及写作思路
3. 能够根据相关要求独立撰写聘书

 **知识准备**

一、聘书的性质与作用

聘书是聘请书的简称。它是用于聘请有专业特长或名望权威的人承担某项任务或担任某一职务时的书信文体。

聘书除了表达聘请单位对被聘人员的敬重、加强被聘者的责任感之外，还能起到一种凭据的作用。

二、聘书的适用范围

聘书除了可用于聘请他人来本单位工作之外，还可用于单位内部人员的聘任。

三、聘书与聘用合同的区别

在聘书的使用中，有人往往会把它和聘用合同相混淆，因而需要注意两者的区别。

(1) 两者的性质不同。聘书属于专用书信，而聘用合同属于合同。

(2) 两者的法律效力不同。聘书由企业单方作出，只有企业一方签章，没有被聘人员的签字；内容不涉及双方的权利、义务。聘用合同是双方在平等、自愿的基础上达成的，双方签字或盖章后，方可生效，内容涉及双方的权利、义务。

四、聘书的写作

聘书在结构上一般由标题、称谓、正文、落款四部分组成。

1. 标题

聘书常以"聘请书"或"聘书"等为题；也可加单位名称，写成"××公司聘书"。

2. 称谓

一般在标题下一行顶格写受聘者的姓名及尊称，如"××先生""××女士"等。也有些聘书没有称谓，而是在正文开头写上"兹聘请×××先生为……"之类的语句。

3. 正文

在称谓下一行左侧空两格起写正文。聘书的正文一般要求包括以下内容：

(1) 交代聘请的原因、所要承担的工作或拟聘的职务。

(2) 写明聘请期限，如"聘期×年""聘期自××××年×月×日至××××年×月×日"。

(3) 聘任待遇。聘请待遇可直接写在聘书上，也可另附详尽的聘约或公函写明具体的待遇，这要视情况而定。

(4) 对被聘者的希望。这一点一般可以写在聘书上；也可以不写，而通过其他途径使受聘人切实明白自己的职责。

(5) 在正文最后一行左侧空两格写上表示敬意和祝贺的结束用语，如"此致敬礼""此聘"等。

4. 落款

聘书的落款由署名和成文日期两部分组成。

若是以单位名义聘请,需署单位名称并加盖公章,否则不予生效;或署单位负责人姓名并加盖公章,但在单位负责人姓名前加上职务名称。

在署名正下方写上日期,年月日要齐全准确。

资料卡 ////////

写作聘书的注意事项

1. 聘书要郑重严肃,对聘请的原因和所要承担的工作、职务等内容要交代清楚。

2. 聘书一般要短小精悍,不可篇幅太长,语言要简洁明了、准确流畅,态度要谦虚诚恳。

范文赏析(一)

聘 书

兹聘请江苏法正律师事务所王钧律师担任我公司法律顾问。聘期自20××年8月1日起至20××年7月31日止。

此聘

江南集团有限公司(公章)

20××年7月20日

简评:这份聘书的被聘任人的称谓在正文中嵌入,使得此文干净利落。同时,明确了职务和任期,起止时间十分具体。

范文赏析(二)

××公司聘书

林语函先生:

为提高公司财务管理水平,特聘您为财务部经理,全面负责财务部的工作。聘期叁年。

此致

敬礼!

总经理:李栋梁(签名)

(公司盖章)

20××年12月31日

简评:这份聘书的标题由公司名称与文种两部分组成。正文首先交代了聘请目的,即"提高公司财务管理水平",然后写明了聘任部门、职务、聘期。需要注意的是,该聘书在说明聘期时使用的是"聘期×年"这一形式。在写作这一类型的聘期时,为了避免篡改,年份需用汉字大写。而"叁年"聘期正式开始的日期,一般是从聘书落款时间的第二日开始算起。此外,本聘书的落款部分除了加盖公司的公章之外,总经理还特别签名,以示聘任的庄重。

任务实施

练一练

1. 根据下列材料撰写聘书时,需抓住哪些关键信息,又该补充哪些内容要素?试分析之。

(1) 李桥,男,19××年3月8日出生,大专学历,网络管理专业。

工作经历：在校期间在麦当劳担任儿童活动电脑策划，毕业后任职江南集团有限公司网络部，1年后任网络部副经理，20××年获得公司人才奖。

（2）森里惠，女，日本籍，19××年1月24日生，猫实工业大学毕业。

工作经历：毕业后任职于松岗株式会社，20××年4月被公司选派到中国，担任业务公关员，20××年转职入江南集团有限公司担任游戏部副经理。

（3）乐俊，男，19××年1月2日出生，毕业于江南工业学院。

工作经历：大学毕业后与他人共同创建俊越制衣有限公司，担任副总经理，后公司被江南集团有限公司全资收购，担任集团推广部副经理，20××年获公司优秀人才奖。

由于这3位员工在工作中的突出表现，公司于今年将给予他们晋升的机会，分别聘任他们为网络部、游戏部和推广部经理，任期2年。

改一改

2. 找出并修改介绍信中的5处错误。

> 兹聘请赵栋同志为江南集团有限公司业务部经理。
>
> 特此证明
>
> 　　　　　　　　　　　　　　　　　　　　江南集团有限公司
> 　　　　　　　　　　　　　　　　　　　　××年6月

写一写

3. 请根据本任务"练一练"的内容，撰写3份聘书。

4. 王欣原为惠泉股份有限公司会计，于2020年10月离职后，又于2021年1月进入江南集团有限公司财务部任职。工作半年后，该公司总经理王元栋发现大家对王欣在工作中的努力和业绩颇为认可，经考察后决定聘任她为财务部副经理。

请根据上述材料，代江南集团有限公司拟写一封聘书。要求格式正确、内容完备。

任务五 撰写感谢信

任务导入

江南集团有限公司财务部出纳兼公司文员古月，前往银行办理业务时不慎丢失公司重要票据，幸遇好心人捡还。古月非常感激好心人，当面拿出1 000元表示感谢，但好心人就是不肯接受。自觉过意不去的古月，决定给好心人所在的单位写一份感谢信。

任务要求

1. 了解感谢信的性质、作用及特点
2. 掌握感谢信的内容要素及写作思路
3. 能够根据相关要求独立撰写感谢信

知识准备

一、感谢信的性质与作用

感谢信是单位或个人对关怀、帮助、支持过自己的单位或个人表示感谢而写的一种书信。

感谢信和表扬信在格式、内容上极为相近,两者容易混淆。但表扬信只能用来表扬先进事迹,不能用来表达感谢之情。而感谢信不仅能向对方表达感谢之情、致谢之意,还有表扬的意思。它可以直接寄给对方或对方所在的单位,也可以用大红纸写好,送到对方单位,张贴在醒目的位置,还可以送交广播电台、电视台、报社、杂志社等媒体发布。

二、感谢信的特点

1. 发布方式公开

感谢信对于弘扬正气、树立良好的社会风尚,促进社会主义精神文明建设有着重要意义。为了更好地表达对感谢对象的情感,表彰其先进事迹,通常采取公开张贴或在媒体公开播发的形式。

2. 表达感情真挚

感谢信最主要的写作目的是感谢对方的帮助,其写作缘由是出于真挚的感激之情。而在写文过程中,更要将这种真挚的情感鲜明地表达出来。

3. 表达方式多样

感谢信在写作时遵循"交代事件经过""点明事件意义""表达致谢之情"的写作思路,需综合运用记叙、议论、抒情等表达方式。

三、感谢信的写作

感谢信在结构上一般由标题、称谓、正文、落款四部分组成。

1. 标题

第一行居中用较大字体写"感谢信"或"致×××的感谢信"。

2. 称谓

标题下一行顶格写被感谢的单位名称或个人姓名。如果被感谢的是某个单位,单位名称应写全,以示尊重;如果被感谢的是个人,姓名后还应加上"同志"或"先生"等相应的尊称。

3. 正文

正文写明感谢的内容并表达感激之情,大体包括四方面内容:

(1)开头。总括感谢的内容和感激之情,也可省略不写。

(2)主体。具体而精炼地叙述对方的先进事迹和高尚品德。对事迹有关的人物、事件、原因、结果等,必须交代清楚。尤其是对方的关怀、帮助、支持所产生的效果,要作为重点来叙述。

(3)收束。点明意义,热情赞扬对方的可贵精神和良好影响。还可以表示将以对方为榜样,效法、学习其精神和品格。

(4)结尾。以精练的语言表示敬意和感谢,如"致以最诚挚的敬礼""再次表示深深的谢意"等。除此之外,还可以写上致敬语,如"此致敬礼"等。

4. 落款

在结尾下一行偏右处注明写作感谢信的单位名称或个人姓名,并在其下方写上成文日期。

资料卡

写作感谢信的注意事项

1. 先进事迹较多时,要分项叙述,不要有所遗漏,特别是主要事迹应首先交代清楚。

2. 叙述要满怀激情,对事迹的意义和价值,可作适当的评论,但不可任意夸大或拔高。

3. 语言要精练,篇幅不宜过长,特别是张贴的感谢信,最好用一张大纸就能写完,字迹不能太小,更不能潦草。

范文赏析(一)

感　谢　信

全院师生、员工、爱心人士:

首先,衷心感谢你们的慷慨解囊和无私帮助。

我系××同学是不幸的,在人生最灿烂的时候却与病魔羁绊前行;但她又是幸运的,因为有我校广大师生最纯洁的爱心在伴她同行。

××,普普通通的一位高职学生,出生在一个普通工人家庭,在被查出患上白血病急需通过骨髓移植来挽救生命,但因其家境贫寒,无力承担巨额医疗费用而一筹莫展的时候,是我们大家,我们所有关爱她的老师、同学给了她新生的希望。在学校领导的关心下,我系团总支、学生会在全校范围内发起了"生命无情人有情,我为校友献真情"的募捐倡议活动。这犹如冬日里最灿烂的一缕阳光,照亮了我们每个学子的心怀,那如波涛汹涌般的爱的暖流久久地在我们每个人的内心深处流淌。此次捐款活动共持续半个月时间,截至6月8日,共募集善款××万元人民币。目前,所有捐款已经递交到××及其家人手中。××同学现在状况良好,正在××医院接受治疗,准备手术。

你们的善行义举极大地鼓舞了在病榻上与病魔斗争的××同学,也让每个参与其中的人看到了希望的曙光。我们相信,有大家的祝福、关爱与帮助,××同学会创造出生命的奇迹。

我们感谢所有捐献善款的老师、同学和爱心人士!感谢你们的爱心捐助!是你们给了××重新拥有生命和美好人生的希望!在此,我们谨代表××同学及其家人向所有奉献爱心的人们致以最诚挚的谢意!谢谢你们!

××职业技术学院××系

20××年6月9日

简评:这是一篇针对捐款活动的感谢信。由于感谢的对象是本校的"师生、员工、爱心人士",因而在称谓部分并未将学校名称写全,而是以"全校"两字代之。正文部分首先用一句话概括了感谢的缘由以及由此产生的感激之情,然后在第二、第三自然段详细介绍了本次捐款活动的背景、过程和结果。在此基础上,正文第四自然段高度赞扬了全校师生积极参与捐款活动的热情。在正文最后一段,再次表达对全校师生的感谢之情。全文的字里行间充满了对慷慨捐款者的赞美和感激,感情真挚,行文流畅。

范文赏析(二)

感 谢 信

成都市高级职业技术学院领导:

首先让我们向你们致以衷心的感谢!

20××年7月3日,地震灾区学生延期高考在我辖区成都市石室中学举行。根据上级有关部门的安排和部署,我社区将在考场外设立“文翁社区灾区学生延期高考服务点”。正当我们为缺乏足够的工作人员而焦虑时,是贵院20××级数控二班的叶帆同学与其他三位同学一道及时地向我们伸出了援助之手,他们义不容辞地加入到了为来自灾区的高考学子们服务的志愿者队伍中。他们的爱心事迹受到了新闻媒体的普遍关注,还受到了当时在石室中学考点视察工作的省领导的表扬。

为此,我们要向叶帆等四位同学说声:谢谢!同时,我们还要深深地感谢贵院领导和教师的辛勤培育,是你们的谆谆教诲才培养出了如此品格高尚且富有爱心的好学生。我们相信,有你们这样一支优秀的教师队伍,贵校一定能够为我国的现代化建设培养出更多更好的技术人才。

此致

敬礼!

汪家拐街办文翁社区(公章)
20××年7月4日

简评:这封感谢信兼具致谢和表扬双重作用,因而在称谓部分写的是“成都市高级职业技术学院领导”。其目的在于公开表彰叶帆等学生的先进事迹,并在感谢叶帆等四位学生的同时,顺理成章地引出对培养出这些优秀学生的成都市高级职业技术学院的感激之情。

任务实施

练一练

1. 感谢信常见的内容通常是感谢拾金不昧、见义勇为、捐款捐物等,除了这些内容,感谢信还能用于哪些情况? 试归纳之。

改一改

2. 找出并修改感谢信中的几处错误。

感 谢 信

××职业技术学院师范学院:

为帮助我校排练艺术节演出节目,你们及时给我们派来了李明、董明两位老师,协助我们编排歌舞、演唱。他们工作认真,耐心指导,亲自示范。在两位老师的帮助下,经过全校广大师生的努力,大家的水平得到了很大提高,排练出了很多精彩的节目,使我校艺术节获得了很大成功。

现在两位老师回去了,谨代表贵校全体师生向两位老师及你们表示衷心感谢,并希望今后继续得到你们的难得的支援。

　　此致
敬礼!

××高中总务处(公章)

20××年 11 月 22 日

写一写

3. 江南集团有限公司财务部出纳兼公司文员古月,前往银行办理业务时不慎丢失公司重要票据,被路过的史馨怡捡到。史馨怡是××职业技术学院会计系的学生,她因在学校学到的知识,对这些票据的重要性有着极为清晰的认识。于是她将这些票据及时送还至江南集团有限公司财务部,从而使江南集团有限公司避免了重大经济损失。

请根据上述材料,代江南集团有限公司拟写一封感谢信。要求格式正确、内容完备。

4. 请结合自身生活实际,给自己身边的人(可以是父母,也可以是老师、同学等)写一封感谢信。要求格式正确、内容完备、感情真挚。

项目四

常见的财经事务文书

 **项目引领**

在现实生活中,人们常常会因为借(欠、领、收)钱物要履行相关手续而留下凭证性条据;需要向社会公开说明或者需要公众支持和帮助时,单位或个人常常会用到启事;为了更好地沟通信息、安排工作、研究问题,计划、总结、简报等文书也必不可少。因此,掌握常见的财经事务文书的写作知识和技能是非常必要的。

项目目标

知识目标:

1. 了解凭证性条据、启事、计划、总结、简报、会议记录的性质

2. 掌握常见财经事务文书的结构要素和内容要素

能力目标:

1. 能根据不同性质的内容选择相对应的事务文书

2. 能独立完成财经事务文书的写作

任务一　撰写凭证性条据

任务导入

一张借条引起诉讼风波

　　纸条标题为"借条",而落款又为"某石材公司　领款人陈某",因为用语含糊不清,这2万元究竟是借款还是货款?双方当事人各执一词,两次诉于公堂。最后,某法院经过调查审理,确认这2万元为货款,并驳回原告诉讼请求。

　　某地个体工商户倪某向法院提起诉讼,称某石材公司委托其职工陈某领取借款2万元,并由陈某以公司名义出具借条一份。借款后,该石材公司拒不归还。于是倪某以陈某为被告提起诉讼,他向法院递交了陈某的借条,证明曾交给陈某2万元现金的事实。

　　但在被告的答辩中却出现了完全不同的事实。该石材公司称,双方之间存在花岗石等买卖业务关系,曾在当年5月委托职工陈某收取花岗石货款2万元,陈某在倪某已写好的借条上注明了"某石材公司　领款人陈某",这张所谓的借条实际上是"领条"。

　　法院经过审理确认,倪某与该石材公司确实存在花岗石买卖业务关系,经查实,在前一年的财务结账清单上有一款项为"倪某支付该公司货款2万元"的记录,而倪某提供不了这2万元的付款凭证,事实上所谓的"借条"就是此笔货款。法院遂驳回倪某的诉讼请求。

　　（资料来源：中国法院网）

　　由上例可见,凭证性条据不仅是留给对方的凭证,也是考量当事人诚实守信的试金石。

任务要求

1. 了解凭证性条据的种类及适用范围
2. 掌握凭证性条据的结构与写法
3. 能独立撰写凭证性条据

知识准备

一、凭证性条据的性质

凭证性条据是单位或个人在处理财务、物资及有关事务时,出具给对方的作为凭据的字条。尤其在财经工作中,它是一种实用价值很高的应用文体。

凭证性条据具有凭证和证据的作用,同时具有法律效力。

二、凭证性条据的种类及适用范围

凭证性条据有借条、欠条、收条、领条等四种。

（1）借条：向个人或单位借钱物时,由借者出具给对方的凭证性文书。

（2）欠条：因不能全部结付、归还个人或单位钱物时，由欠者出具给对方的凭证性文书。

（3）收条：收到个人或单位归还或赠送的钱物时，由收者出具给对方的凭证性文书。

（4）领条：到单位有关部门或仓库领取钱物时，由领者出具给对方的凭证性文书。

资料卡

借条与欠条的区别

第一，两者的含义不同。借条是因特定的借贷事实而产生的借款合同关系，也是债务人向债权人出具借款合同的一种凭证。而欠条是当事人之间进行结算的一种凭证，是比较纯粹的债权债务关系。

第二，两者产生的原因不同。借条产生的原因只能是双方当事人之间产生了借贷关系。而欠条产生的原因有多种，凡是以金钱给付为内容的债务都能产生欠条。

第三，两者的法律证明力不同。一般来说借条的证明力大于欠条。在诉讼中，借条持有人只需向法院说明借款发生的事实经过即可，合法的债权受法律保护。而欠条持有人向法院起诉除了需向法院说明欠条形成的事实之外，如果具欠人提出抗辩，则还需继续向法院进一步举证说明欠条形成的事实。因此，两者向法院起诉时其承担的举证责任和诉讼风险是不一样的。

第四，两者的诉讼时效不同。如果都约定了还款日期，则两者的诉讼时效都是从单据注明的还款日期开始2年。如果都没有写明还款日期，借条债权人从借款之日起20年内不主张权利的将会丧失胜诉权。欠条债权人从出具欠条之日起2年内不主张权利的将会丧失胜诉权。

三、凭证性条据的结构和写法

凭证性条据的结构由标题、正文、落款三部分组成。

1. 标题

凭证性条据的标题有两种写法：一是直接写凭证性条据的种类名称，如"借条""欠条""收条""领条"等；二是将正文中的开头语"今借到""今欠""今收到""今领到"等作为标题。工作生活中常采用第一种写法。

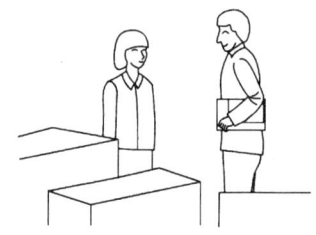

2. 正文

开头一般以"今借到""今欠""今收到""今领到"等惯用语领起。

主体内容要写明借到（欠、收到、领到）的对象（个人姓名或单位全称）和钱物（名称、数量、物品的种类、规格等）。如是借条或欠条，还应写上还款或还物的日期、还款或还物的方式、还款利息支付等其他事项。

需要特别指出的是，以"今借到""今欠""今收到""今领到"作为标题的条据，正文内容要顶格书写。

资料卡

凭证性条据的内容要素

必备要素：条据名称、对象、钱物名称、钱物数量、物品规格、归还日期。

或有要素：产生的原因、归还方式、约定的利息。

最后，一般以"此据""立此为据"等惯用语结尾，也可自然结尾。如有结尾，可和主体篇段合一，也可独立成段。

3. 落款

落款处要写明立据单位名称或立据人的姓名，并在姓名前写上"借款人""欠款人""收款人""经手人"等字样。个人出具的字据，由本人签名；单位出具的字据要加盖公章，必要时，还要有经手人签名。若是帮人代领（收）的，应在姓名前加上"代领（收）人"字。署名的下面写上具体日期，一定要年、月、日齐全。

四、凭证性条据写作的注意事项

（1）必须在当事双方见证之下书立字据。书写时最好用黑色钢笔或签字笔，不能用铅笔、易褪色的墨水或红墨水。字迹要工整、清楚，不要用草书，以免误认。

（2）钱物数量不仅要写清楚，而且要用大写汉字书写，如零、壹、贰、叁、肆、伍、陆、柒、捌、玖、拾、佰、仟、万、亿。数字后面要写明计量单位，以防恶意添加或篡改。

（3）钱的数额前不能留空白，必须与"币种"紧相连，款项数额末以"整"字结束。

（4）要避免歧义，以免造成纠纷。不要使用多音、多义字。比如"还欠款人民币壹万元"，既可以理解成"已归还欠款人民币壹万元"，也可以理解成"仍欠款人民币壹万元"，因此，正确写法应是"尚欠款人民币壹万元"。

（5）还款日期要明确，不得含糊。如"二天后""二个月后""一年后"，从字面上来讲是一个时间段，而非时间点。因此，在约定还款时间时，最好将其明确到年月日。还款时间还直接关系到诉讼时效的问题，一定要正确书写。

（6）内容不可涂改，文面保持整洁。如确实需要改动内容，在改动处应加盖印章，否则重新写作。

资料卡

利息与利率

利息是借贷关系中借入方支付给贷出方的报酬。利息伴随着信用关系的发展而产生，并构成信用的基础。

利率是指借贷期满所形成的利息额与所贷出的本金额的比率。利率体现着借贷资本或生息资本增值的程度，是衡量利息数量的尺度。

两者关系：利息＝本金×利率×时间

（7）在还钱时要当场索回借条。若对方将借条（欠条）遗失或一时找不到，则应让对方当场写下收条。

（8）利率要合乎规定。《最高人民法院关于人民法院审理借贷案件的若干意见》第六条规定，民间借贷利率可适当高于银行利率，但最高不得超过银行同类贷款利率的四倍（含利率本数）。否则，超过部分的利息不受法律保护。

范文赏析（一）

借　条

今借到××职业技术学院财务处人民币叁仟元整，用于购买教学参考书，20××年4月

30 日前凭发票结算。

　　此据

××职业技术学院会计系　金贝贝

20××年 4 月 18 日

范文赏析(二)

借　条

今借到李豆豆人民币伍仟元整,年利率为百分之五,定于20××年10月8日归还。

　　此据

借款人:金贝贝

20××年 10 月 8 日

简评:范文一和范文二都是借条,两张借条写明了被借单位全称或被借人的姓名、币种、数额及具体归还日期等必备的要素。范文一是个人向单位借款,还写明了借款用途,以明确借款的缘由。两张借条中的借贷关系明确,表意明晰。

范文赏析(三)

欠　条

今欠江南文体商店体育用品货款人民币肆佰玖拾捌元整,于20××年6月9日前还清。

　　此据

欠款人:××职业技术学院会计系　金贝贝

20××年 3 月 8 日

范文赏析(四)

欠　条

原借李豆豆人民币贰万元整,现已归还壹万伍仟元整,尚欠伍仟元整,定于叁个月内还清。

　　此据

欠款人:金贝贝

20××年 9 月 8 日

简评:范文三和范文四都是欠条,条据性质准确。范文三以"今欠"开头开展写作,简明扼要。范文四开头则交代了欠款的缘由,表述清晰且完整,欠条中重新明确了双方的债权和债务关系,利于双方权益的保护。

范文赏析(五)

领　条

今领到江南有限公司劳保用品仓库工作服叁拾套,防护口罩陆拾个,手套陆拾副。

　　此据

组装车间:金贝贝

20××年 6 月 5 日

范文赏析（六）

收　条

今收到江南有限公司赠予我院图书馆专业类书籍叁佰伍拾册，文艺类书籍陆佰伍拾册。

此据

××职业技术学院图书馆（章）

经手人：金贝贝

20××年5月28日

简评：范文五为领条，范文六为收条。两篇文章的写作较为相似，事实清楚，要素齐全，格式规范。范文六中接收人为单位，因此要加盖接受单位的印章，必要时，可以写明经手人姓名。

任务实施

练一练

1. 判断下列各项叙述是否正确，对的在括号中填"√"，错的填"×"。

(1) 借条与请假条一样，是凭证性条据。　　　　　　　　　　　　（　　）

(2) 借条由借出者保留，直到借方归还钱物时，也不能销毁。　　　（　　）

(3) 凭证性条据可以在文后使用致敬语。　　　　　　　　　　　　（　　）

(4) 写借条或收条可以使用铅笔或圆珠笔。　　　　　　　　　　　（　　）

(5) 凭证性条据不具有法律效力。　　　　　　　　　　　　　　　（　　）

(6) 借条主要是因借款而产生的，而欠条产生的原因是多种多样的。（　　）

(7) 凭证性条据写好后不能涂改，如有改动，要在涂改处加盖印章，以示负责。（　　）

(8) 凭证性条据涉及具体数目时，数字必须要用阿拉伯数字。　　　（　　）

2. 根据题目要求，在四个选项中选出最恰当的一项。

(1) 字据虽然小，也是属于（　　　）。

A. 记叙文　　　　　　　　　　　B. 议论文

C. 应用文　　　　　　　　　　　D. 散文

(2) 个人向单位借钱、借物，写借条时，一般"今借到"后写（　　　）。

A. 被借一方的单位名称　　　　　B. 领导人姓名

C. 借钱物人的姓名　　　　　　　D. 会计或出纳姓名

(3) 如替人代收钱物，代收人写的收条应该在第一行写有（　　　）。

A. 今借到　　　　　　　　　　　B. 今收到

C. 今领到　　　　　　　　　　　D. 代收到

(4) 某公司老板拖欠民工工资，应向民工出具（　　　）。

A. 领条　　　　　　　　　　　　B. 借条

C. 欠条　　　　　　　　　　　　D. 收条

(5) 凭证性条据的数字如写错，更正后，应该（　　　）。

A. 在更正处签名　　　　　　　　B. 在更正处加盖印章

C. 在条据后说明情况　　　　　　D. 不作任何处理

(6) 签名盖章不可小视,个人署名要用(　　　　)。

A. 小名　　　　　　　　　　　B. 曾用名

C. 化名　　　　　　　　　　　D. 身份证上姓名

(7) 凭证性条据落款处日期的正确写法是(　　　　)。

A. 写明何月何日,不必写年

B. 写明何日即可,不必写年月

C. 可以省略日期不写

D. 必须准确写明何年何月何日

(8) 无论是银行还是民间借贷约定利息的时候,文字表述均应用(　　　　)。

A. 利率　　　　　　　　　　　B. 利息

C. 以上两种均可　　　　　　　D. 以上两种均不可

找一找

3. 找出这张条据中的错误并加以修改。

欠　条

　　原借小张人民币 500 元整,还欠款 400 元整,定于 20××年 3 月 4 日后还清。

　　此致

敬礼

欠款人:小钱

即日

写一写

4. 学校体育室有很多体育用品,允许班级借用。××职业技术学院会计系 1420 班体育委员李清为班级活动借了三只篮球、十条绳子、一个排球。借用时间是 12 月 11 日,准备第 3 天归还。请你以他的名义写一张借条。

5. 刘明是××市慈善总会财务处的一名会计,3 月 17 日,她收到××城市职业技术学院的捐款 22 340.56 元,会计专业类书籍 689 册。请代刘明给××城市职业技术学院写一张收条。

6. 6 月 20 日,张华问同事刘明借了 7 000 元钱,8 月 20 日张华归还了 5 000 元,刘明当即要求张华重新写下一张 2 000 元的欠条,要求一个月内还清。请代张华写一张欠条。

7. 9 月 1 日开学第一天,××职业技术学院会计系 1420 班劳动班委李兵到学院后勤处领到了 6 把扫帚,1 只水桶,还有其他卫生工具若干。李兵该如何写这张领物条?

8. 5 月 28 日,王小明同学因忘带自学考试报名费,只能去向热心的会计系数学老师张浩借了 200 元,并答应第二天一定归还。第二天当他去还钱时,不料张老师有事外出了,于是他就把钱交给了班主任李天老师,托李老师转交。班主任李老师写了一张收条给王小明,这张收条该如何写?

任务二　撰写启事

**任务导入**

寻物启事的酬金应该兑现吗

合肥市民刘某在回家的途中拾到一个包,他在原地等了很久,但一直没有等到失主。于是,他把包拿回了家,经检查发现,包里不仅有现金,还有一部手机、几张银行卡以及各种证件。后刘某在报纸上看到了一则寻物启事,根据上面的描述,他发现失主要找的正是自己拾到的这个包。在"寻物启事"中,失主王某还特别注明:凡是拾到者愿意归还的,本人愿意付给归还者人民币5 000元酬金,并当场兑现。

看了寻包启事后,刘某按报纸上登出的联系号码给失主王某打了电话,双方约好地点见面。包还给王某后,王某却对刘某说,包里好多证件都有自己的信息,刘某捡到包后理应及时通知他,为什么偏偏在看到了悬赏启事之后才同自己联系呢? 王某认为刘某的诚信有问题,一分钱酬金也不愿意给他,两人不欢而散。刘某回家以后,越想越气,于是一纸诉状,将王某告上了合肥市某区人民法院,要求对方无条件地付给自己5 000元酬金。

法院经过审理后,作出一审判决。法院认为,失主悬赏寻找遗失物的,领取遗失物时应当按照承诺履行义务。法院依法判决王某按照悬赏启事中所约定的金额,支付刘某5 000元的酬金。

(资料来源:星岛环球网)

在现实生活中,启事常见于种种传播媒介,和我们的生活息息相关,被称为传递与交流信息的"轻骑兵"。一张小小的启事,处理不当竟然可以引起一场法律纠纷。因此,启事的写作绝不可掉以轻心。

任务要求

1. 了解启事的性质、特点和种类
2. 掌握启事写作的结构要素和内容要素
3. 熟练掌握寻人、寻物、招领、招聘、遗失声明等启事的写作

知识准备

一、启事的性质

启事是机关、团体、企事业单位或个人因有事需要向公众说明事实或请求公众协助解决,用简明的文字表述出来公之于众的一种应用文。

启事的本意是公开陈述事情。"启"即告知、陈述的意思。

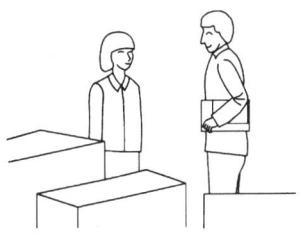

"事"即事情。生活中,常有人把"启事"写成"启示"。"启事"和"启示"读音相同,但意思不同。"启示",是启发指示,使人有所领悟的意思。

二、启事的特点

1. 内容的告启性

启事主要用于向社会各界公开告知有关事宜,因此它具有告启性,而不具有强制性和约束力。

2. 事项的简明性

无论是登报、广播、电视或张贴,启事的篇幅一般都短小精悍。有的启事受版面限制只有三言两语,但不管哪种启事都要力求把有关事项写得既条理清楚,又简洁明了。

3. 发布的多样性

启事的告启性决定了发布形式的多样性。启事不仅可以在人们活动频繁的公共场所或人员聚集地区公开张贴,而且也常借助广播、电视、网络、报刊等新闻媒介广为传播。

三、启事的种类

启事的种类很多,根据启事事项及其作用之不同,大体可分为以下四大类:

(1)寻领类启事,是为了求得公众的响应和帮助。例如,有因人走失、钱物遗失而写的寻人或寻物启事;也有因捡到钱物而写的招领启事。

(2)征招类启事,是为了求得公众的配合与协作。例如,有征文、征订、征集、征租、征婚、招聘、招生、招考、招商等启事。

(3)周知类启事,是为了开展工作和业务,把某些事项公之于众,以便让公众知晓。例如,有开业、停业、迁址、更名、庆典等启事。

(4)声明类启事,是为了完成法律程序,启事事项经公开声明、登报后,对其引起的事端不再承担法律责任。例如,有遗失、作废、更正等声明。

四、几种常用启事的写作

(一)寻人启事

1. 概念

寻人启事是个人或单位为寻找因某种原因下落不明的亲人、朋友而使用的应用文体。根据出走人的情况可以分为故意走失和无意走失两种。因家庭不和或因与他人的矛盾没得到解决而愤然出走的情况,称为故意走失;因精神不正常、患有阿尔茨海默病或因年幼无知等原因引起下落不明的情况,称为无意走失。

2. 格式与写法

寻人启事的结构包括标题、正文、落款三个部分。

(1)标题。寻人启事的标题常见的有两种写法:一是直接以事由为标题,如"寻人""紧急寻找""重金寻找";二是由事由加文种构成,如"寻人启事",这也是最常用的标题形式。

(2)正文。寻人启事的正文主要包括以下几项内容:

第一,走失人的基本情况。首先,要准确写明走失人的身份信息,包括姓名、性别、年龄等;其次,要描述清楚走失人的体貌特征,包括身高、体重、发型、脸型、面部特征、着装等静态特征,如果走失人有特殊的口音、走路姿态等容易被人注意到的动态特征,更应加以描述,必要时还可以附走失人的近照;最后,还要写清走失人走失的时间、地点、原因等。

第二,必须写明寻人者的联系方式,便于知情者及时与之联络。

第三,寻人启事是请求人们协助的文体,所以行文最后要有表达感谢之情的语言,有些还写明对成功帮寻者酬劳的承诺,常以"重谢""面谢""重金酬谢"之类句式来表达。如有必要,可写明给予成功帮寻者具体数额的酬金,但一旦明确了酬金,事成后应兑现,否则会产生纠纷,引起诉讼。

(3) 落款。署上启事人姓名和启事日期。启事人姓名如与联系人同为一人,则可以只署启事日期。

📖 范文赏析(一)

寻 人 启 事

　　张小丽,女,7岁,身高120厘米,短发,大眼,右唇有痣,走失时身穿白底红碎花连衣裙,脚穿白色运动鞋。上海口音,有些口吃。就读于××小学一年级(1)班。于5月20日下午放学后,至今未归。家长焦急万分,请知其下落者,速与上海江南公司财务科张大年联系,联系电话:021-12345678;或与××区×××路派出所联系,电话:110。如能提供准确信息者,定当重谢。

张大年　启

20××年6月5日

📖 范文赏析(二)

紧 急 寻 找

　　吴小丽,女,18岁,身高1.6米,瓜子脸,肤白,大眼睛,双眼皮,气质高雅,走失时身穿浅红色连衣裙,白色皮凉鞋。于6月10日离家,至今未归。本人若见到此启事,请尽快同家人联系。若有知其下落者,请与××市××学校吴金老师联系,联系电话:18912345678。若能提供准确信息者,给予酬金5 000元。

启事人:吴金

20××年6月20日

简评:这两则寻人启事短小精悍、语言精练、格式规范。

两则启事的共同之处:首先都交代了走失者的身份特征,如姓名、性别、年龄、身高、相貌特征、衣着装束、说话口音等,具体详尽,利于知情者据此进行判断,以便及时联系其家人;其次交代了走失人于何时何地走失或出走;最后详细交代了寻找人的联系地址或联系方式,以备知情人及时与寻找人取得联系而早日找到失踪者。另外还写有酬谢、酬金之类的话,把寻找人那种急切焦虑之情蕴于其中。

不同之处:范文一属于无意走失,范文二属于故意走失。故范文二内容在写作上与范文一稍有不同,如"本人若见到此启事,请尽快同家人联系"。

(二) 寻物启事

1. 概念

寻物启事是单位或个人丢失物品后,希望他人帮助寻找而使用的应用文体。寻物启事按照失主的身份可以分为两种：一种是由于个人不慎将物品遗失而写的寻物启事；另一种是由于单位遗失了物品而发布的寻物启事。

2. 格式与写法

寻物启事的结构一般包括标题、正文、落款三个部分。

（1）标题。寻物启事的标题主要有两种写法：一是直接以事由为标题，如"寻物""寻钥匙"；二是事由加文种组成，如"寻物启事"，这是最常见的形式。此外，有时也可把失物的具体名称写明，如"寻手机启事""寻钥匙启事""寻公文包启事"。

（2）正文。寻物启事的正文一般包括以下几项内容：

第一，写清物品遗失的原因、时间、地点以及遗失物品的特征，如名称、数量、形状、规格、颜色、质地、品牌、型号等。

第二，写清寻物者的单位、姓名、住址、电话号码等相关信息，以便拾物者及时联系寻物者。

第三，寻物启事也是请求人们帮助的文体，所以行文最后也要有表达感谢之情的语言，有些还写明对成功帮寻者酬劳的承诺，常以"重谢""面谢""重金酬谢"之类的词句来表达。

（3）落款。署上启事单位的名称或启事人的姓名，并署明启事的日期。

📖 范文赏析（三）

寻 物 启 事

本人不慎于20××年5月25日上午8时左右，在城中公园遗失棕色公文包一只，内有身份证、驾驶证、工作证等证件以及带有瑞士小军刀的钥匙一串。如有拾到者，请与本人联系，联系电话：12345678999。定当面谢。

×××公司：黄力

20××年5月26日

📖 范文赏析（四）

寻 车

6月25日，我公司一辆黑色别克君越小轿车在钱姚路与新藕路的交叉路口遗失。车牌号：苏BLL123，发动机号：×××，车身号：×××。如有知情者，请与我公司联系，联系电话：12345678999，联系人：李双。定当重谢。

××服装有限公司

20××年6月28日

简评：范文三和范文四两则寻物启事都写清了物品遗失的时间、地点和遗失物品的名称、特征以及寻物者的联系方式，最后都不忘写上酬谢之言，内容具体明确，言简意赅。

（三）招领启事

1. 概念

招领启事是单位或个人拾到遗失物品后，为寻找失主而使用的应用文体。根据物品遗失地点的不同，招领启事有其不同的处理方式。如在公共场所拾到的物品，可张贴在拾到物品的所在地点；如在某单位拾到的物品，可张贴在该单位的公告栏；如拾到的物品比较贵重，且一时难以找到失主,可通过报纸、电台、电视播发招领启事。

2. 格式与写法

招领启事的结构一般包括标题、正文和落款三个部分。

(1)标题。招领启事的标题主要有两种写法:一是直接以事由为标题,如"招领""招领钥匙"。二是事由加文种组成,如"招领启事";或者也可将招领物品名称写明,如"招领自行车启事""招领钥匙启事"。

(2)正文。招领启事的正文一般包括以下几项内容:

第一,写清招领物品的名称以及拾到物品的时间、地点。与寻物启事不同,招领启事不能把物品的特征写清楚,要模糊化处理,否则就可能被别人冒领。只有等失主认领时,让失主具体描述物品的具体特征。

第二,写清招领单位或个人的联系地址、联系电话等信息,便于失主前来认领。

(3)落款。署上启事的单位名称或个人的姓名,并注明启事日期。

范文赏析(五)

招 领 启 事

6月8日中午11时左右,有游客交来一只时装袋,内有钱物和飞机票等。望失主尽快到本园管理处认领,联系人:张大明,联系电话:12345678999。也希望广大游客帮助提供失主的信息,以免失主耽误行程。

××市城中公园管理处
20××年6月8日

范文赏析(六)

招 领

今天中午,有同学在本校图书馆拾到一只钱包,内有人民币若干,其他物品数件。请遗失者速到院学工处李老师处认领,联系电话:0510-88776655。

××城市职业技术学院学工处
20××年5月8日

简评: 范文五和范文六两则招领启事内容都写得恰到好处,不仅说明了所拾物品的名称、时间、地点及联系方式,还对物品的特征、钱的数额模糊化处理,利于认领时进行核实,让钱物归还真正的失主。

(四)招聘启事

1. 概念

招聘启事是机关、团体、企事业单位或个体经营者向社会公开招聘有关人员而使用的应用文体。

2. 格式与写法

招聘启事的结构一般包括标题、正文、落款三个部分。

(1)标题。招聘启事的标题主要有四种写法:一是直接以事由为标题,如"诚聘""高薪聘请""诚聘英才",这种写法比较灵活;二是事由加文种组成,如"招聘启事""招工启事",这是最常见的标题形式;三是招聘单位加事由组成,如"××玩具厂招工""××食品有限公司诚聘";四是招聘单位、事由加文种组成,如"××公司招聘启事""××宾馆招工启事"。

(2) 正文。招聘启事的正文要具体,一般包括开头和主体两方面内容。

开头应说明招聘方的基本情况,包括招聘单位业务性质、经营范围、经营规模、地理位置及招聘缘由等。最后用过渡语句引至主体内容,如"我公司是一个专门从事房地产营销策划的高智力型企业,拥有一群专业化的创作群体。因业务发展需要,现向社会公开招聘下列人员"。

主体一般包括以下内容:

第一,明确招聘的要求,包括招聘岗位、招聘数量、招聘条件(性别、年龄、学历、职业知识、职业能力、职业经历、职业素养、特长等要求)。

第二,明确给予受聘人的相关待遇,如身份待遇、薪资待遇、其他待遇等。

第三,明确应聘方法及方式,启事中应告知应聘需办理的手续,应聘人员须提供的证件、履历等材料,还要告知应聘的相关时间、联系地点、联系人、联系电话、电子邮箱等。

(3) 落款。署上招聘单位名称及启事日期。标题中已有招聘单位名称的,落款处可只署启事日期。

范文赏析(七)

招 聘 启 事

上海美味食品有限公司是国家级的农业产业化重点龙头企业,创办于1980年,主要从事调味品、罐装食品的设计、制造,注册资本20亿元,占地面积100万平方米;员工近1万名。因事业发展需要,现诚聘以下人员:

1. 销售员5名:男性,大专以上学历。有较强的开拓能力,普通话流利,善于人际沟通,能吃苦耐劳,且能长期驻外。待遇:每月2 500~3 500元。

2. 维修工2名:男性,中专以上学历。有电工证,具有相关工作经验者优先。待遇:每月2 000~3 000元。

3. 装卸工3名:男性,初中以上学历。身体健康,能吃苦耐劳。待遇:每月2 000~3 000元。

4. 保洁员1名:女性,45岁以下。身体健康,认真细心,能吃苦耐劳。待遇:面议。

请有意者持个人近期免冠1寸照1张、身份证等相关证件的原件和复印件到本公司人力资源部报名。报名截止时间:20××年8月20日。

报名地址:上海市中山路25号美味大厦501室,联系电话:021-12345678,联系人:王先生。

上海美味食品有限公司
20××年8月1日

范文赏析(八)

××电信××分公司招聘启事

因业务发展需要,我公司特向社会公开招聘女性营业员10名,具体要求如下:

一、招聘范围

××市区及乡镇的待业人员。

二、招聘条件

1. 年龄25周岁以下,身高1.60米以上。品貌端正、亲和力强、身体健康、遵纪守法。

2. 大专及以上文化程度。

3. 音质条件好,普通话标准,口齿清楚。

4. 有较强的文字、语言表达能力和沟通能力。

5. 了解××地域基本情况,具有一定的计算机汉字录入能力。

6. 具有良好的心理素质及营销服务潜质。

7. 有相关工作经验的成熟人才优先。

三、用工性质

为××市劳动保障事务代理中心合同制员工。

四、待遇

工资报酬按照单位员工薪酬管理办法执行,合同签订后,即可享受养老、医疗、失业等保险及每年15天的带薪休假福利。

五、报名方式

应聘者请将本人简历、身份证复印件、失业证复印件、学历证书复印件及一寸照片一张,于7月15日前送交或寄至××市中山路1号××公司人力资源部,联系电话:13812345678。联系人:王女士。

20××年6月28日

简评:以上两则招聘启事的写法因招聘内容不同(范文七是招不同工种的人,范文八是招同一工种的人)而略有区别,但招聘条件都写得具体明确,能让应聘者参照条件量力而行;报名待遇可以在启事中注明,也可"面谈";报名办法明晰,便于应聘者易于准备和操作;联系方式也方便了应聘者及时咨询联络。

(五) 遗失声明

1. 概念

遗失声明是因有关重要票据、证件遗失而公开声明作废的一种应用文体。通常,税务登记证、工商营业执照、开户许可证、组织机构代码证、签证、护照、身份证、从业资格证、发票、支票、收据、发票购买簿、提单联单、单位公章、财务章等一旦遗失,都需登报声明作废。

遗失声明是一种法律方式,是自然人或者法人丢失了某些证明其社会性质的证件后,为防止他人冒用,遗失者必须按法律规定刊登遗失声明,以确定所遗失的证件在法律上无效,同时也解除了遗失者的社会责任。也就是说,声明遗失后,若他人冒用,产生的后果遗失者不再承担。

办理遗失声明须到遗失地的市级公开发行的报刊上刊登才有效,网络发布是无效的。遗失办理的具体程序:先到登记机关申报遗失,同时在报纸刊登遗失声明,等法定的公示程序完成后,有关证件可以依法补办。

2. 格式与写法

遗失声明的结构一般包括标题、正文和落款三个部分。

（1）标题。遗失声明标题一般直接写"遗失"或"遗失声明"。

（2）正文。正文要写明遗失物品的单位名称或个人姓名、遗失物品的具体名称、遗失物品的特有信息（如证件、票据的编号）、遗失物品的数量等。最后以惯用语"声明作废"收束全文。

（3）落款。在正文右下方署上声明的单位名称或个人姓名以及声明日期。若正文中已出现单位名称或个人姓名，署名可省略。

范文赏析（九）

遗 失 声 明

××江南纸业有限公司遗失房产证一本，编号：×房权证×××字第 30102248 号；土地证一本，编号：×国用（20××）第 09117 号。

声明作废。

20××年 6 月 8 日

范文赏析（十）

遗 失

我中心遗失组织机构代码证副本，号码：76620064—X，声明作废。

××江南培训中心
20××年 6 月 8 日

简评：以上两则遗失声明也可称遗失启事，对遗失物品的内容要素写得清楚而简洁，一旦声明，就确认了遗失物品在法律上的无效，从而解除了遗失者的社会责任。

资料卡

启事写作的注意事项

1. 内容要单一。启事应做到一事一启，不能将几件事杂糅在一起。

2. 语言要简洁。尽量做到言简意赅，通俗明白。

3. 材料要真实。启事中的内容必须真实，如招聘启事、征租启事、征婚启事等都应实事求是，不能造假进行欺骗。

任务实施

改一改

1. 找出下面两则启事的错误并修改。

各位同学：

今天上午课间操，我在西操场丢失一只钱包，请拾得者归还本人。

特此通知

吴明
20××年 6 月 18 日

招 领 启 事

今天上午 8 点左右,本人在食堂捡到一只男式"东风"牌手表。表带是"坦克"式的,表带上还系着一根红丝带。这只表很新。希失者速来认领。

20××年 6 月 10 日

写一写

2. 14 岁的××男孩孙明,智障,于 3 月 10 日在中山路商业大厦门口走失,他家住在××市北塘区山水新村 2-601 室,家长孙大强,电话:13812345678。请恰当补充相关材料,以孙大强的名义写一则寻人启事。

3. 5 月 16 日,王胡同学在学校图书馆借书时,拾到一只白底紫花的女式拉链小包,包内有一部银白色的三星牌手机、人民币 200 元。请你以王胡同学的名义写一则启事张贴在学校图书馆大门口。

4. ××广告有限公司是一个专门从事房地产营销策划的高智力型企业。公司拥有一群专业化的创作群体。因业务发展需要,决定向社会公开招聘行政部经理 1 名,要求 35 岁以下,大专以上学历,3 年以上企业管理经验;策划 2 名,要求 30 岁以下,男性,大学本科以上学历,精通 Mac 系统软硬件及周边设备操作;出纳 1 名,要求 30 岁以下,女性,大专以上学历,有初级会计职称证书,具有广告业工作经验者优先,待遇面谈。有意者需持个人近期免冠 1 寸照 1 张、个人简历、身份证、毕业证等相关证件以及复印件到本公司人力资源部报名。报名时间:3 月 15 日至 4 月 20 日。公司地址:××市中山路 100 号美丽大厦 1008 室,联系人:陆女士,电话:12345678。请以该公司名义拟写一则招聘启事。

5. ××市江南有限公司因发展需要,面向社会公开招聘 2 名财务人员。

要求:35 岁以下,大专以上学历,会计、审计、财务等相关专业毕业,具有初级会计职称证书。从事会计工作至少 3 年以上。精通财务成本核算,能熟练操作财务管理软件。有良好的沟通和协调能力,为人正直,责任心强,有敬业精神。熟悉国家税务、会计等相关法律、法规和政策,并能熟练运用。工资待遇:实行合同聘用制,工资待遇按照公司相关规定执行。有意者请持个人近期免冠 1 寸照 1 张、个人简历、身份证、毕业证等相关证件以及复印件到公司人力资源部报名。报名截止时间为 20××年 8 月 20 日,报名地址是××市人民路 12 号××商务大楼 608 室。咨询电话:13818612315,联系人:张先生。请以该公司名义拟写一份招聘启事。

6. 孙小明不慎将自己的注册监理工程师证书遗失,注册号为 32001234,注册执业单位为××××建设监理咨询有限公司。请代孙小明拟一份遗失声明。

任务三 撰写计划

任务导入

江南集团有限公司财务部出纳兼公司文员古月,已经在公司工作了一年。在这一年里,她工作勤奋努力,获得了总经理的好评。新的一年,公司要求员工结合自己的实际情况和去年的工作业绩,写好本年度的工作计划。

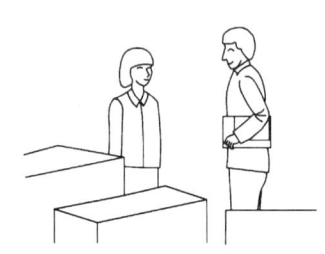

🎯 任务要求

1. 了解计划的性质、作用及特点
2. 掌握计划的三要素及写作方法
3. 能够根据相关要求独立撰写计划

☢ 知识准备

一、计划的性质

"凡事预则立,不预则废。"这里的"预"就是计划或打算。计划就是为将来一段时间内的工作或生活作出筹划和安排的一种事务性文书。

计划是根据对外部环境和内部条件的分析,提出在未来一定时期内要达到的目标及实现目标的措施、步骤等,并形成书面文字。

计划是计划类文书的统称。它根据计划涉及的内容和期限不同,还有很多别称,有规划、方案、安排、设想、打算、要点等。写作计划时我们要注意把握它们之间的区别。

资料卡 ▬▬▬

计划类文书的区别

规划:长期、全局的工作构想   方案:短、中期的具体全面的工作部署

安排:短期、具体的事项计划   设想:短、中期的初步草案式的工作考虑

打算:短期、要点式的原则意见   要点:短、中期列出主要工作目标的计划

二、计划的作用

1. 基础和保证

计划是做好工作的基础,是完成任务的保证。做任何事情之前,都应该提前作出周密的打算和安排,从而使得自己的行动有目标、有条理,避免盲目带来的损失。

2. 指导和激励

计划都是按照单位或个人的实际情况制订的,它是工作的方向,是行动的指南,能起到统一意志和行动指导的作用。同时,它还能约束人们的行动,调动其积极性和创造性,有利于实现和完成相关工作。

3. 监督和调控

计划不仅可以让计划者本人掌握工作或生活的进度,自我检查任务完成的情况,起到自律的作用。同时,计划也是上级部门监督调控的依据,有了计划,就能让工作或生活稳步发展,当出现特殊情况时,上级部门或计划者本人可以及时采取应急措施,从而调整步伐,使计划能顺利完成。

三、计划的特点

1. 预见性

计划不是对已经形成的事实和状况的描述,而是在行动之前,按照实际情况对行动的目的、任务、方法、措施等所作出的预见性的认识。但是,这种预见性不是盲目的、空想的,而是以上级部门的指示和规定为导向,以本单位或本人的实际情况为基础,以过去的工作或生活中出现的问题和获得的成绩为参考,对今后的发展趋势作出科学的预测。

2. 可行性

制订出来的计划必须能够切实可行,具备科学性和实践性。如果目标制订得过高,不能实现或者很难实现,那么,这个计划就是"空中楼阁";反之,目标制订得和以前一样甚至没有以前高,那么,这个计划就会让计划者故步自封,停滞不前。计划制订中的措施和方法也必须要有可行性,否则就是"纸上谈兵",成为一纸空文。所以,制订的计划要有可行性,才能实现预想的目标。

3. 指导性

计划是根据相关的政策和条件制订出来的,是计划者充分分析和评估实际情况提出的有效措施和方法,是行动的指南。同时,它又能对工作或生活起到督促、激励的作用。

四、计划的分类

计划的种类很多,根据不同的标准可以进行不同的分类。

(1) 按内容分,有生产计划、工作计划、学习计划、教学计划、科研计划等。

(2) 按性质分,有专题性计划、综合性计划等。

(3) 按范围分,有国家计划、地区计划、部门计划、单位计划、个人计划等。

(4) 按时间分,有长期计划、中期计划、短期计划、年度计划、季度计划、学期计划等。

(5) 按形式分,有条文式计划、表格式计划、综合式计划等。

资料卡

条文式计划:由标题、正文、落款构成,文字通过小标题和序码逐一阐明。

表格式计划:分栏目将计划的具体内容填写进表格。

综合式计划:也叫文表结合式计划,将各项目的内容填进表格后,再用文字作简短的解释说明。

五、计划的写作

计划的基本结构一般由标题、正文、落款构成。

1. 标题

计划标题的完整写法一般是由计划单位名称、计划时限、计划内容、计划名称这四个部分组成,比如《××公司××××年财务工作计划》。有时,计划的标题可以根据实际情况需要省略某些部分,有的省略时限,如《××公司财务工作计划》;有的省略单位,如《××年安全生产工作计划》,省略单位名称的必须在正文后署名;也有的把单位和时限都省略。若所订的计划尚不成熟或者未经批准,则在标题后或标题下方用圆括号注明"草案""初稿""讨论稿"等字样。

2. 正文

计划的正文一般是由前言、主体和结尾构成。

（1）前言。前言，也叫引言。一般可以写制订计划的背景依据、目的、指导思想，也可以简要分析前段工作的基本情况、取得成绩、存在问题等。这些内容可以根据实际情况作出适当的选择。

前言的文字要求简明扼要，不讲套话、空话、大话。

（2）主体。主体部分是计划的中心内容，包括目标、措施、步骤三要素。这三个要素在具体的写作过程中可以以不同的结构形式呈现出来，如"目标与任务——方法与措施——时间与步骤"，又如"目标与要求——实施步骤——具体安排"，再如"目标与任务——步骤与措施"。总之，计划的写作不是一成不变，写作者可以根据写作需要选择不同的结构形式。

目标是明确指出并细化目标和基本任务、要求，即写清楚"做什么"。一般写作中可以通过动宾结构，由虚到实的来细化表述。如《××农业局20××年建设新农村工作计划》一文中的"目标和任务"是这样写的：

1. 稳步提高粮食生产能力，粮食面积70万亩，总产2.4亿千克，蔬菜10万亩，总产3.5亿千克，棉花面积20万亩，总产4 600万千克。

2. 加快林海现代循环农业示范区建设，年内全县新增设施农业面积1.5万亩。

3. 稳步提高农民纯收入，年内实现人均纯收入达4 000元。

措施是用什么方法、什么措施来确保完成任务、实现目标，并注明由何人具体负责、如何协调工作等，即写清楚"怎样做"。如《××农业局20××年建设新农村工作计划》中"主要措施"是这样写的：

1. 提高粮食生产能力……

2. 优化种植结构……

3. 实行富余劳动力转移……

步骤是写明实现计划分几个步骤或几个阶段，是实现目标的程序安排和时间要求，即写清楚"何时完成"。

（3）结尾。结尾可以说明计划的执行要求，也可以提出希望或号召。有的计划不专门写结尾。

3. 落款

落款，包括制订计划的单位名称或个人姓名和制订日期。如果计划的标题中已经标明了单位名称，那么，落款处可只写计划日期。落款要写在正文结尾后右下方。另外，以单位名义上报或下达的计划，还需加盖公章。

📖 范文赏析（一）

专升本考试复习计划

怀着继续学习深造的梦想，我选择了参加20××年专升本考试。在结束了基础班和冲刺班两个阶段的学习之后，我感觉到个人学习能力和知识储备都得到了大幅度提升。在接下来的一个月的时间里，我将继续努力备考，力争考出优异成绩。下面是我制订的总复习计划,为新一轮的复习树立目标。

一、目标

参考历年来的录取规律和上一年度录取分数线,预计20××年录取分数将达到280分,为了保证能够被录取,我的目标是总成绩不低于290分。力争计算机总分不低于110分,英语总分不低于85分,语文(含大学语文和应用文两部分)总分不低于110分。

二、措施

(一)加强基础知识点的复习

专升本考试大多是基础知识的考核,基础知识扎实,也是总体能力提高的有力保证。

(1)计算机基础知识复习。根据计算机的学科特殊性,基础知识复习要多做习题。保证每天做一套模拟题,争取得满分。同时要多上机操作,以便更加直观地理解和吸收理论知识,达到理论和实践的统一。

(2)英语基础知识复习。根据英语的学科特点,结合自己词汇量不足、语法掌握不扎实的现实问题,要加大词汇量的储备和掌握必考的语法点。每天必须识记100个新单词。每天背新单词前要复习前一天的旧单词,确保记忆质量。同时还要多做语法选择题,以保证学以致用。

(3)大学语文基础知识复习。由于自身语文基础较好,这部分的复习重点在于查漏补缺,结合以前做过的习题,填补知识漏洞,以夯实基础。

(4)应用文基础知识复习。应用文主要是通过《导学手册》进行系统复习,用一周时间,切实掌握必考文种的基本知识,为第二阶段的写作打下坚实基础。

(二)保证重点题型解题能力的提高

(1)计算机程序部分。计算机程序部分满分50分,是计算机得高分的关键,所以每周必须保证所有程序写5遍,做到熟能生巧,举一反三。

(2)英语阅读部分。英语阅读共四篇,总分40分,可以说"得阅读者得天下"。为了保证阅读分数,复习阶段要以全国英语四级真题为工具,加强练习,尽可能保证不丢分。

(3)大学语文主观题部分。大学语文重点考核精读文章的理解,在总复习阶段,要多参考复习资料后面的课后习题主观题部分,达到熟练记忆和灵活运用的有机统一。

(4)应用文写作部分。应用文写作分一大一小,两篇文章,总分40分。为保证写作部分成绩,必须对必考文种的写作多加练习,保证熟练掌握每个必考文种的写作。

三、步骤

总复习阶段计划历时一个月,以每周为一个单位,复习分三个阶段。

(1)第一个阶段为前两周,切实落实各学科基础部分基础知识点的掌握和查漏补缺。

(2)第二个阶段是第三周,对各学科重点题型做到逐一击破,熟练解答。

(3)第三个阶段是第四周,主要是做模拟题,以检验基础部分和重点题型的掌握情况以及熟悉考试模式。

计划人:×××

××××年×月×日

简评:范文中撰写的是一名即将参加专升本考试的学生的学习计划。按照计划写作的一般格式撰写,前言部分明确了制订计划的原因和目标,交代了制订计划的背景情况。主体部分从目标、措施、步骤三个方面入手,对学习作了具体的计划,格式规范,内容充分。

ⓘ **范文赏析（二）**

浅草文学社20××年下学期工作计划

文学社创办一年来,得到多方面的支持。通过全体成员的共同努力,已初步形成了一个指导有力、组织严密、活动有序、成员团结的课外文学社团,得到了广大师生的肯定。文学社成员活动积极、兴趣浓厚,为它的发展打下了良好的基础。

新的学期开始了,学院对进一步提高课外兴趣小组活动的层次和水平提出了新的要求。为此,我们结合文学社的实际情况,特制订下列工作计划:

一、目的和要求

（1）提升社员写作能力和思维能力,下半年刊发一期社刊。

（2）扩大社团影响力,力争创建为学院"优秀社团"。

二、时间和措施

（1）学期初,由指导教师组织大家学习学院关于进一步提高课外兴趣小组活动层次水平的新要求,学习兄弟院校文学社的经验,明确本学期文学社活动的目的和要求,做到人人心中有数。

（2）开设文学专题讲座,由文学社指导教师主讲,时间每两周一次,共十次。

（3）9月份为了庆贺教师节,以"我爱教师"为主题,要求每个文学社成员为教师做一件好事。这项活动由副社长岑××同学负责。

（4）10月中旬组织文学社成员看一部电影,观后进行一次影评比赛。聘请学院有关教师组成评委会,评出一等奖1名、二等奖3名、三等奖9名,并给予一定奖励。这项活动由社长李××同学负责。

（5）11月,以"我的一日"为题,进行一次作文竞赛,经指导教师评改后,将其中的优秀作品推荐给报刊,争取发表。

（6）12月为学校元旦文艺汇演排演文艺节目两三个。这项活动由副社长黄×同学负责。

（7）20××年1月开展评选优秀文学社成员活动(评比条件和具体办法另行文)。

浅草文学社
20××年9月3日

简评:范文中撰写的是一个文学社的工作计划。它并没有严格按照计划写作的一般格式撰写,而是整合了计划目标、措施、步骤三要素,以"目的和要求——时间和措施"的结构形式展开,对下学期的工作作了具体而又可操作的安排,格式规范,内容充分。

计划写作的参考模板:

计 划 的 标 题

前言:制订计划的依据、目的、前段工作的情况概述(为什么做)

主体:目标(做什么)

　　　措施(怎样做)

　　　步骤(何时做好)

结尾:号召或者希望

单位名称或个人姓名

××××年×月×日

🔑 任务实施

练一练

1. 请补充完整下列计划类文书的标题,注意计划类文书种类的选择。

(1) 某银行对可能受到的影响、冲击与业务的发展前景作_____。

(2) 某银行针对加快个人消费信贷业务工作对下级下达开展该项工作的_____。

(3) 某学校将于下月开展食堂监督自查工作,事先要作个_____。

(4) 下达对20××年全省安全工作的_____。

(5) 某公司要拟定解决20××年重组的实施_____。

(6) 某市五年的经济与社会发展_____。

改一改

2. 找出并修改这则计划中的错误。

××中学新苗文学社计划

为全面贯彻教育方针,落实学校关于大力开展课外学科小组活动的意见,我社制订活动计划如下:

(1) 本学期举办文学作品欣赏两次、写作技法讲座两次(由语文组辅导老师负责),读书札记交流一次。

(2) 组织一次秋游,一次外出采访活动。

(3) 本社成员每周练笔不少于两篇,从中选出优秀习作向省市报刊推荐;一学期发表的习作不少于五篇。

(4) 积极参加省市级作文竞赛、演讲比赛、读书活动竞赛,力争拿到名次。

(5) 与兄弟学校文学社团加强联系,10月份组织部分社员外出取经。

(6) 学期结束,评选优秀社员;做好补充新社员工作。

20××年9月

写一写

3. 根据下面的这则通知,拟订一份活动计划。要求格式正确,内容完备。

关于举办"五·四"爱国歌曲大合唱比赛的通知

各班级:

为活跃校园文化生活,进一步推进"学规范、促养成、树形象"主题教育活动,培育广大师生的爱国主义和集体主义情操,经学院研究决定举办"五·四"爱国歌曲大合唱比赛。现将有关事项通知如下。

一、参赛形式

以班级为单位。人数少的班级经团委认可可以联合参赛。

二、比赛曲目

团委拟订爱国主义歌曲目录,各班级在其中选择一首。若另选曲目,必须征得团委同意。

三、比赛时间

暂定于 5 月 6 日下午 13:30～17:00 进行。

四、比赛地点

校篮球场。

五、参赛基本要求

(1) 全体在校学生参加;

(2) 统一服装;

(3) 每个班级确定一名指挥;

(4) 规范仪表。

六、其他要求

(1) 各班级在 4 月 27 日前选择好曲目,并将歌曲伴奏和指挥名单报到团委办公室;

(2) 各班要精心准备,认真组织排练,确保演出效果。

　　　　　　　　　　　　　　　　　　　　　　××学院共青团委员会

　　　　　　　　　　　　　　　　　　　　　　20××年 4 月 22 日

任务四　撰　写　总　结

任务导入

　　江南集团有限公司财务部出纳兼公司文员古月,参加工作已经一年多了,临近年关,她要撰写一份财务工作总结,急需相关的写作指导来帮助她完成这份总结。

任务要求

1. 了解总结的性质、作用以及特点
2. 掌握总结的写作思路
3. 能够根据相关要求独立撰写总结

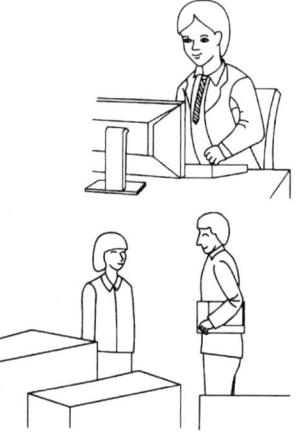

知识准备

一、总结的性质及作用

　　总结是单位或个人对过去一个阶段的工作、学习或思想情况作出系统的回顾、归纳、分析、评价,从中得出规律性认识,用以指导今后工作或学习的事务性文书。

总结是对实践的认识,总结的过程就是由感性认识上升到理性认识的过程,总结对今后的工作有促进和推动的作用。

总结来源于前一阶段的分析和评价,总结有指导和借鉴的作用。总结所得出来的经验和教训,是开展今后工作的依据。

二、总结的特点

1. 自我性

总结一般是针对本单位或本人的具体工作而写的,是对自身社会实践回顾、分析、评价的产物,因此,总结采用第一人称写作。

2. 阶段性

总结与计划相反,计划是预想未来,总结是回顾过去。总结要反映的是前一个阶段的工作情况,因此,总结具有阶段性。

3. 论说性

总结是以组织或个人自身的实践活动为依据,所涉及的事例和数据都是可靠的、科学的,总结要在这些事实的基础上对是非、功过、得失进行分析,并加以论证,从中找出规律,吸取教训。因此,总结的理论性较强,带有论说性的特点。

4. 指导性

总结是为了提高思想认识,指导今后扬长避短,更好地开展工作,因此,总结具有指导性。

三、总结的类别

总结在工作和生活中广泛使用,因此种类繁多,按照不同的标准,大致可以分以下几类:
(1) 按范围分:有行业总结、单位总结、部门总结、个人总结等。
(2) 按内容分:有工作总结、学习总结、思想总结、生产总结、销售总结等。
(3) 按时间分:有年度总结、季度总结、月度总结等。
(4) 按性质分:有综合总结、专题总结等。

资料卡

综合总结,又叫全面总结,是单位、部门或个人对一定阶段所做的各方面工作的综合性分析、总结,是全方位、多角度、深层次的总结。

专题总结,是对某个方面单项工作完成后所进行的总结,它内容单一集中、重点突出、针对性强,偏重于总结经验,理论性较强。

四、总结的写作

总结一般由标题、正文和落款三个部分组成。

(一)标题

常见的总结标题有三种。

1. 公文式标题

公文式标题由单位名称、时限、事由、文种构成,如《××公司××年度工作总结》。有的总结标题中也可以不出现单位名称,如《20××年度创新工作总结》《安全工作总结》。这种标题多用于综合性总结。

2. 文章式标题

文章式标题是概括文章的内容或基本观点而形成的标题,不出现总结字样,但对总结内容有提示作用,如《企业围绕市场转 产品随着效益变》。这种标题一般用于专题总结。

3. 复合式标题

复合式标题,就是分别以文章式标题和公文式标题为正副标题,先拟一正标题,用结论性语言提炼出总结的核心内容,然后再加副标题,说明总结单位、时限、范围等,如《一切为了学生 为了学生的一切——班主任工作总结》

(二)正文

总结的正文一般是由开头、主体、结尾三个部分组成,各部分均有其特定的内容。

1. 开头

总结正文部分的开头也称前言。开头部分的主要内容是情况综述,即简明扼要地概述基本情况,交代事件、背景、取得的主要成绩或效果等。语言要求简明扼要,紧扣中心,统领全文。开头的常见方式有结论式开头和提示性开头两种。

结论式开头就是交代总结对象的时间、背景、过程、成绩等。如"本学期,在上级部门的指导和学校党委、校长室的正确领导下,财务处较好地完成了收支计划,保证了学校日常工作的顺利进行,现将本学期学校的财务工作总结如下:"。

提示性开头就是提示工作的主要内容,如《以改革的精神,推进班组民主管理》一文开头"在改革的新形势下,如何进一步加强班组建设,是摆在我们面前的一个重要的课题。下面是我们的一些做法:"。

2. 主体

主体是总结的主要部分,应该重点写好以下两个方面的内容:

(1)基本做法、成绩和经验。这是主体部分的重点,也是总结最核心的部分。要写明做了哪些工作,采取了哪些措施,取得了哪些成绩,其主客观原因是什么,有哪些体会等,即交代清楚"为什么—怎样做—效果"这三方面的内容。这些内容要用叙议结合的表达方式,用确实的材料和数据来说明成绩,提炼和概括出具有指导意义的经验。做法和成绩是基础材料,可以适当简略一点;经验和体会是重点,要详细列出。要点面结合,重点突出,数据具体,有较强的说服力。切忌面面俱到,不分主次。

(2)存在的问题和总结教训。这部分内容要求用一分为二的观点看待问题。在总结经验和体会的同时,也要看到其中的不足和缺憾,并且分析其主客观原因,由此得出教训,指导以后的工作。

3. 结尾

结尾的主要内容是写清今后工作和努力的方向。这部分主要是针对主体内容展开,提出今后改进工作的设想、安排、打算等,这部分内容可以写得简洁明了。

(三)落款

在正文的右下方署上总结单位名称或总结人姓名,署名下方再署上总结日期。如果单位名称在标题上已经注明,那么,落款中只需在正文右下方署上日期即可。

资料卡

总结主体部分的结构

模块式结构:按"情况—成绩—经验体会—问题—今后设想"或者"做法—效果—体会"的顺序,分成几个模块来写。这是最常用的结构,适用于单位总结、个人小结或体会。

阶段式结构:按时间顺序,将工作分几个阶段来写,每个阶段再按模块式结构写。这种结构适用于写时限较长而又有明显阶段性的工作总结。

并列式结构:根据内容归纳出几个观点,拟出小标题,按照序号并列排列,逐一叙述。这种结构适用于专题总结。

五、总结写作注意事项

1. 注意总结与计划的区别

总结是在一段时间的工作或任务完成之后写的,而计划则是在工作之前制订。

总结是对计划实践的检验,而计划则是工作的蓝图。

总结要阐明做了什么、做了多少、做得怎么样,重点在做得怎么样、为什么做成这样,而计划则是阐明做什么、怎样做、何时做以及做到什么程度。

2. 要坚持实事求是的原则

实事求是、一切从实际出发,这是总结写作的基本原则。总结应该有一说一,不夸大,不文饰。

3. 表达方式要叙议结合

总结在表述上要求叙议结合。介绍工作的基本情况、过程和做法时,多用叙述,总结工作得出的经验和体会以及分析问题的时候,则多用议论。

① 范文赏析(一)

学期个人总结

今年是我进入大学的第三年。两年来,在各级领导和同学们的关心、帮助下,通过自身不断努力,我各方面均取得一定的进步。现总结如下。

一、思想政治学习方面

我始终保持与党中央高度一致,积极参加学院及班上组织的思想政治学习活动,不断提高自身的政治素质。坚决拥护独立自主原则及"一国两制"的方针,反对任何形式的霸权主义和分裂主义。政治上要求进步,积极向党组织靠拢。不满足于党校内入党积极分子培训所获得的党的基本知识,在工作、学习和生活中增强自身的党性原则,按照新党章规定的党员标准来要求自己,虚心向身边的党员学习,并结合国内国际政治发生的大事,定期作好思想汇报。

二、工作作风方面

在学生会的工作中,我始终以广大同学的共同利益为最基本的出发点,处处从同学们的需要出发,为同学们服务好。两年来,自己也严格遵守学校制定的各项工作制度,积极参加学校组织的各项活动,虚心向有经验的同学请教工作上的问题,学习他们的先进经验和知识。敢于吃苦、善于钻研,能按规定的时间与程序办事,较好地完成领导交办的工作。同时,积极主动配合其他部门开展工作,不断提高工作效能。

三、知识学习方面

学习刻苦,态度认真,只是在学习方法和能力上有些欠缺,在今后的学习中需要改进。新时代有新的要求,经济飞速发展,科技日新月异,所以如何更多、更快、更广地吸收新知识就成了放在我们面前必须解决的一个问题,我通过这两年的大学学习,对于专业方向、节奏、程度、难易度等,也有所了解,投入了不少时间在学习上,每次考试也发挥得可以。在大学的后两年,学习任务有了更高的要求,在这样的关键时刻,我会加倍努力学习,把更好的成绩带进大四。所以,与其说这是对我的压力,不如说是对我的考验,我一定会全力以赴。

总之,过去的两年,是不断学习、不断充实的两年,是积极探索、逐步成熟的两年。由于参加党校的时间不长,政治思想觉悟还有待提高;对大学学习的规律仍需进一步适应,方法也尚需改进;在学生会的工作中,也要弥补不足,尽最大的努力为同学们服务。新的一年里,我一定要认真向党员同学学习,戒骄戒躁、勤勉敬业,在平凡的工作和学习中取得更大的成绩。

总结人:×××

20××年12月28日

简评:范文中撰写的是一则学期个人总结。其采用提示性开头,从思想、工作和学习三个方面叙议结合地总结自己的进步。该总结结构清晰,条理分明,用序号的方式将内容条分缕析地罗列出来,并在最后提出今后学习和学生工作的设想。

📖 范文赏析(二)

20××—20××学年第一学期工作总结

日子过得真快,转眼间,一个学期就要过去了。在校领导和同事们的帮助下,我顺利地完成了本学期的工作。回顾这一学期,既忙碌,又充实,有许多值得总结和反思的地方。特作如下小结。

一、加强学习,不断提高思想业务素质

"学海无涯,教无止境",只有不断充电,才能维持教学的青春和活力。一学期来,我认真参加学校组织的新课程培训及各类学习讲座。另外,我还利用书籍、网络认真学习了美术新课程标准、艺术教育新课程标准,以及相关的文章,如《教育的转型与教师角色的转换》《教师怎样与新课程同行》等。通过学习新课程标准让自己树立先进的教学理念,也明确了今后教学努力的方向。平时有机会还通过技能培训、外出听课、开课等使自己在教育教学方面不断进步,为自己更好地教学实践做好了准备。

二、求实创新,认真开展教学、教研工作

教育教学是我们教师工作的首要任务。本学期,我努力将所学的新课程理念应用到课堂教学实践中,争取用活新教材,力求让我的美术教学更具特色,形成独具风格的教学模式,更好地体现素质教育的要求,提高美术教学质量。

我任教四年级的美术课和一年级3个班的书法课,共计19节课,另外还有4节美术选修课,课时量比较大。在日常教学中,我坚持切实做好课堂教学"五认真"。课前认真做好充分准备,精心设计教案,并结合各班的实际,灵活上好每一堂课,尽可能做到课堂内容当堂完成;课后仔细批改学生作业,不同类型的课,不同年级采用不同的批改方法,使学生对美术更有兴趣的同时提高学生的美术水平。另外,授课后根据得失及时写些教后感、教学反思,从短短几句到长长一篇不等,目的是为以后的教学积累经验。同时,我还积极和班主任进行沟通,了解学生,改进教法,突破学法。针对旧教材内容陈旧、单一、脱离学生实际的问题,我积极进行校本课程的开发与设计,设计了"神奇的鞋子(设计发明课)""我的椅子(写生课)""神奇的椅子(设计课)""美丽的门帘(易拉罐制作)"等课,着重培养学生的综合实践能力和创新思维能力。

美术选修课的教学,我采用系统性、阶段性相结合的原则,做到定时间、定地点、定内容,使每堂课都能让学生有收获。总之,不管在课堂教学中,还是在选修课教学中,我都以培养学生能力,提高学生素质为目标,力求让美术教学对学生的成长和发展起到更大的积极作用。

三、任劳任怨,完成学校其他工作

本学期我校开展了一系列比较大型的文艺表演活动,如"英语周活动""英语剧""小学部师生手工制作发明展览"等;同时还有许多宣传海报、展览橱窗、各科的课件制作等任务。其中不仅涉及很多美术宣传工作,有的更是需要我们全程积极参与创作作品。对于学校布置下来的每一项任务,我都能以我最大的热情把它完成好,基本上能够做到"任劳任怨、优质高效"。

四、加强反思,及时总结教学得失

反思本学年来的工作,在喜看成绩的同时,也思量着自己在工作中的不足。不足有以下几点:

1. 对于美术新课程标准的学习还不够深入,在新课程的实践中思考得还不够多,不能及时将一些教学想法和问题记录下来,进行反思;

2. 教科研方面本学年加大了学习的力度,认真研读了一些有关教科研方面的理论书籍,但在教学实践中的应用还不到位,研究做得不够细和实,没达到自己心中的目标;

3. 美术教学中有特色、有创意的东西还不够多,本来想在美术选修课开设"儿童水墨画"兴趣小组,但由于种种原因没能实现,今后还要努力找出一些美术教学的特色点,为开创石岩公学美术教学的新天地作出贡献。

其他的有些工作也有待于精益求精,以后工作应更加兢兢业业。

×××

××××年×月×日

简评:范文中撰写的是一份个人学期工作总结。它属于专题总结,采用了并列式的结构,将一学期的工作归纳成几个要点,并拟定了小结性的小标题,层次清晰,格式规范,内容充分。

总结写作的参考模板

×××××××总结

开头:介绍基本情况

正文:一、取得的成绩,经验

　　　二、存在的问题和不足

结尾:今后的设想

×××

××××年×月×日

任务实施

练一练

1. 请阅读下面这篇总结,完成练习。

我自幼喜欢书法,也渴望自己能写出一手好字,可喜的是学校把书法教学作为语文教学的一项内容来抓。我们每周要交书法作业两张(毛笔字、钢笔字各一张),每周4次的书法作业我都认真完成,期望自己的书法能有所长进。"功夫不负有心人",经过两年的学习,我的书法有了较大的进步。根据两年来的书法学习实践,我有下面一些粗浅的体会。

不迷不见效。我对书法从感兴趣发展到入迷。有时盯着一个写得好的字出神,有时接连不断地攻练某一个字。见到老师板书时写出来的好字,也总是摹仿着书写或空临几次。下晚自习课后,没那么早睡觉,我总是拿出字帖来练字。有一次写"褰",老写不好,上床了还用手指对着蚊帐顶空临,寻找规律。我认为,要学有成就就得珍惜兴趣,就得有这种入迷的怪脾气。

"暂停"法。俗话说:"他山之石,可以攻玉。"我从打篮球活动中"借来"的一些方法也是很有效的。一场球打到关键时刻,教练员往往叫一声"暂停",利用这点滴时间来调整一下战术,稳定一下情绪,常常能打出更好的水平。我在学书法时也借用了这种方法,当成功地写出关键性的一笔时,总是叫一声"暂停",体会一下当时书写的动作过程,领会其之所以写得好的原因。字帖是不会说话的老师,我们要从其字里找到规律性的东西,就得有个领悟的过程,不能像看小说那样一目十行,而要循序渐进,有时要几次"暂停"。而这一停比坚持含糊地练效果要好。

我对书法从感兴趣,到入迷,再到总结经验,找出规律,使我的书法有长进。但我在书法学习上也存在不少缺点,比如缺乏虚心请教,沟通交流的精神;有时也想一步登天,楷书基础不过关,就急着练草书,这会事倍而功半。在今后学书法的过程中,更应认真努力、发扬优点,尽量把字写得更好一些,提高学习质量,更好地完成学习任务。

(1)给文章加上题目和落款。

(2)按文章层次分别加上小标题,要求能体现观点,概括出规律性的东西。

改一改

2. 找出下面这篇总结在写作上有何不足,并尝试修改。

××公司工作总结

半年来本公司在精神文明和物质文明方面做了许多工作,取得了很大成绩。半年来,主要做了以下工作:动员组织公司干部和广大群众学习中央文件;安排、落实全年生产计划;推行、落实工作责任制;修建子弟小学校舍;建方便面生产车间厂房;推销果脯、食品、编织产品;解决原材料不足问题;美化环境,栽花种草;办了一期计算机技术培训班;调整了工作人员,开始试行干部招聘制。

半年来,在工作繁杂,头绪多而干部少的情况下,能做这么多工作,主要是:

一、上下团结

公司领导和一般干部都能同甘共苦,劲往一处使。工作中有不同看法,当面讲、共同协商。互相间有意见能开展批评与自我批评,不犯自由主义错误。例如,有干部就经理未作商议,擅自更改果脯销售奖励办法,影响产量一事有意见,经当面提出,经理做了自我批评,并共同研究了新的奖励办法,又出现了果脯销售增产势头。

二、不怕困难

本企业刚刚起步,困难很多,例如:技术力量薄弱,原材料不足,产品销路没有打开,等等。为此,领导干部共同想办法,他们不怕跑路,放弃自己的休息时间,忍饥挨饿受冻,四处联系,终于解决了今年所需要的原料问题,推销了一些产品。

三、领导带头

公司的几位主要领导带头苦干、实干。他们白天到下边去调查了解情况、解决问题,晚上再开会研究问题,寻找解决问题的办法。领导干部夜以继日地工作,使公司工作上了台阶。

写一写

3. 江南集团有限公司要举行年度绩效测评,要求员工都写好本年度的工作总结。请你拟写一份工作总结,要求格式正确,内容完备,叙议结合。

4. 结合自己的学习生活,请写一份本学期总结。

任务五　编　制　简　报

✖ 任务导入

江南集团有限公司的每个部门都要定期出简报,以加强各部门之间的交流沟通,加快信息的互递。财务部出纳兼公司文员古月,接到部门经理的任务,本部门的简报由古月来负责撰写和发布。所以,古月要尽快学会写简报,并编好简报。

◎ 任务要求

1. 了解简报的性质及特点
2. 掌握简报的写作思路
3. 能够根据相关要求独立编制简报

☢ 知识准备

一、简报的性质及分类

简报,就是信息和情况的简要报道。它是机关、团体、企事业单位,为迅速反映工作情况或会议情况而编发的具有汇报性、交流性和指导性的行政事务文书。简报是统称,它有很多名称,如"简讯""情况交流""情况反映""内部参考"等。简报和新闻是两种非

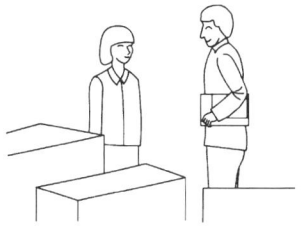

常相似的应用文,他们都可以及时报道发生的事实,但是,简报只向一定范围内报道,也只报道与本单位或本部门工作有关的事实,而新闻报道的角度、范围、内容远比简报来得广而多。

从不同的角度来看,简报有不同的分类。从内容来看,简报可以分为"工作简报"和"会议简报"两大类。其中工作简报又可以分为业务简报、中心工作简报和问题简报等。会议简报又可以分为综合性简报和专题性简报两大类。

二、简报的特点

1. 简

简报,顾名思义,要"简",篇幅一般都限于千字以内。每篇简报一般只反映一件事情。

2. 快

简报由单位内部编发,内容简明扼要,形式简便灵活,反映情况、传递信息迅速及时。"快"是简报的最大特点,如果时过境迁,也就失去了报道的价值。

3. 新

简报报道的应该是单位内部的新情况、新问题、新经验,这才能使人们从这些最新的信息中得到启示,起到"以小见大"的作用。

4. 实

简报所报道的各种数据和事件都应该是真实可靠的,应当遵循既不夸大,也不缩小,认真核实,严守真实准确的原则。同时,简报还要善于抓住工作中存在的问题,对事件的评价要客观恰当。

资料卡

简 报 的 分 类

工作简报:业务简报——重在情况和问题的介绍,不作过多的分析、推论。

中心工作简报——重在反映影响较大的中心事件的全部过程。

问题简报——重在问题的汇报。

会议简报:综合性简报——某一方面情况或问题的综合反映。

专题性简报——一个问题或一件事,也可以是它们的一个侧面。

三、简报的写作

简报是财经应用文中规范性较强的文种,被称为"准公文",一般包括报头、报体和报尾三个部分。

(一) 报头

简报的报头在首页的上方,一般占全页三分之一的位置,用分隔线和报体隔开。报头的内容一般包括简报名称、简报期号、编发单位和编发日期。

简报名称一般用套红印刷、居中、字体稍大,如"××简报""××信息""××情况"等。

简报期号位于简报名称的正下方,一般按年度依次排列期号,有时可以使用统编的累计期号,也可以写清"第×期/总第×期"。

编发单位应该用全称,标注在简报期数的下方,分隔线之上的左侧,如"××公司办公室""××领导小组办公室""××会议秘书处"等。

编发日期写在简报期数的下方,分隔线之上的右侧,与编发单位平行,如"××××年×月×日"。编发日期以领导人的签发日期为准。

此外,简报如需标密级,则标在简报名称的左上方,如"秘密""机密""绝密"等,也可以写"内部刊物,注意保密"的字样。如果简报需要编号,则可以标在简报名称的右上方,如"001""002""003"等。

(二) 报体

报体又称报核,是简报的主体部分,它位于分隔线以下的中间部分,主要包括导语、主体和结尾三个部分。有的简报还会写上本期要目、标题和按语。有的也可以在结语后的右下方加括号注明供稿单位或供稿人。

1. 导语

导语是简报正文的开头部分,用简洁的语言概括全文要点,或提出主要问题,或点明文章主旨,它关系着主题的表达、结构的安排、思路的发展,要求新颖而不故弄玄虚。写法可以是叙述式、提问式、结论式等。

资料卡

简报导语的写法

叙述式:类似新闻的导语,写清楚时间、地点、人物、事件、原因。

提问式:鲜明、尖锐地提出问题,然后在下文用事实来回答。

结论式:先提出结论意见,然后再在下文作具体阐述。

2. 主体

主体是简报主体部分的重点,是简报的核心,具体阐述简报所要报道的主要内容。要用富有说服力的典型材料,把导语中所概括的主旨和内容加以具体化。内容要紧接导语,观点鲜明,材料详略得当,由于内容较多,所以必须恰当地分出层次和段落。结构上可以采用纵式结构,按照事情发生、发展的时间顺序安排层次,也可以采用横式结构,即将材料归纳成若干类,按照逻辑顺序来安排层次。有些简报的内容比较复杂,还可以采用纵横交错的结构形式,有时还可以用小标题的形式概括每个层次的内容,使主体部分脉络清晰。

3. 结尾

结尾一般是最后一段或是最后一句话,用于对简报内容的概括小结,也可以指出事物发展的趋势,或提出希望,或对简报内容加以评述。撰写结尾要注意不要与开头和主体重复,如果内容在主体部分已经全部撰写清楚,那么,也可以不要结尾。

此外,有些简报还会在报体部分加上本期要目、按语和标题。

本期要目的编写方式如下:

本期要目:
● 我校隆重举行区人大代表选举大会
● 我校图书馆工程建设进展顺利
● 我校顺利通过上级部门年度考核

按语是简报编发部门的说明性或评论性材料,目的是表示发文单位对本期简报所反映的情况或提出问题的倾向性意见,帮助读者加深对简报内容的认识和理解。按语在简报中的位置并不固定,常常放在间隔线以下,标题之上,加上"编者按"或者"按语"的字样。按语大体上有三种类型:说明性按语、提示性按语和批示性按语。

说明性按语——说明发此份简报的根据、意义等。例如:

> 按语:河道管理范围内建设项目管理是法律赋予水利行政主管部门和流域机构的重要职责,是加强社会管理、依法行政的重要工作,是确保防洪安全和河流健康生命的有力措施。为进一步规范河道管理范围内建设项目管理,强化涉水事务的社会管理,提高公共服务水平,最近湖南省人民政府办公厅印发了《关于进一步加强和规范河道管理范围内建设项目管理的通知》(湘政办函〔2007〕1号)。现予以全文刊登,供参阅。

提示性按语——提示简报的要点、经验、教训。例如:

> 编者按:省审计厅行政事业审计处党支部召开支部专题组织生活会,准备周密,党性分析和自我剖析切实结合自身实际,开展批评与自我批评认真,达到了团结同志、增强凝聚力、提高战斗力的目的。现将他们的做法刊发,供借鉴。

批示性按语——对简报内容作评价、提要求。例如:

> 按语:三封患者的表扬信,字里行间充满了病人对医护人员的尊重、感激及祝福,这是对我们工作的鼓励,更是对我们工作的鞭策。

如果简报有按语,标题则放在按语的下方,居中的位置。如果没有按语,则放在分隔线下方,主体之上的居中位置。标题写法灵活自由,可以用新闻式标题,也可用文章式标题或公文式标题,标题要求简短醒目,形象生动,能引起读者的注意。如"拼搏候佳绩 从容赢未来 ——××职业技术学院20××年初级会计职称考试通过率95%"。

资料卡

按 语 的 类 型

说明性按语:对编发简报的原因、根据、目的和材料的现实意义作简要说明,文字简短。

批示性按语:对简报材料作评论,提出看法和意见或对下级的要求,是最常用的按语。

提示性按语:扼要地介绍简报,帮助读者抓住中心,适用于较长的简报。

(三)报尾

简报的报尾位于简报最后一页下方,一般占三分之一的位置,用分隔线与报体分开。报尾部分要注明简报的发送范围和简报份数。

简报的发送范围位于左下方顶格位置,分三行排列,按受文单位和部门的不同级别,有报、送、发三种形式(报:上级机关;送:平级或不相隶属机关;发:下级机关和部门)。

简报份数位于简报发送范围的右下方,注明"共印×份"。

四、简报写作的注意事项

1. 反映要快

简报类似新闻报道中的"消息",所以撰写要及时,内容要新鲜,要强调其时效性。

2. 内容要真实

简报的材料必须是现实中的真实情况,不可随意编造,也不需要"合理想象",简报的所有材料必须准确无误,实事求是,这样才具有交流与传达的价值。

3. 文字要简洁、朴实

简报是一种简短、灵便的文书,写法要直截了当,开门见山,简明扼要,短小精悍。简报不同于文学作品,一般不用描写,更不需要抒情,文字要朴实无华,干净利落。

ⓘ 范文赏析(一)

情 况 简 报

第×期(总第×××期)

×××××××××政府办公厅编　　　　　　　　　　　20××年6月3日

────────────────────────────

按语:近期,全国屡次出现校园安全问题,维护校园安全已经成为政府、学校、家庭集中关注的问题。希望各有关单位学习经验、寻找差距,认真做好校园安全工作。

维护校园安全,呵护祖国花朵

——成都市5月份小学幼儿园安全工作情况

5月份以来,成都市教育部门高度重视加强校园内外安保工作,经过学校、警方、家长和学生等各方面的积极配合,本市小学幼儿园的安全工作在安全思想教育、安保人员培训与配置、硬件配套设施等方面都得到了较大改善。

(一)安全思想教育方面

成都市各区(市)县陆续召开校园安全工作会,强调学生安全。学习传达中央和省委、省政府、公安部领导指示精神,深入分析当前我市校园及周边社会治安稳定形势,安排部署学校、幼儿园及周边治安整治专项行动,切实维护校园安全稳定。在青羊区教育局召开的校园安全工作会上提出学校应该坚持"课后一分钟安全教育",规定全区学校要利用晨会、班会等时间对师生们进行安全常识和自护自救等安全教育培训。

家长和学生接受安全思想教育,并积极参加到维护校园安全的实践中来。在成都岳家桥小学上学时段,有不少家长佩戴红色袖套作为家长"义工护卫队"出现在了校门口,他们不仅送自己的孩子上学,同时看护同行来上学的孩子。另外,学校还从学生中挑选强壮的孩子组建了"学生校园110",这些孩子将在校园进行巡逻和劝导。学校每周二还开设"学生安全能力"演练,以增强孩子们紧急情况下的应急自救能力。

(二)安保人员培训与配置方面

成都市多所小学、幼儿园的保安、教师、学生参加了由各辖区公安机关主办的"校园安全演练活动"。培训保安擒敌技能、为学校保卫人员发放安保器材以及组织师生与家长共同参与安全培训。

为确保成都校园安全,成都市教育局制定了5项措施加强安全保卫,还与成都市公安局联合推出了"一校一警"制,协调当地公安部门在学校上学、放学时段至少安排一名警察或治保人员进行巡逻。成都市教育局还规定,学校必须在校园及周边建起三道防线,即校门外有警察、校门口有保安,校内有护校队。1 000人以上的学校要与当地公安部门联系设立治安岗亭或警务室。

培华小学校长杨晓丹说,学校实行了"一岗双责"制,加强了与警方联系,每天上学、放学以及学校大型集会,警方、社区以及校园安全巡逻大队都会抽调专人到学校,确保师生安全。

(三)硬件配套设施方面

成都市将投入700万元为小学幼儿园建"校园天网",在每所学校都建立起校园安全监管网络系统。金牛区教育局相关负责人表示,目前金牛区正在幼儿园和中小学布点调研,制定安保方案,根据校园布局,在视线死角和重要聚集场所都将安装摄像头,监控校园安全。

目前,学校重点要害部门的物防措施落实率达到100%,市教育局也督促学校新增配备警棍1860余根,防刺手套199双,喷雾剂128支,对讲机371个。所有学校(幼儿园)均建立了消防安全档案。其中,成都高新区芳草小学还制定了科学的安全事故应急处理预案。

成都市的小学幼儿园安全工作方面确实取得了较大的成绩,为学生们健康成长和快乐学习提供了良好的环境保障。

报:市政府

送:各区(市)县人民政府、市教育局、市公安局

发:各辖区派出所

(共印100份)

简评:范文中撰写的是一篇较为复杂的简报。严格按照简报的常规格式撰写,分为报头、报体、报尾三个部分。

报体部分由标题、导语、主体、结尾四个部分构成。主体部分更是用小标题将简报内容进行了归纳整理,层次清晰。

范文赏析(二)

淮北卫生学校简报

第××期

(总第××期)

淮北卫生学校办公室编　　　　　　　　　　　　20××年1月16日

本期目录

● 卫校顺利通过市卫生局年度综合目标考核

● 卫校隆重举行区人大代表选举大会

● 校重点工程建设进展顺利

● 卫校隆重举行新年元旦联欢会

● 卫校顺利通过市物价局年检

卫校顺利通过市卫生局年度综合目标考核

1月9日下午,市卫生局副局长贾司改一行8人对淮北卫校20××年度综合目标、党风

行风建设、计划生育及教育教学业务等综合工作进行了全面考核。采取情况汇报、查看资料、现场咨询等方式分项进行。汇报会上,校办公室主任康彩凤同志首先代表卫校作了年度全面工作汇报,校党总支书记王洪岗同志作了补充并提出下一步工作打算,三位校领导依次作了述职述廉报告……

（办公室）

卫校隆重举行区人大代表选举大会

20××年1月5日上午,淮北卫校在校大礼堂隆重举行了相山区人大代表的选举大会,校工会主席邵正侠同志主持……

（办公室）

校重点工程建设进展顺利

淮北卫校重点工程综合楼主体进展顺利,将于1月20日四层封顶。附楼基础于1月8日破土开挖,1月15日进行基坑验收,1月底将进行主楼三层主体验收和附楼基础验收。体育场工程于1月10日正式开工,计划春节前完成80％工程量……

（总务处）

卫校隆重举行新年元旦联欢会

为欢庆元旦,展示我校学生能歌善舞的艺术才华和团结奋进的精神风貌。近日,学校在校礼堂举办了一台以"青春无限·激情飞扬"为主题的元旦联欢会。本次晚会以沟通感情,增进交流,增强集体凝聚力和丰富校园文化生活为宗旨……

（团委）

卫校顺利通过市物价局年检

1月4日至5日,市物价局胡局长一行对我校上年度学生收费情况进行了检查。校财务科按照有关规定积极配合检查……

（财务科）

报:安徽省教育厅职社处,淮北市卫生局,淮北市教育局
送:附属医院
发:校各科室

（共印20份）

简评:范文中撰写的是一篇较为复杂的简报。除了有简报的常规格式:报头、报体、报尾三个部分外,还用了本期要目来划分简报的主要内容。主体部分更是用小标题将简报内容进行了归纳整理,层次清晰。

简报写作的参考模板

密级   编号：

××简报

第×期

编发单位   印发日期

标题

    正文（分段落）

报：

送：

发：

（共印×份）

任务实施

练一练

1. 根据下面的内容完成习题。

由新加坡组织的友好访华团一行22人,在西安市国际旅行社徐景等三人的陪同下,于3月20日至26日在西安、三门峡、洛阳等地进行了参观访问。

该团由于参观的地区很多,路线很长,所以活动日程安排得非常紧张,但是因为徐景等三位同志发扬了不怕苦不怕累的精神,互相勉励,团结合作,很好地完成了陪同任务。

徐景等同志在长途旅行中,不仅要安排和照顾好客人的住食行,而且还要为客人搬运行李,上车下车,一路十分辛苦。

3月22日晚饭后,团里一位客人突然病倒,徐景不顾一日劳累,马上背起病人前往医院治疗,治疗好病人返回宾馆的住处,已经到深夜。她虽然非常劳累,但依旧保证了第二天三门峡旅程的顺利成行。

3月24日下午,在离开三门峡前往洛阳的途中,旅游车不慎撞伤一位农村小姑娘。当时伤情十分严重,所以气氛也相当紧张,就连在场的外宾也十分担心和害怕。徐景三人立即采取果断的应急措施。在稳定外宾情绪的同时,立即把那个受伤的小姑娘送往十多里外的乡医院进行医护处理,然后打电话求援。经过多方面的联系,由徐景同志乘当地乡政府提供的一辆面包车,把伤员转往三门峡市医院治疗。全团客人继续驱车去洛阳。徐景同志处理完受伤小姑娘的事后,第二天才回到洛阳,继续参加陪同工作。

这一突发事故前后仅一个多小时就得到了妥善处理。这件事在社里传开后,大家都交口称赞,并纷纷表示要向她们学习。新加坡的客人也很有感慨:"虽然旅游中发生事故是很遗憾的事,但中国姑娘果断处理事故的能力却令人佩服,中国姑娘真棒!"

（1）提炼内容，选取材料中的一件事作为简报的主要内容，可以适当添加文字。

（2）自拟一个标题作为简报报体的标题，要求凸显主题。

（3）简报中请加上批示性按语。

（4）制作规范报头——以陕西省旅游局的名义。

改一改

2. 找出并修改这则简报中的5处错误。

××函授大学全国教学工作会议简报

××年××月××日   ××函授大学秘书处

"××函大"全国教学工作会议在京召开

经过一段时间的积极筹备，中国××函授大学全国教学工作会议于20××年×月×日在北京正式召开。

参加今天会议的有中国××研究会的部分理事、各地辅导站代表、学员代表和校部教职员共70余人。今天上午和下午都召开了全体会议。

上午，校务委员会主任××同志在开幕词中讲了这次会议的宗旨。他说：我们召开这次会议，是要交流、总结各地辅导站的工作经验，研究如何提高教学质量，明确今后的办学方向，讨论执行、考试问题。希望大家畅所欲言，为"××函大"开创新局面献计献策。紧接着，各地代表分组进行了讨论。讨论会上，××同志对如何开好这次大会，还提出了许多宝贵意见。在下午的会上，教务长×××同志结合一些辅导站的情况，进一步强调：要办好面授辅导站，必须争取当地文教部门领导的支持，必须要有一个坚强的领导班子和高水平的教师队伍，以切实保证教学质量的稳定，以质量取信于社会，同时还必须严格财务管理制度，坚持勤俭办学的原则。

"××函大"顾问、××大学教授×××先生，虽已年逾80，但仍不顾气候炎热，到大会看望大家并讲了话。他指出，函授教育是一种很好的形式，这种形式有很多好处：一是节约人力，学员可以边工作边学习；再是花钱不多，却能为国家培养出大量人才；此外，面授辅导要搞好，就得搞资料交流，资料要有针对性，要解决学员提出的实际问题。×老的讲话给了与会者以巨大的鼓舞，受到大家的热烈欢迎。

送：

报：

发：

共印××份

写一写

3. 江南集团有限公司10月份获得了较好的业绩，部门经理召开会议，就10月的优秀业绩做了公开表彰，并总结了获得成绩的原因，布置了下月的工作目标。请根据以上内容，适当添加材料，撰写一份简报。要求格式正确、内容完备。

任务六 撰写会议记录

任务导入

大专毕业后,凭着自己的实力,邵瑜顺利被江南集团有限公司录用为财务部出纳兼公司文员。上班不久,公司召开了一次提高产品质量的研讨会,领导让邵瑜作为记录人,将会议的全部情况记录下来,并形成文字稿。

任务要求

1. 了解会议记录的性质及分类
2. 掌握会议记录写作的结构及写作思路
3. 能够根据相关要求独立撰写会议记录

知识准备

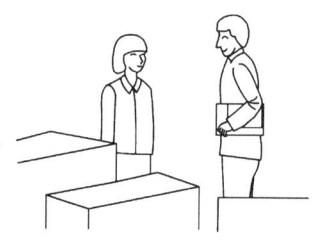

一、会议记录的性质

会议记录是如实记录会议基本情况以及会议中议程、报告、发言、讲话、决定、决议的一种记录类文书。

会议记录是按照会议议程的顺序,对发言人的发言、决定的事项进行记录,一般不允许加工,更不能掺杂记录人的好恶,所以会议记录反映了会议的本来面貌,是事后对会议情况查对的真实依据,也是开展纪要写作的前提和基础。

二、会议记录的分类

会议的种类很多,因而会议记录的种类也很多,较为常见的是以会议的内容进行分类。一般有办公会议记录、座谈会记录、联席会议记录、专题研讨会记录等几种。

三、会议记录的写作

会议记录的结构一般包括标题、会议基本情况、会议内容、会议结尾等四个部分。

1. 标题

会议记录的标题一般由单位名称、会议主题(会议届次)、文种构成,如《金山学院招生工作推进会记录》《××城市职业技术学院二届二次教代会执委会记录》。如果采用专用的记录纸或记录本,原本专用纸或专用本上已经印有"会议记录",则只需记录会议的届次或会议的主题。

2. 会议基本情况

这部分要写清会议时间、会议地点、出席人、缺席人、列席人、主持人、记录人等,上述内容一般要在会议召开之前写好,不可遗漏。

(1) 会议时间,要写明会议日期和具体时间,如"20××年5月20日9:00~11:00"。

(2) 会议地点,一般写明开会的具体地点,如"行政楼2楼会议室";如果会议安排在单位之外的地方,需要在具体地点前写明地名和单位名,如"××省××市××大学图书馆3楼专家报告厅"。如果是线上会议,可以写明云端会议室及会议号。

(3) 出席人,是应该参加会议的人员或代表。这部分要写清出席人的姓名与单位、职务;出席人很多时,可以只写主要领导的姓名与单位、职务,同时写明参加会议的人数,如"江南集团总经理王东、万豪集团副总经理杨阳等120人"。

(4) 缺席人,是应该参加会议但因故缺席的人。这部分要写清缺席人的姓名、缺席原因。如果缺席人数较多,难以及时查明原因的,可只写缺席人数。

(5) 列席人,是参加会议享有发言权而没有表决权的非正式成员或代表。有些会议有明确的列席人,有些会议的列席人是不固定的。因此,应将列席会议人员的姓名及单位、职务写清。

(6) 主持人,指主持会议的人。这部分要写明姓名、单位、职务等。

(7) 记录人,指记录会议情况和内容的人。这部分要写明记录人的姓名、单位、职务等。

3. 会议内容

会议内容主要写会议议题、议程、讨论过程、发言内容、会议决议等。这一部分是了解会议意图的主要依据,是会议成果的综合反映,是日后备查的重要部分,要着重记录。

(1) 会议议题,通常也就是指会议所讨论的内容、中心、主题。一般包括普遍性议题、倡议性议题、局部性议题、专业性议题。

(2) 会议议程,就是为使会议顺利召开所做的内容和程序的总体安排,是会议需要遵循的程序。

(3) 会议过程和内容,这一部分是会议记录的主体,应该根据会议的进程顺序,将有关文件精神或会议精神的传达情况、与会者的发言、讨论情况、主持人的总结讲话、会议决定和会议决议等依次记录。

4. 会议结尾

会议记录的结尾没有固定的格式。一般要另起一行,空两格写"散会"字样,并在会议记录的右下方,由会议主持人和记录人签名,以示负责。

四、会议记录写作的注意事项

会议记录的写作要求,主要有以下三点:

(1) 做足准备。会议记录是原始凭证,所以贵在准确、齐全。记录人事先要了解会议的议程,以便于在记录过程中注意各有关方面的关系,将一些事宜有机地联系起来,加快记录的速度,记准、记全。

(2) 注重方法。会议记录可以采用速记和录音的办法。速记可采用符号速记,也可采用文字记录。重要会议、重要领导人讲话可速记。一般会议,可使用文字摘要记录的方法。

(3) 注意整理。通常情况下,现场记录是原始记录,一般需要整理。整理的要求是在原始记录的基础上增补遗漏、纠正错误、核实决议,纠正语法错误,合理划定段落。

📖 范文赏析（一）

城建工作会议记录

会议时间：20××年4月8日9:00～11:00

地点：区管委会二楼会议室

主持人：李××（区管委会主任）

出席人：杨××（区管委会副主任）、周××（区管委会副主任）、李××（市建委副主任）、肖××（市市场监督管理局副局长）、陈××（市建委城建科科长）及市建委、市市场监督管理局有关科室宣传人员，××街道及××居委会负责人，共计30人。

列席者：区管委会全体干部共20人

记录：李××（区管委会办公室秘书）

讨论议题：

1. 如何整顿城市市场秩序。

2. 如何制止违章建筑、维护市容市貌。

杨主任报告城市现状：我区过去在开发区党委领导下，各职能单位同心协力、齐抓共管，在创建文明卫生城市方面取得了一定成绩，相应的城市市场秩序有一定进步，市容街道也较可观。可近几个月来，市场秩序倒退了，街道上小商贩逐渐多起来，水果摊、菜担、小百货满街乱摆……一些建筑施工单位沿街违章搭棚，乱堆放材料，搬运泥土撒落大街……这些情况严重地破坏了市容市貌，使大街变得又乱又脏，社会各界反应很强烈。因此，今天请大家来研究以下几个问题：如何整顿市场秩序？如何治理违章建筑、违章作业，维护市容？

发言

肖××（市市场监督管理局副局长）：个体商贩不按规定到指定市场经营，管理不得力、处理不坚决，我们有责任。这件事我们坚决抓落实：重新宣传市场有关规定，坐商归店、小贩归市、农民卖蔬菜副食到专门的农贸市场……市场监督管理局全面出动抓，也希望街道居委会配合，具体行动方案我们再考虑。

罗××（市市场监督管理局市管科科长）：市场是到了非整不可的地步了。我们的方针、办法都有了，过去实行过，都是行之有效的，现在的问题是要有人抓、敢于抓、落到实处。只要大家齐心协力，问题是能够解决的。

秦××（××居委会主任）：整顿市场纪律我们居委会也有责任。我们一定发动群众配合好，制止乱摆摊，乱叫卖的现象。

李××（市建委副主任）：去年上半年创建文明卫生城市时，市里出了个7号文件，其中规定施工单位不能乱摆战场。工棚、工场不得临街设置，更不准侵占人行道。沿街面施工要有安全防护措施……今年有的施工单位不顾文件规定，在人行道上搭工棚、堆器材。这些违章作业严重地影响了街道整齐、美观，也影响了行人安全。基建取出的泥土，拖斗车装得过多，外运时沿街散落，到处有泥沙，破坏了街道整洁。希望管委会召集施工单位开一次会，重申市府7号文件，要求他们限期改正。否则按文件规定惩处。态度要明确、坚决。

陈××（市建委城建科科长）：对违规者一是教育，二是逼硬。"不教而杀谓之虐"，我们先宣传教育，如果施工单位仍我行我素不执行，那时按文件逼硬处理，他们也就无话可说。

周××（区管委会副主任）：城市管理我们都有文件、有办法，现在是贵在执行，职能部门是主力军,着重抓,其他部门配合抓。居委会把居民特别是"执勤老人"(退休职工)都发动起来,按7号文件办事,我们市区就会文明、清洁,面貌改观……

与会人员经过充分讨论、协商,一致决定:

一是由市场监督管理局牵头,居委会和其他部门配合,第一周宣传、第二周行动,监督实施,做到坐商归店,摊贩归点,农贸归市,彻底改变市场紊乱状况。

二是由管委会牵头,城建委等单位配合对全区建筑工地进行一次检查。然后召开一次施工单位会议,对违章建筑、违章工场限期改正。一个月内改变面貌。过时不改者,坚决照章处理。

散会。

审阅人:　　（签名）

记录人:　　（签名）

简评:这是一则文件式的会议记录。

会议记录中会议时间、会议地点、出席人、列席人、主持人、记录人等基本情况分条列项,简明、清晰;会议内容部分紧紧围绕管委会辖区城建工作,按会议中参会人员的发言顺序逐条记录,真实、完整;文后审阅人和记录人签字,以示对会议情况和会议内容的确认,严肃、规范。

范文赏析(二)

会议记录

会议名称	××学院财经专业教学咨询委员会第二次全体会议				
会议时间	20××年3月30日下午2:00				
地点	行政楼三楼东会议室	主持人	李亮	记录人	周杰
出席人	×××、×××、×××、×××、×××				
列席人	×××、×××、×××、×××				
缺席人及原因	无				
会议议题	人才合育、产教合作、研发合创、资金合股等问题				
会议过程	一、院领导致辞 二、××事务所××所长 　　××学院能紧跟市场需求,为社会培养了大量的财经专门人才。20世纪90年代前期,学院的毕业生供不应求。其主要原因是:××学院的学生具有很强的操作技能、吃苦耐劳的品质。目前,我单位也有几位××学院的毕业生,有几位已经担任项目经理,成绩斐然。今后,希望学院多派毕业生到我单位实习,增强我们事务所的活力。 三、××市财政局会计处××副处长 　　××学院的财会专业在××市范围内享有很高的声誉,为我市培养了大量的财务人员。目前,××经济快速发展,财会人员需求量相当大,望学校能加快课程改革力度,提高财会专业办学水平,培养更多的财会人员。 四、××市人才服务中心××科长 　　××学院建校以来,相当多的毕业生取得了很大成就,部分人才已成为企事业的财务主管或主办会计。近几年,全国高校扩招,给学生就业带来了很大的压力。希望学院注重学生技能、心理素质、沟通能力等方面的培养,使他们在职场上更有竞争力。				

（续表）

会议过程	五、××石化总厂财务处××处长 我们石化总厂曾录用7名××学院的毕业生,目前有4名在职。这几位同志有很强的会计操作技能,动手能力强。一个星期内,他们已经能够很好地胜任出纳工作,目前,有几位同志已经是我厂财务处的总账科员。 六、××市××会计师事务所××所长 在办学质量上,××学院处在××市应用型本科院校和职业院校的前列。相对而言学生素质也是比较高的。我们事务所也录用了几位××学院的学生,他们勤学上进,都取得了全国注册会计师资格,比一些名牌院校的本科生都"牛"。 七、工商银行××分行的代表 ××学院为工行提供了大量的优秀毕业生,90年代以来,工行每年都招聘××学院的毕业生,平均每年有二三十人;他们的珠算、点钞、汉字录入等技能相当熟练,因此,这些学生进入银行的适应能力很强。目前,他们当中有很多已经成为我行的业务骨干,甚至是中层干部。 八、交通银行××分行的代表 交通银行有三分之一的员工是××学院的毕业生,他们大多已成为我行的业务骨干。目前,我行的副行长也是××学院的毕业生。望学校今后加强学生综合素质,增加学生就业的竞争力。
记录审核人	李亮
审核结果	同意

简评:这是一则表格式的会议记录。

会议记录中会议时间、会议地点、出席人、列席人、主持人、记录人等基本情况,会议议题和会议过程都以表格的形式呈现,清晰、简明。

任务实施

写一写

1. 阅读下面的会议记录,依据课本上的规范格式和写作要求,说说它在写法上的问题,并重新写作。

12月21日13时,会计系金融专业"金融学"第一学习小组组织全体组员,包括李××(组长)、周××、范××、张××、金××、唐××、李××、张××,在第一食堂讨论"金融学"第一小组论文写作范围。

李××作为主持人说,今天我们的小组会议内容是确定我们第一学习小组论文写作范围,大家根据你们准备的相关资料,说一下你们的想法,张××负责记录。周××说,我觉得应该写与金融市场相关的内容。范××说,我觉得我们可以写与宏观政策相关的内容。张××说,那太难了,我觉得我们应该写与我们自己相关的东西。金××说,我也觉得我们应该这样写。金××说,那我们写大学生信用问题怎么样? 唐××说,我觉得可以。

最后,会议一致同意以"大学生信用"为写作范围。

2. 阅读下面的会议记录,依据课本上的规范格式和写作要求重新写作一则会议记录。

9月30日上午,集团召开了集团财务工作例会。本次会议对近期集团财务工作进行了总结和交流。

　　财务总监王丽同志指出,财务的签字复核、记录应当形成规范的工作流程,对相应的合同应进行评价和分析,了解合同的内容,准确掌握合同的价款、回款期及每次回款的金额,对每次到账金额与合同进行核对,若出现不符,应及时予以提醒,做好尽心服务。

　　财务经理陆元同志指出,要把强化资金管理作为重要内容,贯彻落实到集团的各个子公司。由于资金的使用周转是关系到集团各子公司的大事,所以财务经理都要在工作中管好、用好、控制好资金流。她提出集团可以先还 150 万元贷款,减少资金压力。

　　财务科长王巧同志指出,目前,集团要做好账户管理工作,抓好预算工作,努力提高资金的使用效率,使资金运用产生最佳的效果。为此,首先,要使资金的来源和动用得到有效配合;其次,准确预测资金收回和支付的时间,要做到心中有数,否则,易造成收支失衡,资金拮据;最后,合理地进行资金分配,流动资金和固定资金的占用应有效配合。

　　财务科员李丽同志指出,下一阶段,集团应加强对应收账款的管理。加强应收账款的管理是重要的解困措施。加强应收账款管理,对赊销客户的信用进行调研,定期核对应收账款,制定完善的收款管理办法,严格控制账龄。

　　会议一致认为,近期财务工作要增强财会监督意识,提高理财能力,加强自我素质的培养和教育,努力改善企业的管理状况,积极完善公司财务管理。

项目五

常见的财经公务文书

 项目引领

小邵,最近集团要召开上半年财务运行分析会议,你去拟写一份会议通知吧!

近期,公司的产品经常出问题,我要写一份商洽函和供货商联系。

在日常工作中,财经人员除了掌握本专业知识外,还应具有必要的公务文书写作知识和写作能力,以帮助自己提升职场竞争力。

项目目标:

知识目标:

1. 了解通知、通报、报告、请示、函、纪要等文种的性质

2. 掌握公务文书写作的结构要素

能力目标:

1. 能形成公务文书写作的思路

2. 能独立完成公务文书的写作

任务一 撰 写 通 知

✕ 任务导入

　　✕✕市江南公司财务部出纳兼公司文员邵瑜,刚进公司不久,公司总经理要求她拟写一份公司召开年终总结表彰大会的文件。时间紧急,邵瑜必须及时草拟出格式规范、内容完整的会议通知。

◎ 任务要求

　　1. 了解通知的性质及特点
　　2. 掌握会议通知、工作通知的内容要素及写作思路
　　3. 能够根据相关要求独立撰写通知

☢ 知识准备

一、通知的性质

　　通知是一种知行文体,《党政机关公文处理工作条例》(中办发〔2012〕14 号)中明确指出,通知,适用于发布、传达要求下级机关执行和有关单位周知或者执行的事项,批转、转发公文。

二、通知的特点

1. 广泛性

通知的适用性强,运用广泛,是公文中使用频率最高的文种。它不受发文内容重要与否的限制,大至国家的事务,小到一个单位或部门具体工作的安排,都可以使用通知。同时,它不受发文单位级别高低的限制,党委、政府、企事业单位等,一切大小单位都可以使用通知。另外,它较少地受行文方向的限制,多为下行文,有时也作平行文。

2. 晓谕性

多数通知或告知事项,或传达要求办理、执行的事项,对收文对象都提出明确的执行要求,因此,通知具有"告"和"谕"的双重功能。

3. 中转性

通知可以用于批转上级机关的公文,转发上级机关和不相隶属机关的公文,即发文机关可以将其他机关的文件以通知的形式转发给其下级机关或部门,这类通知只起着中转的作用。

三、常见通知的写作

　　根据通知的性质和内容,一般可以将通知分为"会议通知""工作通知""转发性通知""发布通知"四类。在财经工作中,会议通知和工作通知的使用较为普遍。以下就重点介绍这两

类通知的写作。

1. 会议通知的写作

会议通知的主要功能是对会议的有关事项进行交代说明。根据会议时间的长短、会议规模的大小,会议通知的形式也较为多样,在实际的企业工作中,会议通知主要以"张贴"和"文件"两种发布方式为主。张贴的会议通知内容可以只有一句话或一段文字,本书重点介绍以正式文件方式发布的会议通知。会议通知写作的结构一般包括标题、主送单位、正文、落款四个部分。

(1) 标题。会议通知的标题一般由"发文单位名称""事由""文种"三要素构成,如《上海市港泰机械有限公司关于召开项目推进会的通知》《五台山村镇银行关于召开20××年度股东大会的通知》。有时也可以省略发文单位,由"事由"和"文种"组成,如《关于召开党员大会的通知》。

(2) 主送单位。会议通知的主送单位就是通知的受理单位,常常用模糊性的同类型机关的统称,如"各院系部处所""各分公司、集团各部门"等;如果主送单位的数量较少,则可以写明主送单位的全称或规范化简称。

(3) 正文。会议通知的正文一般由通知的开头、主体、结尾三部分构成。

开头,一般由"发文缘由"和"过渡句"两个部分组成。"发文缘由"包括发文的依据和目的。发文的依据一般有两种情况:一是理论依据,即上级或本单位领导的决议、决定,或者有关的法规、政策等,常以"根据×××××精神""经×××××批准"等句式出现;二是事实依据,一般是写工作中出现的新情况、新问题等。发文的依据可以是单方面的,也可是多方面的。发文目的,即写明通知想要达成的效果,一般以"为×××××"句式出现。通常情况下,先写发文依据,后写发文目的;有的通知只写发文的目的。发文缘由写完后,一般以"现将有关事项通知如下""特作如下通知"等惯用句过渡到会议通知的主体部分。

主体,即会议通知的具体事项。这是会议通知的核心部分,要将会议通知的"内容要素"写明确、具体。一般而言,会议通知应写明会议内容、参会对象、会议时间、会议地点等要素,有时还需写明会议需要准备的材料、会务组的联系方式等注意事项;大中型的会议,还需写清乘车路线、会议回执等内容。

结尾,可以自然收尾,也可以"特此通知""专此通知"等惯用语收尾。

(4) 落款。落款处应有发文单位的署名,并加盖印章;另起一行署成文日期。

2. 工作通知的写作

这类通知是指上级机关就有关事项需要下级机关知晓或办理时所使用的通知,如开展集体活动,成立、调整、撤并机构,启用新印章,人事任免和其他需要知晓执行的事项等。这类通知,使用灵活、方便、快捷、频率高。写作这类通知时,要视具体情况而定,写作结构也包括标题、主送单位、正文、落款四个部分,和会议通知写作不同的地方主要是写作的正文部分。

开头,也包括"发文缘由"和"过渡句"两个部分。

主体,即工作通知的事项。要根据具体工作情况开展写作,如"职务任免",应明确任免人员的姓名、任免的职务、试用期限等;复杂的工作要按照事件的性质,合理归类,条理清晰,提出的要求要全面、可行。

结尾,可以自然收尾,也可以"特此通知"等惯用语收尾;如果需要下级单位执行,则要写明执行的要求。

范文赏析（一）

关于召开 20××年度财务工作会议的通知

江工投〔20××〕1 号

各所属企业：

为全面掌握集团公司的财务状况和财务会计信息，加强交流，经研究，决定召开工业集团 20××年度财务工作会议。现将有关事项通知如下：

一、会议内容

1. 总结、交流集团上一年度财务工作；

2. 明确集团 20××年工作思路。

二、参加人员

工业集团财务处全体人员及所属企业财务分管领导和财务部门负责人。

三、会议时间

20××年 1 月 10 日（周二）9：00，为期一天。

四、会议地点

锡惠大酒店太湖厅（××市长江路 225 号）。

五、有关事项

1. 每个单位发言材料打印 20 份，于 1 月 4 日前送至集团行政办公室，发言时间控制在 10 分钟左右。

2. 各单位务必于 1 月 4 日前将上一年度财务报告以电子形式上报集团，电子信箱：jnjt @sohu.com。

3. 本次会务由集团行政办公室负责。联系人：周伟；联系电话：0510-82158315。

特此通知

江南工业投资集团有限公司（印章）

20××年 1 月 2 日

简评：该范文是一则会议通知，撰写的思路是"通知缘由（目的、依据）——通知事项"。

该会议通知的事项中既有会议内容、会议时间、会议地点、会议对象等必有要素，也有需要准备的材料、会务组及联系方式等或有要素，且这些要素都以小标题形式出现，一目了然。另外，会议的时间、地点都非常具体，下级单位或人员接到这样的通知就易于执行和办理。

范文赏析（二）

关于开展"我喜欢的行知箴言"师生书法比赛活动的通知

各市（县）、区教育局，各理事单位：

为进一步深入学习陶行知教育思想，不断提高陶行知教育思想在当前教育中的影响力，进一步强化教师、学生的基本功素养，根据市陶研会 20××年工作安排，经研究，决定开展"'我喜欢的行知箴言'师生书法比赛"活动。现将有关事项通知如下：

一、比赛项目

比赛分硬笔书法和软笔书法两个项目。

二、比赛组别

比赛分设教师组和学生组。

三、比赛用纸

硬笔用纸:不大于 A4 纸张大小。

软笔用纸:不大于 4 尺整张大小。

四、所设奖项

比赛分别设一、二、三等奖,本会将组织专家评委对作品进行评定,择优评出奖项并颁发证书。

五、注意事项

各单位选送至少十幅作品,并于 20××年 5 月 23 日前邮寄至××市陶行知研究会,联系人:陈主任,联系电话:81111111。

希各单位认真组织,踊跃投稿!

××市陶行知研究会(印章)

20××年 5 月 9 日

简评:该范文是一则开展师生书法比赛的工作通知,撰写的思路也是"通知缘由(目的、依据)——通知事项"。

该通知的开头写明了开展书法比赛的目的、意义及理论依据,主体部分将书法比赛的项目、组别、用纸、奖项的设置、送评的时间和方式等事项一一交代,条理清晰,便于收文单位组织实施。

会议通知写作的参考模板

××关于召开××××××的通知

××〔××××〕×号

各××:

召开会议的依据、目的……现将有关事项通知如下:

一、会议内容

二、参加人员

三、会议时间

四、会议地点

五、有关事项

特此通知

×××××(印章)

××××年×月×日

🄸 **任务实施**

练一练

1. 下列通知的发文缘由包括哪些内容？试分析之。

(1) 今年 10 月 18 日,我省将组织第四次义务教育阶段学生学业质量测试与分析,为做好测试分析的各项组织工作,定于 10 月 9 日召开 20×× 年全省义务教育阶段学生学业质量监测动员会。现将有关事项通知如下。

（2）根据陕西省财政厅和省国资委《关于做好 20×× 年度财务会计决算报表编制工作的通知》精神,为了做好全省盐行业财务会计决算报表编制工作,全面掌握全省盐业系统的财务状况和财务会计信息,决定召开 20×× 年度全省盐行业财务会计决算会议。现将有关事项通知如下。

（3）根据市总工会工作要求,结合我公司工会工作的需要,已对集体合同、工资集体协议、女职工专项保护合同在第二次职代会上进行了审议,代表们对集体合同提了建议和意见,由工会对这些建议和意见进行了归纳并上传给各个事业部总经理,对代表提的建议和意见进行了回复,工会将组织职工代表对回复意见进行审议,审议通过后实施。由于时间紧迫,现将召开职代会会议时间定在 20×× 年 11 月 25 日下午,具体有关事项通知如下。

（4）为贯彻落实 20×× 年全国安全生产电视电话会议精神,部署集团 20×× 年安全生产工作,集团决定召开安全生产视频会议。现将有关事项通知如下。

2. 根据上述四则材料,拟写出会议通知的标题。

3. ×× 有限公司拟开展向 ××× 同志学习的活动,请代拟该通知的标题。

改一改

4. 找出并修改会议通知中的 5 处错误。

江南机械制造有限公司《会议通知》

各部门:

今年是"三八"国际劳动妇女节 ××× 周年。为更好地动员和引领广大女职工继承和发扬妇女运动的光荣传统,展示新时期女职工开拓创新、奋发有为、建功立业的精神风貌。经研究,决定召开公司女职工座谈会,现就具体事项通知如下:

一、参加人员

公司全体女职工。

二、会议时间

20×× 年 3 月 7 日下午。

三、会议地点

会议在恒鑫大厦。

20×× 年 3 月

写一写

5. 江南集团股份有限公司董事会研究,拟于 20×× 年 10 月在集团公司旗下的江南宾馆召开安全生产工作会议,会议主要传达 ×× 省安全生产管理局 20×× 年 9 月份电视电话精神、交流各单位安全生产工作情况、布置 20×× 年下半年工作,要求各分公司经理、集团各部门负责人参加。

根据上述材料,请代江南集团股份有限公司拟写一则会议通知。要求格式正确、内容完备。

6. 为庆祝江南集团股份有限公司成立 30 周年,集团要求各分公司、各部门组织 2~3 个文艺节目,于 9 月 30 日晚举办庆祝大会,请根据材料写一份公文。

任务二 撰 写 通 报

任务导入

"十一"黄金周期间,江南集团股份有限公司锡山分公司职工张洋外出旅游,在南京禄口机场候机大厅,他捡到一个皮包,内有银行卡、身份证、大量现金,后在机场公安人员的帮助下,将皮包归还给失主。一星期后,失主来到江南集团股份有限公司对张洋表示感谢,并送来一面锦旗。为此,集团领导让文员邵瑜拟写一份表彰通报,宣传张洋的先进事迹。

任务要求

1. 了解通报的性质及分类
2. 掌握通报写作的内容要素及写作思路
3. 能够根据相关要求独立撰写通报

知识准备

一、通报的性质

通报是认知文体,《党政机关公文处理工作条例》(中办发〔2012〕14号)规定,通报适用于表彰先进、批评错误、传达重要精神和告知重要情况。

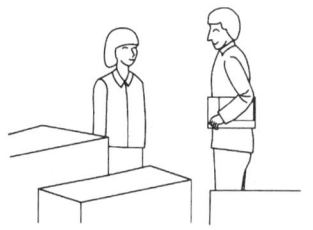

二、通报的分类

由通报的性质可见,通报可分为以下三种类型:

(1)表彰性通报,主要用于在一定范围内表扬先进集体和个人,表彰先进事迹,评价典型经验,宣传先进思想,树立学习榜样。

(2)批评性通报,用于在一定范围内批评违规违纪事件,揭露坏人坏事,分析总结事故教训等。

(3)告知性通报,又叫"情况通报",用于在一定范围内传达上级重要指示精神、会议精神、交流工作情况和经验教训,指出工作重点或需关注的问题。

三、通报的结构与写作

通报的结构由标题、主送单位、正文、落款四个部分组成。

1. 标题

通报的标题一般采用完整式标题,即发文机关、事由、文种三要素俱全。其中"事由"一般概括点明通报的对象和事件,如《浙江省人民政府关于表彰张美丽同志勇斗歹徒英勇献身的通报》;有时也可以采用准齐式标题,即标题中只有事由、文种两个要素,如《关于韩春同学违规用电引发火灾的通报》。有的机关或单位定期或不定期编发的有连续编号的"通报"或"情况通报",实际上是"简报"的一种类型,不是法定的公文,可以采用新闻标题,也可以不写标题。

2. 主送单位

通报大多有主送单位,一般为发文单位的下级单位,常以同类型机关统称的形式出现。

3. 正文

通报的正文一般包括主要事实、合理分析、处理意见、要求号召四个部分。

(1) 主要事实。这部分也可以称为"通报的缘由"。一般简明扼要地讲清通报的事件,把事件发生的时间、地点、通报对象、主要情节、事件结局等交代清楚。

写作时,选材要真实典型,交代要详略得当;写作笔法上,要平实清晰,不要使用文学笔法,特别不要采用夸张、联想等艺术表现手法。

(2) 合理分析。这部分是写作的难点,要求写作者透过通报的事实抓住事件的本质。写作可以从三个方面着手:一是明确通报事实的性质;二是分析通报事实产生的原因;三是分析通报事实的重要意义或产生的严重后果。

(3) 处理意见。这部分是针对通报的主要事实,给予通报对象表彰或批评的具体措施。处理意见简单的,可以和"合理分析"部分篇段合一;内容较为复杂的,可独立成段,按内在的逻辑联系,分条列项写作。

(4) 要求号召。这部分是通报写作的重点,也是通报写作目的的根本所在。一般写明发文机关单位的要求和希望,希望受文单位要学习的经验(精神)或吸取的教训。

资料卡

通报写作的结构要素和内容要素

结构要素:标题、主送单位、正文、落款。

内容要素:主要事实、合理分析、处理意见、要求号召。

4. 落款

落款应有发文机关的署名,并加盖印章;另起一行署成文日期。

范文赏析(一)

共青团上海铁路局委员会
关于表彰周阳等同志英勇救险事迹的通报

沪铁团〔20××〕20 号

共青团各分局委员会:

共青团员周阳是我局××分局××火车站客运三班的服务员。今年4月15日上午9时30分,他和班里的同志们正在站台上迎接即将进站的T356次旅客列车。突然,在相距行进中的T356次列车仅50余米的地方,一辆装有维修工具的三轮车经过道口时,因车轮卡入轨隙,连人带车翻倒在接车轨道的道心。眼看一场事故就要发生,周阳同志迅疾冲上前去,扶起运送维修工具的骑车者,并拼尽全力将散落在轨道上的维修工具移到道旁。此时,客运三班的共青团员王兵,服务公司青年职工赵鹏也火速赶来援救,合力将三轮车推出道外。

T356 次列车从他们身边呼啸而过,一场事故得以避免。

周阳等三位同志不顾个人安危,英勇抢救同志生命,保护了列车的安全,充分展现了现代青年的精神面貌,为广大共青团员树立了好榜样。

为表彰周阳等同志的英勇事迹,共青团上海铁路局委员会决定,授予周阳"模范共青团员"的光荣称号,同时给予共青团员王兵、青年职工赵鹏通报表扬,并给予奖金每人2 000 元。

希望全局共青团员、广大青年学习周阳等三位同志将个人安危置之度外,奋力抢救同志生命和国家财产的无畏精神,积极做好本职工作,努力为社会主义现代化建设事业作出更大贡献。

共青团上海铁路局委员会(印)

20××年 4 月 20 日

简评:该范文是一篇表彰性通报。

标题采用完整式标题,事由中写明了通报的对象和通报的主要事实。

其正文的写作思路是"事实——分析——意见——要求"。首先介绍了被表彰对象的主要事实;其次对事实作了入情入理的分析,重点指出其所体现出的可贵精神;再次在事实基础之上作出了表彰意见;最后对收文者提出要求和希望。整篇文章结构完整、思路清晰,事实要而不繁、分析合情合理、意见明确具体、要求清晰明了,很好地体现了通报的基本写法。

范文赏析(二)

关于姚强同学违规用电引发火灾的通报

×大〔20××〕8 号

各院、系、部、处、所:

20××年 3 月 4 日,我校计算机系××专业 20××级学生姚强擅自在寝室用"热得快"烧开水,停电后忘记拔电源插头,15 时,宿舍突然来电,引发火灾,造成该寝室直接经济损失总计 4 万元。

姚强同学在寝室内使用大功率电器的行为,已违反《××大学宿舍管理办法》,给自己和他人造成了巨大的财产损失。为严肃纪律,教育其本人,学校研究决定,给予姚强记过处分,并通报全校。

希望全校师生以姚强为鉴,吸取教训,遵照学校各项规章制度开展工作、学习,为构建"和谐校园"作出自己的贡献。

××大学(印)

20××年 3 月 6 日

简评:范文是一篇批评性通报。

标题采用的是准齐式标题,事由也写明了通报的对象和通报的事实。

其正文的写作思路也是"事实——分析——意见——要求"。首先介绍了被批评对象的主要事实;其次对事实作了入情入理的分析,重点指出这件事的性质及危害;再次在事实基础之上作出了批评意见;最后对收文者提出要求和希望。

通报写作的参考模板

××关于××××××的通报

××〔××××〕×号

各××：

主要事实（被通报的对象，事件的发生、发展、结局）

合理分析（表彰通报：值得学习的精神；批评通报：事实性质、危害）

处理意见

要求号召

×××××××（印章）

××××年×月×日

任务实施

练一练

1. 根据下面几则材料，拟写出通报的标题。

（1）××市××区××街道部分领导干部利用公款游山玩水，××市人民政府拟发文批评，以达到教育全体干部的目的。

（2）20××年1月8日，××市钢铁股份有限公司第一车间由于误送电，造成正在检修的泵突然启动，险些造成一名现场检修人员死亡。××市钢铁有限公司拟将该情况通报各车间、队、科室。

（3）××建筑工程职业技术学院学生宿舍失火，胡群、董丽、李浩、杨梓四位同学英勇救火，行为可嘉，学校拟发文表彰。

改一改

2. 找出并修改通报中的几处错误。

表 彰 通 报

各部门：

3月10日中午，晴空万里，"罗西尼"表柜台的青年女营业员张珊同志在柜台当班，当她发现一块新表被一位高大魁梧的男青年顾客换走时，当即大喊一声："你停一下！"该青年心想："这下不好"，拔腿就跑。张珊同志不顾自己身单力薄，奋力追赶，将青年揪住，后在闻讯赶来的警察的帮助下将该青年抓获，追回了新表。

张珊同志勇于保护公司财物，敢于与盗窃分子作斗争的精神，充分体现了一个当代青年的优秀品德。为了表彰张珊同志，公司决定给予张珊同志通报表扬，并颁发奖金3 000元。

希望广大干部、职工以张珊同志为榜样，忠于职守，爱岗敬业，进一步做好本职工作，为公司实现跨越式发展作出应有的贡献。

江南商业大厦股份有限公司

20××年3月

写一写

3. ××市龙腾股份有限公司司机王小军在国庆假日期间,违反单位用车规定,擅自驾驶公车与家人出游。在沪宁高速公路因超速行驶,发生与前车追尾的责任事故,致使前车两人重伤。为了教育全体驾驶员,公司决定将该事故通报各部门,开除该驾驶员,并要求其赔偿公司损失 2 万元。

请代××市龙腾股份有限公司拟写一则通报,要求格式正确、内容完备。

4. 8 月 22 日下午,李彬与妻子由市区乘 788 路公交车回郊区的家中。当车行至雨花台公园时,李彬突然晕倒,他的妻子看到丈夫头冒虚汗,身体僵直,大喊救命。同车乘客、江南集团有限公司中山分公司职员王刚立即奔到病人面前,掐病人的人中,见没有效果,马上让司机停车。王刚叫了一辆出租车,并陪同李彬妻子把病人送到××市第四人民医院,为病人挂号,取化验单,忙前忙后,一直将病人安顿好后才悄悄返回家。

根据上述材料,为江南集团有限公司拟写一份表彰通报。提示:江南集团有限公司下属单位为各分公司、集团各部门。

任务三　撰　写　函

任务导入

大专毕业后,邵瑜凭着自己的实力,顺利被江南集团有限公司录用为财务部出纳兼公司文员。上班不久,公司负责人和她作了一次交流,明确告诉她,公司业务发展很快,有许多事情需要和政府部门、协作厂商沟通,这就需要邵瑜熟练地掌握平行公文的知识和写作。

任务要求

1. 了解函的性质及分类
2. 掌握函写作的内容要素及写作思路
3. 能够根据相关要求独立撰写函

知识准备

一、函的性质

《党政机关公文处理工作条例》(中办发〔2012〕14 号)规定,函适用于不相隶属机关之间商洽工作、询问和答复问题、请求批准和答复审批事项。

函作为平行文,使用频率较高,主要是平级机关单位或不相隶属机关单位之间使用。但有时上级机关单位对下级机关单位询问一般性的问题也可以用函;下级机关单位答复上级机关单位的询问,而不是汇报工作时,也可以用函。

二、函的分类

根据适用范围,函可分为商洽函、询问函、请批函、答复函。

根据行文方向,函可分为发函和复函。发函,也称为"去函",是发文机关单位主动发出的函,商洽函、询问函、请批函皆为主动性函。复函,也称为"答复函",用于回复对方来函所商洽、询问、请批的事项,是发文机关单位被动发出的函。

资料卡

不相隶属关系

"不相隶属关系"是指不属于同一组织系统的某一机关单位和另一机关单位之间的关系,可以从"所属地域"和"职能性质"等几个方面来加以区分。常见的情况有:

(1) 职级上是上下级关系,但所属地域不同,如"安徽省卫生厅和无锡市卫生局"。

(2) 职级上是平级关系,但所属地域不同,如"江苏省卫生厅和安徽省卫生厅"。

(3) 职级上是上下级关系,但职能性质不同,如"江苏省卫生厅和无锡市教育局"。

(4) 企业单位之间。

(5) 机关、事业单位和企业单位之间。

三、函的写作

函的结构一般包括标题、主送单位、正文、落款四个部分。

1. 标题

函的标题一般由发文机关、事由、文种构成,如《中国科学院关于建立全面协作关系的函》;也可以由事由和文种构成,如《关于再次追索欠款的函》。如果是复函,则文种"函"前要写"复"字,如《无锡大学关于同意建立全面协作关系的复函》。

2. 主送单位

函的主送单位要明确,一般写明接受函单位的全称或规范化简称。

3. 正文

"发函"和"复函"的正文部分写作有所不同。

(1) 发函正文的写作。发函正文一般包括发函缘起、函的事项、结语三个部分。发函缘起,主要写明商洽、询问、请求批准的依据、目的等。函的事项部分,写明商洽、询问、请求批准的具体事项,并提出希望或要求等。结语部分,一般独立成段,以"盼复""请研究复函""特此函告"等惯用语结尾。

(2) 复函正文的写作。复函的正文一般包括复函的缘起、复函的事项、结语三个部分。复函的缘起,又称之为复函的"引语",一般是引述对方来文,按照先引标题,后引文号的顺序,其一般形式为"贵单位《关于×××××××××的函》(××函〔××××〕×号)收悉"。复函的事项,主要针对来文给予明确的答复,表明态度、阐明观点;如不能满足对方要求时,应加以解释,并表明立场。结语部分,一般单独成段,以"此复""特此函复"等惯用语结尾。

4. 落款

落款处应有发文机关的署名,并加盖印章;另起一行署成文日期。

范文赏析（一）

关于催收货款的函

×兴机函〔20××〕10 号

××市荣发商贸有限公司：

　　贵公司于 20××年 3 月 1 日向我公司订购了 H-200 型印刷机 10 台,货款金额共计人民币 100 万元,发票编号为 0000005。买卖合同约定 5 月 10 日前一次性付清所有货款,至今我公司仍未收到货款,请尽快将货款结算完毕,我公司开户行为中国工商银行××分行中山路支行,账号:320000000012。逾期将按照双方合同中的第 23 条规定,每日按合同价的 0.5‰缴纳补偿金。

　　如有特殊情况,可与我公司财务科联系,联系人:李阳,联系电话:0510-82158315。

　　特此函告

××市兴业机械有限公司(盖章)

20××年 5 月 8 日

　　简评:这是一则催款函。

　　标题采用的准齐式标题,即"事由＋文种"的形式;发文字号"×兴机函〔20××〕10 号"是由单位代字——×兴机、年份——20××、序号——10 号和文种——函构成。这不同于一般公文的发文字号,一般公文发文字号中不嵌入文种,而函的发文字号中则要嵌入文种"函"。

　　正文遵循"依据——事项"的写作思路,先写明催款的原因,再写明发函的事项——催款,并提出己方的要求;文章直截了当,很好地体现了一函一事的原则,同时文章的用语也十分讲究分寸,"贵公司""如有特殊情况"等词,体现了对对方的尊重和礼貌,有利于问题的解决。

范文赏析（二）

××市旅游局关于赴××考察的函

×旅函〔20××〕13 号

××市旅游局：

　　为了学习古镇保护、旅游开发等先进经验,我局拟由杨逸舟副局长带队,一行 5 人于 20××年 4 月 26 日(周五)下午 2 时抵达贵市××学习考察,具体参加人员如下:

杨逸舟,××市旅游局副局长

陈××,××市旅游局调研员

李××,××市旅游局办公室主任

韩××,××市旅游局规划发展处处长

许××,××市旅游局市场监管处处长

联系人:李××,联系电话 13706170000。

　　恳请贵局予以支持。

××市旅游局(印章)

20××年 4 月 6 日

简评：范文是一篇商洽函。

标题采用的是完整式标题，事由中写明了商洽的事项。

正文遵循"目的——事项"的写作思路，先写明商洽事项的目的，以表目的的词——"为了"领起；再写发函的事项——"拟赴××镇学习考察，恳请对方予以支持"。"拟""贵市""恳请"等词，语气平和、态度诚恳，利于工作的顺利开展。

范文赏析（三）

关于同意从事代理记账业务的复函

沪财会函〔20××〕21 号

上海市胜利财务咨询服务有限责任公司：

你公司《关于申请从事代理记账的函》（沪胜函〔20××〕1 号）收悉。经审核，你公司符合《上海市代理记账管理实施办法》第二章第七条所列条件，设立代理记账机构申请材料真实有效。根据《中华人民共和国会计法》《中华人民共和国行政许可法》和《上海市代理记账管理实施办法》的规定，经研究，现就有关事项复函如下：

一、同意你公司从事代理记账业务。

二、接本复函后，公司应依法办理工商登记、税务登记、组织机构代码证，并及时将复印件报送我局会计科备案。

三、代理记账许可证正式证书待手续完备后下发。

特此函复

上海市财政局（印章）

20××年 3 月 6 日

简评：范文是一篇复函。上海市财政局和上海市胜利财务咨询服务有限责任公司是不相隶属单位，所以这里用"复函"是合适的。

标题采用的是准齐式标题，事由中"同意"一词是表明复函态度的词语，让收文者能够准确、迅速把握复函的主要内容。

正文遵循"依据——事项"的写作思路，先引述对方来文（先引标题，后引文号），并具体介绍复函的主要依据，即复函的相关法律、法规。再以"经研究，现就有关事项复函如下"过渡到复函的具体事项。由于复函的内容较多，文章采用了分条列项的形式——回复，让收文单位明白了复函的态度，也明确了下一步的工作方向，思路清晰，结构明了。

"发函"写作的参考模板

××关于××××××的函

×函〔××××〕×号

×××××：

发函的缘起……发函的事项……。

盼复

×××××（印章）

××××年×月×日

"复函"写作的参考模板

××××××关于××××××的复函

×函〔××××〕×号

×××××：

　　贵单位《关于××××××××的函》(××函〔××××〕×号)收悉。经研究……

　　特此函复

××××××(印章)

××××年×月×日

任务实施

练一练

1. 根据下面几则材料，拟写出函的标题。

(1) ××市荣发商贸有限公司向××市兴业机械有限公司订购了 H-200 型印刷机 10 台，货款金额共计人民币 100 万元，买卖合同约定 5 月 10 日前一次性付清所有货款。5 月 8 日，××市兴业机械有限公司向对方写了一份公文(见范文赏析一)，对方没有作任何回复。为此，5 月 12 日，兴业机械有限公司再次向对方行文，要求付款。

(2) 5 月 12 日，××市荣发商贸有限公司收到××市兴业机械有限公司再次催款的公文，拟制了一份回复性公文。

(3) ××市大洋百货有限公司给××市仁爱服装有限公司行文，认为该公司 3 月 1 日所发送的"仁爱"牌男士西服存在面料与样品不符、制作粗糙等问题，要求该厂派人处理。

改一改

2. 找出并修改函中的几处错误。

中国证券监督管理委员会关于从事外资股业务资格的函

证监函〔20××〕26 号

瑞银证券亚洲有限公司：

　　你公司(瑞证亚函〔20××〕2 号)《关于申请从事外资股业务资格的请示》收悉。经审核，现函复如下：

　　1. 同意你公司从事外资股经纪业务的业务资格。

　　2. 如你公司《经营外资股业务资格证书》记载的事项发生变化，应及时向我会申请办理变更手续。

　　3. 你公司应严格按照我会《境内及境外证券经营机构从事外资股业务资格管理暂行规定》的要求，从事外资股业务。

　　特此通知

20××年 4 月 26 日

3. ××大惠超市有限公司获悉××市东方百货有限公司地下商场尚处闲置状态,打算租借开设大惠超市东方百货店。请代××大惠超市有限公司拟写一份公函。

4. 根据第 3 题的材料,代××市东方百货有限公司拟写一份复函。

5. 2 月 1 日,上海市圣发有限公司向上海市永安包装材料有限公司购得一批规格为 20 厘米×20 厘米的塑料包装袋,到货后,经检验,该批包装袋存在尺寸不符、厚度不够等问题,要求该厂派人处理。请代上海市圣发有限公司拟写一份函。

任务四　撰 写 请 示

任务导入

江南集团股份有限公司是一家大型国有企业,隶属于××市国有资产监督管理委员会,为了提高公司管理水平,最近公司打算面向全国招聘公司副总经理两名。为此,公司总经理办公室杨主任,让财务部出纳兼公司文员邵瑜草拟一份给××市国有资产监督管理委员会的请示。由于事关重大,邵瑜急忙翻阅了相关资料,了解请示的写作方法及写作要求。

任务要求

1. 了解请示的性质及分类
2. 掌握请示写作的内容要素及写作思路
3. 能够根据相关要求独立撰写请示

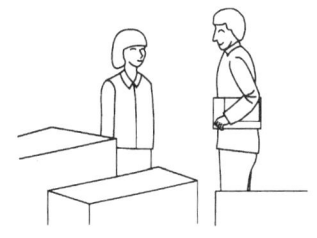

知识准备

一、请示的性质

《党政机关公文处理工作条例》(中办发〔2012〕14 号)规定,请示适用于向上级机关请求指示、批准。由此可见,请示是指下级机关单位向上级机关单位请求指示、批准的上行公文。

下级机关单位在处理超出本机关单位职权范围或者自己的职权范围内无法解决的问题、困难,需要上级机关单位给予答复、解决、批准时,可用请示。

但不是事事皆要请示,凡属于本机关单位职权范围内可以解决的问题,或上级机关单位的政策中明确的问题,则不需要请示。

二、请示的分类

在工作实践中,请示常见的类型有以下三种:

(1) 求示性请示,也称为"原则性请示"。这类请示主要是针对下级机关单位对政策、规定中难以理解或在实际工作中难以把握之处,需要上级机关单位予以指示、答复才能执行。

(2)求批性请示,也称为"事项性请示"。这类请示主要是下级机关单位请求上级机关单位批准、协调和帮助解决工作中涉及的人事、经费、物资、机构等问题。

(3)求转性请示。这类请示主要是下级机关单位对工作中涉及的、具有普遍性或全局性的问题提出解决方案或办法,需要上级机关单位批准,并转发给有关部门、有关单位执行。

三、请示的写作

请示的结构由标题、主送单位、正文、落款、附注五个部分组成。

1. 标题

请示的标题一般采用完整式标题,即发文机关、事由、文种三要素俱全。如《江苏省财政厅关于"总会计师"是职务还是职称的请示》;有时也可以采用准齐式标题,即标题中只有事由、文种两个要素。

请示的标题中不得出现"申请""请求"等词语,以免与文种"请示"在语意上重复。另外,在日常公文中,常出现"关于……的请示报告"之类的标题,其中"请示报告"是作者生造的文种,是"请示"文种的错误使用,应力避之。

2. 主送单位

请示的主送单位即负责受理请示的单位,是请示单位的行政或业务隶属关系的上级单位。请示的主送单位一般只有一个,应写明其全称或规范化简称,如"××省人民政府""××总公司"。

3. 正文

请示的正文一般由请示缘起、请示事项、请示结尾三部分组成。

(1)请示缘起。请示缘起是请示的开头部分,它主要写清楚请示的原因、依据、目的等,这部分中应突出请示的事实原因,为上级单位批复请示事项提供有力的事实和数据支撑。

(2)请示事项。请示事项是请示的核心,是请示的目的所在,要写明请求上级单位指示的问题或批准的具体事项。

请示事项要力求单一具体,应做到一文一事,以便于上级批复,切不可把两三件事情扯在一则请示中。另外,请示的语气要恳切得体,一般写成"拟……""建议……",不能出现"决定""必须"等字样。

(3)请示结尾。请示的结尾一般写明请求上级答复的结束语,常以"妥否,请批复""当否,请批示""特(专)此请示,请批复"等惯用语结束。

4. 落款

落款处应有发文单位的署名,并加盖印章;另起一行署成文日期。

5. 附注

一般情况下,请示必须在"附注"处注明联系人的姓名和电话,以便上级单位及时对请示中的问题或事项作进一步的了解。标注的位置及方法:居左空两字加圆括号编排在成文日期下一行,如"(联系人:张三,联系电话:0111-23456789)"。

范文赏析

关于成立宛城县旅游发展公司的请示

宛旅字〔20××〕20 号

县政府：

宛城县历史文化灿烂、自然资源丰富,发展旅游产业极具前景。目前,我县旅游业发展呈现景区多而不精、资源富而不集、管理杂而不顺的状况。像小平小道、汪山水库、西山万寿宫、南矶湿地等都亟待开发提升。为进一步整合资源,发挥效益,促进我县旅游产业大发展、大提升,真正实现旅游大县、旅游强县的目标,恳请县政府尽快成立宛城县旅游发展公司。

妥否,请批示。

宛城县旅游局(印章)
20××年6月3日

(联系人:陈雨燕,联系电话:0511-87778777)

简评:该范文是一篇求批性请示。

标题采用准齐式标题,事由中写明请求批准的事项。

正文的写作思路是"依据——目的——事项"。文中首先介绍本县目前旅游资源多而不精、富而不集、管理杂而不顺的现状,凸显出成立旅游公司的必要性;其次交代了请示的目的、价值,凸显出成立旅游公司的重要性;再次在原因和目的基础之上提出请批的事项;最后,以惯用语"妥否,请批示"结束全文。

整篇文章严格遵循了上行文"一文一事""一头主送"的原则,采用纵式结构,以因果的逻辑顺序开展写作,思路清晰,事项明确。请示事项中"恳请"一词,态度恭谦,严肃认真,非常得体。在"附注"处写明了联系人的姓名和电话,也符合《党政机关公文格式》的有关规定。

请示写作的参考模板

××关于××××××的请示

×××：

请示缘起(或依据、或目的)……请示事项……

妥否,请批示。

×××××(印章)
××××年×月×日

(联系人:×××,联系电话:×××××××××××)

任务实施

练一练

1. 以下关于请示的表述不正确的是(　　　)。

A. 请示一般只有一个主送机关单位

B. 请示应该一文一事

C. 请示的结语一般用"妥否,请批准"

D. 请示一般需要在附注处添加联系人姓名和电话

2. 修改下列请示的标题:

(1) ××市江南有限公司关于申请研发新产品所需资金的请示。

(2) ××省神舟股份有限公司关于要求购买电脑的请示。

(3) ××银城房地产有限公司策划部关于申请更换广告公司的请示报告。

(4) ××市工业学校关于申请购买"用友"财务软件的报告。

改一改

3. 找出并修改请示中的 7 处错误。

中山县教育局关于校办企业管理科更名的请示报告

县委、县政府:

经局务会议讨论,决定将我局校办企业管理科更名为中山县校办工业总公司。同时,原校办企业管理科科长张力任校办工业总公司总经理,办公室设在人民中路 22 号吉祥大厦 301 室。

以上请求如无不当,请即批准。

中山县教育局

二○××年七月二十日

写一写

4. 江南集团股份有限公司隶属于××市国有资产监督管理委员会,为适应新能源汽车发展的需要,拟开发电动汽车。该产品科技含量高,市场前景广阔。但开发电动汽车需要投入 5 000 万元。该公司经过努力,自筹资金 3 000 万元,尚有 2 000 万元的资金缺口。

请代江南集团股份有限公司拟写一份文稿,希望××市国有资产监督管理委员会给予支持、解决。要求格式正确、内容完备。

5. 根据下列材料,请代中山县第一食品有限公司向中山县食品集团公司写一份请示。

(1) 随着生猪、家畜饲养生产的发展,中山县第一食品公司原有的 5 辆 2 吨载重货车已满足不了运输工作的需要。

(2) 购买 3 辆"跃进"牌汽车需资金 20 万元。

(3) 该公司现有固定资产折旧资金 10 万元可用于购车。

任务五 撰 写 报 告

任务导入

江南集团股份有限公司是一家大型国有企业,隶属于××市国有资产监督管理委员会,年末将至,公司总经理办公室杨主任让财务部出纳兼公司文员邵瑜草拟一份给××市国有资产监督管理委员会的工作报告,由于是全面工作报告,需要掌握的材料很多,加之是她第一次写作此类文书,邵瑜感觉压力很大。

 **任务要求**

1. 了解报告的性质、分类及特点
2. 掌握报告写作的内容要素及写作思路
3. 能够根据相关要求独立撰写报告

知识准备

一、报告的性质

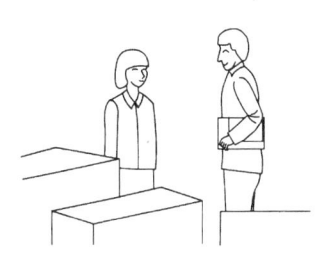

《党政机关公文处理工作条例》(中办发〔2012〕14号)规定,报告适用于向上级机关汇报工作、反映情况,回复上级机关的询问。由此可见,报告是下级机关单位向上级机关单位汇报工作、反映情况,回复上级机关询问的上行公文。

与1996年颁布的《中国共产党机关公文处理条例》第二章第七条"报告,用于向上级机关汇报工作、反映情况、提出建议,答复上级机关的询问"相比,报告的适用范围有所减小,取消了"提出建议"的功能。

另外,长期以来,报告和请示被列为同一类文种,直到1993年,报告与请示才分别独立,各自成为独立的文种。但实际运用中,仍有许多人将报告和请示混用,因此,运用这两种文种时,我们必须认真区分,体会两者的不同。

资料卡

报告与请示的区别

1. 行文目的不同。

报告是陈述性公文,重在向上级汇报工作、反映情况,为上级决策服务;请示是请求性公文,重在请求上级指示或批准,以解决本机关单位的工作困难。

2. 行文时间不同。

报告的时间比较灵活,事前、事中、事后均可行文;请示只能事前行文。

3. 写作要求不同。

报告写作可以遵循"一文一事"原则,也可以"一文多事";请示写作则必须严格遵循"一文一事"原则。

二、报告的分类

根据划分标准的不同,报告的分类也有所不同。

(1) 按照报告内容的性质划分,可分为工作报告、情况报告、答复报告、会议报告、报送

(文件、物件)报告等。

（2）按照报告内容的范围划分,可分为综合性报告、专题性报告等。

（3）按照报告内容的时间划分,可分为年度报告、季度报告、月度报告等。

三、报告的特点

1. 汇报性

"汇报性"是报告的最主要的特点。任何一份报告都是下级机关单位向上级机关单位汇报工作或汇报情况,以便于上级机关单位能够全面、及时了解下级的工作情况,为上级作出正确的决策服务。

2. 陈述性

报告的目的是让上级能够全面、及时了解本机关或本单位的工作情况,因此,报告必须采用叙述的表达方式,将工作或情况一一表述清楚。

四、报告的写作

报告的结构由标题、主送单位、正文、落款四个部分组成。

1. 标题

报告的标题一般采用完整式标题,即发文机关、事由、文种三要素俱全,如《××市人力资源和社会保障局关于调整××市最低工资标准的报告》;有时也可以采用准齐式标题,即标题中只有事由、文种两个要素,如《关于审计整改工作情况的报告》。

2. 主送单位

报告一般是报告单位的行政或业务隶属关系的上级单位,报告的主送单位一般只有一个,写明主送单位的全称或规范化简称。如有必要,可以抄送其他上级机关。

3. 正文

报告的正文一般由报告缘起、报告事项、报告结尾三部分组成。

（1）报告缘起。报告缘起是报告的开头部分,一般简明扼要地交代报告的依据、目的等。写完缘起后,以"现汇报如下""现将有关情况报告如下"等惯用语过渡到下文。

报告的类型不同,其缘起写作的侧重点也有所不同。工作报告、情况报告侧重于交代报告的事实原因,就是简要地交代时间、工作内容或发生的情况等。答复报告则侧重于交代报告的依据,因为上级机关询问问题常用函,所以答复报告的缘起一般要引述上级来函的文号和询问的问题,一般形式为"接××函〔××××〕×号文,询问××××问题。现答复如下"。

（2）报告事项。报告事项是报告正文的核心。报告的类型不同,其报告事项写作的内容要素也有所不同。

工作报告的内容一般以"主要成绩、经验体会、存在问题、努力方向"为主;情况报告的内容一般以"情况、问题(原因)、打算"为主;报送报告的内容只要写清报送文件、物件的名称、数量等基本要素即可;答复报告要针对上级机关单位询问的问题,如实报告有关内容,不能答非所问。

报告事项的写作要陈述清楚,突出重点;篇幅较长的综合性报告一般要分条列项写作,且每个方面的工作尽可能拟制小标题,以提高报告的实际效用和美学效果。另外,报告事项中一定不能夹带请示事项。

（3）报告结尾。报告结尾常以"特此报告""以上报告，请审阅""专此报告"等惯用语结束，报送报告常以"请查收"作为结束语。

4. 落款

落款处应有发文机关的署名，并加盖印章；另起一行署成文日期。

范文赏析（一）

关于清理整顿土地市场秩序工作的报告

陵土字〔20××〕20 号

区政府：

20××年是新一届区委、区政府的开局之年。为了推进我区的城市化进程，我们以清理整顿土地市场秩序为突破口，土地市场的清理整顿工作做到了工作早谋划、目标早明确、措施早到位，务求旗开得胜，取得了一定的效果，现将清理整顿情况报告如下：

一、及早摸排基本情况（略）

二、强力催收土地出让金（略）

三、加大土地市场清查力度

一是加强土地一级市场的宏观调控……二是抓二级土地市场的清理整顿。我们在清理整顿土地二级市场时，采取人力、物力、精力"三集中"的办法，以一抓到底的热情，敢于碰硬的作风，抢时间、抓进度，对城区所有的出租土地、经营性用地等情况进行了调查摸底，查出用于经营性土地40 亩，涉及单位38 个，已收土地收益金2 万余元。对湘陵区民政局将划拨土地用于经营性用地，湘陵区公安局、教育局将划拨土地用于联建房屋开发的情况进行了处理和规范。

当前，我们在清理整顿土地市场秩序的工作中也遇到了许多困难和阻力，如以前的大多数国有企业用地是划拨用地，现在由于企业倒闭、改制等，如果我们将土地进行出租、转让或改变经营用途将涉及这些企业工人的生存问题等。但全区清理整顿土地市场秩序工作的总体形势是很好的，我们的同志冲破重重阻力、摆脱层层干挠、不分昼夜的工作激情很高，在新的问题和困难面前，我们将进一步完善措施，我相信，在区委、区政府的坚强领导下，区级相关部门的帮助下，我区清理整顿土地市场秩序的工作必将取得更大的成绩。

特此报告。

湘陵区国土资源局（印）

20××年5 月1 日

简评：这是一篇典型的工作报告，原文两千多字，范文为节选稿。

全文严格遵循"情况概述——工作经验、成绩——存在问题、努力方向"的写作思路。概述式的开头，概括介绍了清理整顿土地市场秩序的基本做法和效果。文种承启句（过渡句）之后，报告事项部分共四个方面，前三个方面全面报告了清理整顿土地市场秩序的工作情况，具体介绍清理整顿工作的具体做法及取得的成效；最后一方面谈及清理整顿土地市场秩序工作存在的问题和今后工作努力的方向。结尾以惯用语"特此报告"结束。报告内容全面，重点突出，行文流畅。

工作报告写作的参考模板

××关于××××××的报告

×××〔××××〕××号

×××：

　　工作情况概述……现现汇报如下：

　　一、经验一

　　取得的成效……

　　二、经验二

　　取得的成效……

　　存在的问题、努力的方向……

　　特此报告。

××××××××（印章）

××××年×月×日

范文赏析（二）

江南集团有限公司关于江南百货大楼重大火灾事故的情况报告

江集〔20××〕6号

市国有资产监督管理委员会：

　　20××年6月4日凌晨2时40分，我公司旗下的江南百货大楼发生重大火灾，经过两个多小时的扑救，于5时明火全部扑灭。该大楼二层楼经营的商品以及柜台、货架、门窗等全部烧毁，直接经济损失达500万元。造成此次重大火灾的直接原因，是二楼"诺伊顿"男装柜台经二楼经理同意从总闸直接线路，夜间没断电导致电线起火。

　　这次火灾的发生暴露了大楼领导对安全管理工作极不重视，内部管理混乱，安全制度不健全，违章作业严重等问题，因而造成了惨重的经济损失，教训十分深刻。

　　火灾发生后，集团公司十分重视，三次派员到事故现场进行调查，并对事故进行认真处理，责令江南百货大楼总经理王春才书面检查，二楼经理刘纯停职检查，"诺伊顿"男装柜台负责人李浩罚款50万元。

　　今后，我们要吸取教训，切实加强对安全工作的领导，尤其加强对重点企业的安全管理，及时消除各种不安全的因素和隐患。

　　特此报告。

江南集团有限公司（印章）

20××年6月12日

　　简评：这是一篇火灾事故的情况报告。

　　正文写作思路是"情况——问题（原因）——打算"。文章采用概述式开头，简要地介绍了火灾情况、损失和失火直接原因；第二段重点分析火灾事故的深层次原因及存在的问题；第三段写对火灾的处理情况和结果；最后一段为发文单位的态度和措施。结尾以"特此报告"结束。文章构思周密、层次分明、行文简洁。

情况报告写作的参考模板

××关于××××××的情况报告

×××〔××××〕××号

×××：

　　情况概述……

　　情况发生的原因或暴露的问题……

　　对该情况中涉及的相关单位或人员处理的意见……

　　今后的打算……

　　特此报告。

××××××××(印章)

××××年×月×日

任务实施

练一练

1. 关于报告，下列说法错误的是（　　　）。

A. 报告既可以做上行文，也可以做平行文

B. 报告是下级机关单位向上级机关单位反馈信息，沟通上下级机关单位纵向联系的一种重要形式，因此，为各机关单位普遍使用

C. 报告以议论为主要表达方式

D. 报告与请示不能结合使用，在报告中不得夹带请求事项

2. 工作报告的正文部分撰写时一般应分成（　　　）部分。

A. 概述工作进程与成绩，工作中的缺点与不足，今后工作安排，以"特此报告"结尾

B. 概述工作进程与成绩，工作措施与经验（体会），工作中的缺点与不足，今后的工作安排

C. 概述工作情况，工作经验体会

D. 概述工作进程与成绩，工作措施与经验（体会），工作中的缺点与不足，以"特此报告"结尾

3. 根据下面几则材料，拟写出报告的标题：

(1) 江南第一造船有限公司拟向江南造船集团公司汇报20××年取得的新成绩。

(2) 伊牛有限公司无锡分公司向伊牛有限公司报送20××年一季度生产情况。

(3) 20××年年底，中共中央出台"八项规定"，20××年5月，中共江苏省委专门向中共中央行文，汇报该省落实中央"八项规定"的情况。

改一改

4. 找出并修改报告中的几处错误。

天马纺织有限公司关于"6·15"火灾事故情况的请示报告

集团公司:

20××年6月13日,我公司发生了一起重大火灾。由于生产经理安全防火不力,造成损失很大,烧毁织布车间两台设备和成品10万米,经济损失达200万元。事故发生后,我们立即进行了检查处理。

从调查情况看,这次火灾是一起严重的责任事故,其直接原因是工人李群违反公司规定,私自在车间吸烟,丢弃的烟蒂引燃成品布匹。我们虽然调集6台消防车参加灭火,保住了厂房和部分原材料,但因我公司消防组织不健全,缺乏得力配合,致使火灾蔓延,造成严重损失。我们对这次火灾造成的损失极为痛心,一定要吸取教训。我们采取了以下措施。

　　一、……

　　二、……

　　三、……

我们一定要吸取教训,严格防范,防止类似事故的发生。

写一写

5. 下列材料为江南集团公司财务处20××年上半年主要工作,假设你是财务处负责人,请以江南集团公司财务处的名义给江南集团公司写一份工作报告。要求格式正确,所缺内容可以自行补充。

(1) 完成年度的结账、过账工作,做好日常财务账务处理工作,季度做好公司财务分析工作以及公司月度财务快报、清欠报表、亿元项目分析报告、季报和年度报表工作,每月向公司总经理、总会计师填报财务处工作月报等主要指标情况,建立会计档案室,对公司直管已完工项目进行会计档案清理,及时将档案运回公司总部归档管理。每月月末对公司各部门职工备用金进行催报,在6月底基本完成备用金的清理工作。

(2) 每季度末公司总部及分公司进行预算分析并形成分析报告,做好事中费用控制和总结。截至上半年,公司总部管理费用751万元,加上上半年尚未入账的办公楼租金40万元,以及公司上半年绩效考核及6月工资估计约70万元,补助约20万元,共计约130万元未入账。上半年总部管理费用约为881万元,在年度控制目标2 000万元的一半之内。

(3) 按经济业务性质,完善经济合同台账、财务往来台账、项目管理台账、营销费用台账和承兑汇票、保证金类台账等几类台账。

(4) 加强对合同额、营业额、利润、现金流量和应收款项指标财务信息的搜集、分析、评价,对照财务指标的标准值、历史值、同行值、预算值等,及时发出预警信号。

任务六　撰　写　纪　要

任务导入

大专毕业后,凭着自己的实力,邵瑜顺利被江南集团有限公司录用为财务部出纳兼公司文员,上班不久,公司召开了一次提高产品质量的研讨会,领导让邵瑜作为记录人,并要求其根据会议记录的内容写一份纪要下发各部门。

任务要求

1. 了解纪要的性质及特点
2. 掌握纪要的写作结构及写作思路
3. 能够根据相关要求独立撰写纪要

知识准备

一、纪要的性质

《党政机关公文处理工作条例》(中办发〔2012〕14 号)指出,纪要,适用于记载会议主要情况和议定事项。

与 2000 年发布的《国家行政机关公文处理办法》中明确的会议纪要"适用于记载、传达会议情况和议定事项"相比,除名称发生变化外,纪要没有了"传达"两字,说明"纪要"没有传达部署的功能,其内涵相对变小了。

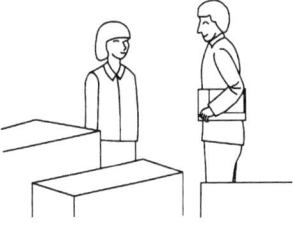

二、纪要的特点

(1) 内容的纪要性。纪要的内容要围绕会议主旨及主要成果来整理、提炼和概括。写作重点应放在介绍会议成果,而不是叙述会议的过程,切忌写成流水账。

(2) 称谓的模糊性。与会议记录以发言人为单位分段记录不同,纪要要突出问题与观点,集中反映与会人员的集体意志和决定,文中一般不出现发言人的姓名,而采用第三人称写法,常以"会议"作为称谓表述的主体,具体表现为"会议认为""会议指出""会议决定""会议要求""会议号召"等。

三、纪要的写作

纪要的结构一般包括标题、正文、落款三个部分。

1. 标题

纪要是公文,但其标题不同于一般的公文式标题,常见的有以下两种形式:

(1)"会议名称"加"纪要",即在文种"纪要"前写明会议名称,会议名称一般要写完整,如《20××年全国经济工作会议纪要》。

(2) 由"单位名称""会议名称""纪要"三要素构成,如《××公司第 8 次办公会议纪要》。

2. 正文

纪要的正文一般由以下两部分组成:

(1) 会议概述。这是纪要的开头部分,一般概括介绍会议的基本情况,主要包括会议时间,会议地点,与会单位、人员,基本议程或主要活动,会议主要议题,主要领导人的报告、讲话,会议的评估等。这一部分要用简短、连贯的文字将上述内容串联叙述,给人以总体印象。

(2) 会议的精神和议定事项。这是纪要的主体部分,一般写明以下内容:一是会议研究问题或事项的意义或目的,常常以"会议认为"等语句引领。二是会议研究讨论的意见,即与会人员的主要观点及意见,这是主体部分的重点内容,常常以"会议指出""会议决定"等语句引领,写作时一般要对观点和意见进行归纳整理,每一类都要有独立的中心,列出小标题。三是今后工作的要求和具体措施,常常以"会议强调""会议要求""会议希望"等语句引领。

上述内容的写作不是原封不动地反映所有的会议内容,而是需要对会议记录等原始资料进行分析、取舍、提炼后形成,做到取其"精"择其"要"。

3. 落款

纪要一般不署名,只写成文日期。

范文赏析

××学院财经专业教学咨询委员会第二次全体会议纪要

我院财经专业教学咨询委员会第二次全体会议于20××年3月30日下午在学院行政楼三楼东会议室召开。学院理事会成员及学院党政领导参加会议,会议中,与会代表围绕着人才合育、教学合作、研发合创、产业合建、资金合股等问题,进行了热烈发言和深入讨论。

针对会议议题,本次会议达成如下共识。

一、坚持以学生能力为本位,培养学生全面发展能力不动摇

与会代表透露,截至上年年底,××市工商业单位共计30多万家,而财政局在册从业人员12万(其中注册的人员约105 000人),这说明××市财务人员的需求量还是相当大的;加之××社会经济的快速发展,会计发展将会有更大的市场,会计人员也会越来越"吃香"。要抓住这一机遇,会议指出,学校要注重学生"四大能力"的培养,即会计技能、计算机技能、英语技能和发展技能的培养,且这四项技能要平衡发展。目前,××新区企业中,财务人员流动相当大,这主要是因为财务人员所应具备的"四大能力"发展不平衡。同时,与会代表建议学校要重视学生的书法水平和沟通能力,教会学生学习的方法、做人的道理;重视出纳、珠算、点钞、汉字录入等银行柜面人员必备的专业技能;提升学生在职场上的竞争力。

二、坚持课程改革方向不动摇,不断提升学生职场竞争力

目前,财会类专业教学中存在课程设计缺乏理论依据、财经类专业基础课程过少、财会教学方法机械单一等问题。要解决这些问题,会议指出,财经专业要加大基础课程教学,特别是加强文化基础教学,注重学生职业道德素养的提升,提高学生综合素质;修订教学计划,真正实施素质教育;实行"厚基础、宽口径"的教学模式,同时,减少会计必修课,增加会计选修课;教学上,加强学生讨论和案例分析,并嵌入最新的会计准则和审计准则等内容,便于学生在今后工作中能得心应手;课程开发上,可以介绍一些主要财务软件的结构、使用,如市场上应用较广的"用友""金蝶"等财务软件,增设"税收准则""税收实务""人力资源管理"等课程,以满足企业用人的需求。

三、坚持走产教研相结合,建立会计教师和企业财务人员交流学习的互动机制

会议认为,会计教师应该是个"多面手",既要有理论,又要有实践经验;建议学校选派财会教师到事务所、企事业单位进行为期至少半年的挂职锻炼,适时对专业教师进行会计政策的培训,让教师及时了解信息,开拓视野。

除此之外,学院还应提升财会专业办学水平,提高学校知名度。会议建议学院要实施"三名"战略——名师、名声、名书(教材等),这有利于提升学校知名度,促进学校财经专业良性发展。同时,开展毕业生统计调查工作,重点统计那些从事主办会计的毕业生,向社会公布,打响学校品牌。

　　会议认为,本次会议不仅在宏观上为我院财经专业的发展指明了方向,而且在微观上提出了很多具有建设性的做法;学院决心加大课改的力度,改造和提升财会专业,把我院财经专业做大、做强。

20××年4月1日

　　简评:这是一则纪要。

　　纪要的正文部分共有会议概述和会议精神两个层次。第一自然段为会议概述部分,重点就会议的时间、地点、议题等情况作概括介绍,会议精神部分着重从会议讨论的问题出发,分析、提炼出三个主要观点,以小标题的形式呈现,主旨突出、层次清晰。文中的发言者都作了模糊化处理,以"会议提出""会议代表建议"等词语代替,体现了纪要写作的特点。

任务实施

练一练

1. 根据下面几则材料,拟写纪要的标题。

(1) 4月26日,江苏省教育厅在苏州召开了全省高校、中专校"以毕业研究生同等学力申请硕士学位教师进修班"(以下简称教师进修班)的工作座谈会。

(2) 10月14日,江南集团公司召开新的领导班子上任以来的第一次集团公司办公会,会议传达了上级有关文件精神,安排部署了近期重点工作。

(3) 12月21~25日,江南资产投资有限公司在上海召开了金融产业专题分析会,会议邀请了中国证监会、证券业协会、财务公司协会、信托业协会、租赁业协会等专家,分析了国内外经济形势和相关金融领域发展趋势。

写一写

2. 根据下面会议记录,写一份纪要。

会 议 记 录

地点:省政府三楼会议室

主持者:×××副省长

记录者:×××

出席者:省长助理×××,省政府副秘书长×××,省体改委、计经委、卫生厅、劳动厅、人事厅、医药管理局、法制局、地税局、总工会、省医改领导小组办公室负责人

列席:×××(职务)、×××(职务)

缺席者:×××(缺席原因,如学习、出差、生病、无故等)

会议主题:1. 听取我省医改试点进展情况的报告

　　　　　2. 研究下一步医改工作

主持人:今天,我们召开××省职工医疗保障制度改革领导小组会议,有××人出席,超过应到会人员半数,会议有效。我们还邀请×××、×××等几位同志参加,大家向他们表示热烈欢迎。今天会议是听取我省医改试点进展情况的报告并研究下一步医改工

作。下面请省体改委主任×××同志作我省医改试点进展情况报告,并请各与会同志发言。

省体改委主任×××:今年以来,各试点市、各有关部门认真贯彻省政府第88次常务会议精神,切实加强领导,加大工作力度,医改试点工作积极推进。××市在认真总结两年来试点工作经验的基础上,采取措施,深化改革,加强管理,巩固和发展了医改试点工作成果;××市和××市于1月1日正式出台了职工医疗保障制度改革实施方案,试点工作运转正常;××市和××市的改革方案也于4月1日启动运作。总的来看,我省医改试点工作进展比较顺利,但也存在一些值得重视的问题:一是试点工作发展比较不平衡。有些市、县的试点工作未能严格执行国务院办公厅批转的国家四部委《扩大试点意见》和省政府的《实施意见》。二是扩大试点。市、县多数覆盖面不大,参保者为原享受公费医疗的机关、事业单位职工,对企业参保的发动和组织还不够。三是对医改中的重点和难点问题,如建立有效筹资机制、厂矿医务所的管理、医疗机构的参与和配合、离休人员超支医疗费用的解决、属地原则的贯彻等,还缺乏妥善解决办法。

邵六:抓住重点和难点问题,努力推进职工医疗保障制度改革。

张三:职工医疗制度改革是社会保障制度改革的重要组成部分,是建立社会主义市场经济体制的重要环节,关系到广大干部职工的切身利益和社会稳定。国务院对我省医改试点工作寄予厚望。各试点市、各有关部门要进一步加强领导,对医改工作中的重点、难点问题,要组织力量认真调查研究,采取切实措施,保证试点工作稳步发展。

李四:省各有关部门要和各试点市一起认真研究试点工作中的重点和难点问题。对按期足额收缴医疗保险基金、完善"医、患、保"三方的制约机制、医疗机构的配套改革和补偿机制、企业医疗机构的社会化、离休干部超支医疗费用渠道解决等问题,要在广泛听取各方面意见的基础上,作认真的研究,切实提出解决方法。

尤四:认真抓好××市试点工作,在解决深层次矛盾上下功夫。

王二:省医改领导小组及其办公室要一步加强调查研究。会后,省医改领导小组和医改办将赴××市及各扩大试点市加强调研与指导,深入实际,摸清情况,努力解决实际问题,不断推进我省的职工医疗保障制度改革试点工作。

马五:职工医疗保障制度改革涉及"医、患、保"三方利益格局的调整,与群众的切身利益密切相关,必须广泛深入地开展宣传教育,提高广大干部职工的思想认识,使他们能够支持和参与改革。

严八:我认为宣传教育工作要贯穿整个试点工作的始终,要坚持正确的舆论导向。

雷九:应该进一步统一思想,提高认识。

丁一:今年以来,××市委、市政府对两年来的医改工作进行了全面回顾总结,在认真调查研究、反复论证的基础上,针对存在的主要矛盾和问题,制订下发了《关于进一步深化职工医疗保障制度改革的意见》,收到较好的效果,参保率和基金收缴率都较高,统筹基金超支已有所改变。要充分肯定××市的医改试点工作的成效,进一步加强联系和指导,帮助××市完善和落实医改措施,确保××市试点取得新进展。

朱三：扩大试点城市要继续加强对医改试点工作的领导。

夏九：我认为省医改领导小组及其办公室要进一步加强调查研究。

蔡六：职工医疗保障制度改革政策性强、涉及面广、情况比较复杂，试点城市要切实加强领导，主要领导亲自过问，分管领导切实抓紧，加强组织协调，采取得力措施，推动试点工作顺利进行。

周二：试点工作还要严格执行国务院和省政府的有关文件精神，并将贯彻上级的要求和本地实际结合起来。

顾七：职工医疗保障制度改革是社会保障制度改革的重要内容。党中央、国务院和省委、省政府对医改工作十分重视，全国和全省卫生工作会议都从全局高度对这项改革提出了明确要求。各地各部门要把思想认识统一到全国和全省卫生工作会议精神上来，统一到国务院和省政府医改的有关文件精神上来。要认真推广和借鉴××市试点经验，各扩大试点经验。各扩大试点市要进一步统一认识，坚定信心，克服困难，努力把医改试点工作不断推向前进。

米一：切实加大宣传力度，形成有利于医改顺利开展的良好舆论氛围。

×××（主持人）：刚才，同志们对我们的工作提出了许多宝贵的意见，我们会认真加以考虑，不断改进工作。

项目六

常见的财经商贸专业文书

 项目引领

　　市场经济是一种竞争经济,也是一种信用经济。在财经工作中会涉及许许多多的经济领域的专业文书,这对于规范单位之间的经济行为、规范单位内部管理都有着极其重要的意义。

项目目标

知识目标:

　　1.了解经济合同、经济诉状、商品广告、调查报告、经济论文、内部审计报告、财经分析报告的性质、意义及种类

　　2.掌握经济合同、经济诉状、商品广告、调查报告、经济论文、内部审计报告、财经分析报告写作的基本内容

能力目标:

　　1.能形成财经专业文书写作的思路

　　2.能根据相关要求写作财经专业文书

任务一　撰写经济合同

**任务导入**

合同不规范导致维权难

叶某看上了邱某欲出售的一套房屋,双方谈妥后,签下了一份房屋买卖合同。合同约定,邱某最迟于20××年年底前迁出全部户口,不料,邱某一直借口推托,迟迟不肯把户口迁出,直拖至半年后才迁出。叶某一气之下,起诉至法院要求邱某赔偿经济损失。但由于合同并未约定迟延迁出户口的违约责任,法院认定叶某要求赔偿缺乏依据,故判决其败诉。

据法院统计,在现实生活中因签订合同不规范导致维权难的案例比较多。合同签订时因法律意识淡薄,当事人往往对某些关键条款不作相关约定或仅作口头约定,对重要条款的违约责任也不明确。这些不规范的合同,导致争议处理缺乏合同依据,守约方的利益难以得到法律保护。如何制作一份规范合法的书面合同至关重要。

任务要求

1. 了解经济合同的性质、种类
2. 掌握经济合同的基本内容及结构形式
3. 能够根据相关要求独立撰写经济合同

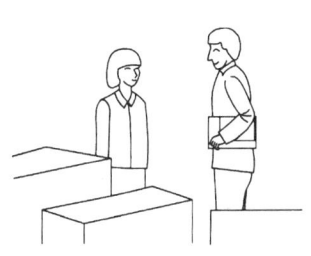

知识准备

一、经济合同的性质

《中华人民共和国民法典》是新中国第一部以法典命名的法律,在法律体系中居于基础性地位,也是市场经济的基本法。《中华人民共和国民法典》共 7 编 1 260 条,各编依次为总则、物权、合同、人格权、婚姻家庭、继承、侵权责任,以及附则。

根据《中华人民共和国民法典》规定:合同是民事主体之间设立、变更、终止民事法律关系的协议。

二、经济合同的种类

《中华人民共和国民法典》列举了 19 种典型合同:买卖合同,供用电、水、气、热力合同,赠与合同,借款合同,保证合同,租赁合同,融资租赁合同,保理合同,承揽合同,建设工程合同,运输合同,技术合同,保管合同,仓储合同,委托合同,物业服务合同,行纪合同,中介合同,合伙合同等。

三、经济合同订立的程序

《中华人民共和国民法典》规定,当事人订立合同,可以采取要约、承诺方式或者其他方式。

要约是希望与他人订立合同的意思表示,该意思表示应当符合下列条件:第一,内容具体确定;第二,表明经受要约人承诺,要约人即受该意思表示约束。发出要约的一方称"要约人",接受要约的一方称"受要约人"。

承诺是受要约人同意要约的意思表示。承诺应当以通知的方式作出;但是,根据交易习惯或者要约表明可以通过行为作出承诺的除外。

承诺应当在要约确定的期限内到达要约人。要约没有确定承诺期限的,承诺应当依照下列规定到达:首先要约以对话方式作出的,应当即时作出承诺;其次要约以非对话方式作出的,承诺应当在合理期限内到达。

订立合同是双方当事人的法律行为,只有双方当事人协商一致才能成立。也就是说,订立合同是一个动态的过程,但不论以何种方式订立合同都必须经过要约和承诺这两个阶段,以要约开始,承诺生效即告合同成立。

四、经济合同的基本内容

经济合同的性质决定经济合同的主要内容。不同种类的经济合同,应根据不同的需要来规定必要的条款,当事人可以参照各类合同的示范文本订立合同。根据《中华人民共和国民法典》规定,合同的内容由当事人约定,一般包括以下基本条款。

1. 当事人的姓名或者名称和住所

经济合同当事人必须具备法人资格,包括当事人的名称、法人代表、地址等。

2. 标的

标的是合同当事人的权利和义务所共同指向的对象。标的必须明确、具体。

任何合同必须要有标的,没有标的,双方的权利和义务就不能落实,合同就无法履行。标的必须合法,武器、弹药、麻醉药、金银等限制流通物,不能作为一般意义上的合同标的物。

3. 数量

标的的数量是标的的数额和计量单位,是确定合同当事人双方权利和义务大小的依据。

标的的数量除了数额的具体、准确外,还要有正确的计量单位。计量单位要按国家或上级主管部门规定的统一标准执行;没有规定,按双方商定的执行。

4. 质量

标的的质量包括产品的质量和包装质量。质量要求明确具体和规范,一般按国家标准或行业标准履行;如是协商标准,必须另附协议书或提交样品。

5. 价款或者报酬

价款或者报酬是经济合同权利的体现。价款是合同当事人为取得对方产品而支付的代价;报酬是合同当事人为获得对方的劳务或智力成果所支付的酬金。签订合同时必须明确规定价款或者报酬的具体数额、计算标准以及支付方式。

价款或者报酬不明确的,按合同履行地的市场价格履行;依法应当执行政府定价或者政府指导价的,按规定履行。

6. 履行期限、地点和方式

履行期限是指交付标的物和支付价款或报酬的时间界限。是否按期履行,直接或间接影响着当事人的经济利益,所以订立合同时必须明确规定具体的履行日期。

履行地点是指经济合同的双方交、提标的物的地方。按照惯例,交付建筑物在建筑物所在地履行;给付货款的,在接受给付的一方所在地履行;其他义务,在履行义务一方所在地履行。

履行方式是指交付标的物的手段、工具。对上门自提或委托交通运输部门托运、运送工具等应作出明确规定。如履行方式不明确的,按照有利于实现合同目的的方式履行。

7. 违约责任

又称"罚则",是对当事人不按合同规定履行义务的制裁措施。违约责任包括违约金、赔偿金、没收或双倍返还定金等制裁方法。这一条款必不可少,对维护合同的法律严肃性,督促当事人信守合同义务,具有重要意义,也是解决纠纷的主要法律依据。如标的数量与合同不符,质量不合要求,交货时间、地点、方式违约等,都要承担违约责任。

8. 解决争议的方法

订立合同的双方当事人在履行合同的过程中,一旦双方发生纠纷,自行协商不成时,可向仲裁机构申请仲裁,也可向人民法院起诉。

以上是经济合同的主要条款,由于合同种类繁多,标的复杂,有些条款未必适用,有些内容在这些条款中又包容不了,因此,在订立合同时应根据具体情况灵活变动,还可注明"本合同未尽事宜,由双方协商解决"的条款。

资料卡

经济合同的主要条款

当事人的姓名或者名称和住所,标的,数量,质量,价款或者报酬,履行期限、地点和方式,违约责任,解决争议的方法等。

五、经济合同的结构和写法

经济合同的体式有三种:条款式、表格式、条款表格结合式。不论哪一种体式的经济合同,它的结构一般包括合同名称、当事人名称、合同条款、落款四项内容。

(一)合同名称

合同名称,也可称合同的标题,揭示了合同的性质。一般由事由和文种组成,如"买卖合同""粮食定购合同""技术转让合同"等。"经济合同""××合约""××协议"的合同名称是不正确的。

(二)当事人名称

在当事人名称前可依照合同内容标明"借方"和"贷方"、"供方"和"需方"、"卖方"和"买方"等,合同当事人的名称要写全称,不能使用简称或代称。为了表述方便,一般在双方当事人名称后用括号注明"甲方"和"乙方"。在合同中不能用"我方""你方"等简称,以免引起混乱和误解。

如果要注明合同编号、签约时间、签约地点,则可在双方当事人名称的右侧或下方排列。

在表格式合同中,合同编号、签约时间和地点也可放在标题的右下方,上下排列,用小一号字体。

(三)合同条款

这是合同的主体部分,主要包括以下几项内容:

(1)扼要说明订立合同的目的和依据,如"为了……,双方经过充分协商,特订立本合同,以便共同遵守"。

(2)选用恰当的合同体式写明当事人共同议定的具体条款,包括标的,数量,质量,价款或者报酬,履行期限,履行地点与方式,违约责任,解决争议的方法等。

(3)明确合同生效日期(有效期)、合同的份数和保存方式,如"本合同自签订之日起生效,任何一方不得擅自修改或终止""本合同一式四份,甲乙双方各执一份,副本两份,送双方上级主管机关备查""本合同有效期自××××年×月×日至××××年×月×日,过期作废"。

有些合同还有附件。如有附件,应注明合同附件的效力,如"本合同附件、附表均为本合同的组成部分,且具有同等的法律效力"。附件、附表均写在合同条款的最下方,并要注明附件名称、序数和份数。

(四)落款

落款包括以下几项内容:

(1)署名和印章:署名要写明双方当事人全称、法定代表人、代表人等,单位名称应加盖公章或合同专用章,双方当事人代表必须亲自签字。

(2)日期:指签订合同日期。

(3)附项:指合同当事人的地址、银行账号、邮编、电话、传真等信息。

六、特别提醒

(1)格式要规范。

(2)条款要完备。

(3)表述要严密。

范文赏析(一)

水果购销合同

甲方(需方):××市××果品商店　　　　　　签约日期:

乙方(供方):××市××区××果园　　　　　签约地点:

双方经协商一致,订立本合同,共同信守下列条款:

1. 品名、数量、交货时间、地点。(略)

2. 品质规格:按照有关主管部门确定的标准及双方协商,乙方应将品质好的水果卖给甲方。

3. 价格:由甲、乙双方协商一致确定。

4. 交货办法:在合同规定日期内,柑橘成熟后具体商定交货日期和日交量,做到有计划采收。

5. 验收办法:按国家规定的散果或成件果验收办法,在收购点过秤前抽样验收。

6. 价款结付:甲方按实收数量、等级在_____日内(除扣回订金、扶持资金外)通过银行全部付清。延期按银行付息。

7. 费用负担:交货前由乙方自理。如超过合同规定交货地点收货,其超里程运费,由甲方负担。

8. 其他。（略）

9. 双方的责任：乙方应努力提高产量、质量，按采收计划按时、保质、保量完成合同任务后，才能自行处理多余产品。如遇人力不可抗拒的灾害影响合同的执行时，应在×月×日前提出协商修改合同。甲方不得少收或不收，做好生产采收技术指导。

10. 违约处理：任何一方违反合同，按合同总值处以＿＿＿＿‰违约金赔偿另一方损失，并按《中华人民共和国民法典》及有关法规处理，如发生争议，任何一方都可向人民法院起诉。

11. 本合同自双方签字之日起生效，履行完毕作废。

12. 本合同一式两份，双方各执一份为凭。

甲方：＿＿＿＿＿＿（盖章）　　　　乙方：＿＿＿＿＿＿（盖章）

经办人：＿＿＿＿＿＿（签字）　　　经办人：＿＿＿＿＿＿（签字）

开户银行及账号：＿＿＿＿＿＿　　　开户银行及账号：＿＿＿＿＿＿

＿＿年＿＿月＿＿日　　　　　　　　＿＿年＿＿月＿＿日

范文赏析（二）

商品代销合同

甲方（委托人）：＿＿＿＿＿＿＿＿＿＿

乙方（代销人）：＿＿＿＿＿＿＿＿＿＿

本合同经双方协商同意，达成如下协议，共同遵守。

第一条　代销商品、数量、价格。

商品名称	商品品牌	规格型号	生产厂家	计量单位	数量	单价
合计人民币金额（大写）						

第二条　代销商品的质量标准：＿＿＿＿＿＿＿＿＿＿。

第三条　代销商品交付时间、地点、方式及费用负担：＿＿＿＿＿＿＿＿。

第四条　代销期限：从＿＿年＿＿月＿＿日至＿＿年＿＿月＿＿日。

第五条　代销期限终止后，未售出的代销商品的处理：＿＿＿＿＿＿＿＿。

第六条　代销商品报酬的计算方法：＿＿＿＿＿＿＿＿

＿＿＿＿＿＿＿＿＿＿＿＿＿＿＿＿＿＿＿＿＿＿＿＿＿＿＿＿。

第七条　报酬、货款的结算（可按下列方式选择，未选择的划掉）。

1. 已售商品的价款每月＿＿日结算一次，乙方的相应报酬从价款中扣除。最后一批代销商品价款与报酬在代销期限终止时结清。

2. 已售商品达百分之＿＿时，乙方与甲方结算一次价款，相应报酬从价款中扣除。最后一批代销商品价款与报酬在代销期限终止时结清。

第八条　本合解除的条件：＿＿＿＿＿＿＿＿＿＿。

第九条　违约责任：＿＿＿＿＿＿＿＿＿＿。

第十条　合同争议解决方式：本合同在履行过程中发生的争议，由双方当事人协商解决，协商不成的，按下列第＿＿种方式解决：

1. 提交＿＿＿＿＿＿＿＿＿＿仲裁委员会仲裁。

2. 依法向＿＿＿＿＿＿＿＿人民法院起诉。

第十一条　本合同有效期自××××年×月×日至××××年×月×日止。需延期则由双方协商一致。

第十二条　本合同一式两份,双方各执一份为凭。

甲方:＿＿＿＿＿(盖章)　　　　　　　　　乙方:＿＿＿＿＿(盖章)

代表人(签字):＿＿＿＿＿　　　　　　　　代表人(签字)＿＿＿＿＿

电话:＿＿＿＿＿　　　　　　　　　　　　电话:＿＿＿＿

开户行、账号:＿＿＿＿＿　　　　　　　　开户行、账号:＿＿＿＿＿

签约日期:＿＿＿年＿＿月＿＿日

签约地点:＿＿＿＿＿＿＿＿

简评:范文一是条款式合同,范文二是条款表格结合式合同,两则合同都是根据经济合同统一文本格式写作的。这两则合同不仅结构完整,主要条款内容具体明确,语言表述既简洁又严密,是两份比较规范的合同。

任务实施

练一练

1. 填空题。

(1)《中华人民共和国民法典》规定:合同是＿＿＿＿＿主体之间设立、变更、终止＿＿＿＿＿的协议。

(2)《中华人民共和国民法典》规定:"当事人订立合同,可以采取＿＿＿＿＿、＿＿＿＿＿方式或者其他方式。"

(3) 合同的书面形式(体式),主要有三种,即＿＿＿＿＿、＿＿＿＿＿、＿＿＿＿＿。

(4) 不管哪种体式,经济合同的基本结构形式主要有四部分组成:＿＿＿＿＿、＿＿＿＿＿、＿＿＿＿＿、＿＿＿＿＿。

(5) 经济合同的基本内容主要包括以下几项内容:＿＿＿＿＿、＿＿＿＿＿、＿＿＿＿＿、＿＿＿＿＿、＿＿＿＿＿、＿＿＿＿＿、＿＿＿＿＿。

(6) 标的是合同中当事人双方＿＿＿＿＿和＿＿＿＿＿所共同指向的对象。

(7) 甲、乙两企业订有购销合同,为保证合同的履行,甲企业按约给乙企业4万元定金,后乙企业违约,甲企业依法有权要求乙企业偿付＿＿＿＿＿万元。

2. 判断题。

(1) 以欺诈、胁迫的手段订立的合同应该属于无效合同。　　　　　　　　　(　　)

(2) 婚姻、收养、监护、继承可以作为合同的对象。　　　　　　　　　　　(　　)

(3) 标的必须合法,武器、麻醉药、金银等流通物,可作为一般意义上的标的物。(　　)

(4) 某合同"违约责任"一项中写道"每延期一天,甲方应偿付乙方5％的违约金"。(　　)

(5) 违约责任又称"罚则",是对不按合同规定履行义务的制裁措施。　　　　(　　)

(6) 某合同中规定:"交货地点:上海"。　　　　　　　　　　　　　　　　(　　)

(7) 合同当事人必须履行合同规定的义务,任何一方不得擅自变更或解除合同。(　　)

(8) 某合同中规定的货物包装标准为"袋装"。　　　　　　　　　　　　　　(　　)

改一改

3. 分析这篇经济合同,指出其错误。

经 济 合 同

甲方:××汽车制造厂三车间

乙方:××建筑公司生产科

甲方需建一座大楼,经双方反复协商,共同订立本合同。

一、甲方委托乙方建造大楼一座,由乙方负责建造。

二、全部建造费用大概为人民币××万元,甲方在订立合同生效后的一个月左右,先付给乙方全部费用的百分之五十左右,其余部分在楼房建成验收后一次付清。

三、建房所需的各项费用,由乙方根据需要自行分配。

四、大楼从合同签订之日起,用一年以内时间完工后交付使用。如未能保质保量完成,每月将按总建筑费用的百分之五左右罚款。

五、合同一式两份,双方各执一份为凭,并作为检查督促的依据。

××汽车制造厂三车间
××建筑公司生产科
20××年×月×日

写一写

4.××味美商店(简称甲方)的代表人张味,于20××年3月18日,与××吉利果品园(简称乙方)的代表人李山,经过协商达成以下协议:甲方购买乙方水蜜桃4 000克,鸭梨5 000克和李子7 500克。要求每种水果在八成熟采摘后,一星期内分三批交货。由乙方用柳条筐包装并及时运至甲方所在地点,包装费和运费均由乙方负担。各类水果的价格是:水蜜桃每500克2元,鸭梨每500克1元,李子每500克1.5元。货款在每批水果交货的当日通过银行托付。如遇自然灾害不能如数交货,乙方事先通知甲方,并协商修订合同。在正常情况下,如果甲方拒绝收购,应处以拒收部分价款20%罚款,乙方交货量不足,应处以不足部分价格价款20%的罚款。此合同要求一式两份,双方各执一份。其余附注如电话、开户银行、账号、地址等均可用××代替。

请根据上述内容,写一份购销合同。

任务二　撰写经济起诉状

任务导入

李某于2015年进入某公司工作,并订立10年期劳动合同。合同中对岗位、工资、合同解除条件、违约金赔偿等均有明确约定。2020年,李某向该公司递交了辞职报告,当日下午李某离开该公司。此后,双方劳动关系已实际解除,但未办理有关李某档案转移手续。李某要求该公司办理档案转移手续不成,遂于2021年向劳动争议仲裁委员会申请仲裁。该仲裁委作出仲裁裁决,裁决该公司为李某办妥人事档案转移工作等。该公司向法院起诉,要求支持该公司不予办理档案转移手续。

如果该案件中某公司向法院起诉,就需要用到相应的法律文书,即起诉状,那么该公司应如何来拟写这份起诉状呢?

 **任务要求**

1. 了解诉讼、诉状的性质及分类
2. 掌握经济起诉状的内容要素及写作思路
3. 能够根据相关要求写作经济起诉状

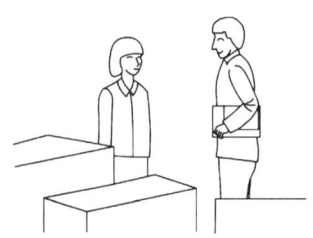

知识准备

一、诉讼的性质及分类

"诉"意为控告,"讼"意为争辩是非,即通过控告以明辨是非,俗称"打官司"。在一个法制健全的国家,如果社会组织之间、个人之间发生矛盾纠纷和利害冲突,往往要通过一定的法律程序加以解决,这就需要诉讼。

根据诉讼的主体划分,诉讼有自诉案件和公诉案件之分。自诉案件是由公民、法人或其他组织提起的诉讼;公诉案件是由人民检察院提起的诉讼。

根据诉讼的性质划分,诉讼有刑事诉讼、民事诉讼和行政诉讼。

二、诉状的性质及分类

诉讼必然形成一定的书面材料,这就产生了诉状。

诉状是在刑事、民事、行政案件的诉讼过程中,诉讼当事人为了维护自己的合法权益,依法向人民法院提出某种诉讼请求或答辩而递交的书面状词,俗称"状子"或"状纸"。

常用的经济诉状有起诉状、上诉状、答辩状、反诉状、申诉状等。在经济活动频繁的当下,经济起诉状与经济答辩状是诉讼类写作中最常用的两种文体,也是经济诉讼最基本、最主要的文书。

三、经济起诉状的概念

经济起诉状是指经济纠纷案件的原告,为了维护自己的合法权益,就有关民事权利和义务的纠纷,向人民法院提出诉讼的书状。经济起诉状属于民事诉状。

在诉讼一审程序中,提出诉讼者即为原告,被诉讼者即为被告。原告诉讼时应向人民法院提交起诉状,并具有正本和副本。其中正本一份,由法院受理;副本份数根据被告人数确定,由法院送达被告,以便被告撰写答辩状。

四、经济起诉状的特点

1. 合法性

经济诉状主要是依法保护自己的合法权益。经济诉状的写作,只有在符合国家有关的政策和现行的法律时,才能受到法律的保护。

2. 规范性

诉状的写作,不仅要合法,而且应该规范,以保证其完整性和有效性。就内容而言,有效的诉状通常是事项齐全,并按规定顺序展开;就形式而言,已形成程式化。

3. 严肃性

《中华人民共和国民事诉讼法》《中华人民共和国民法典》和我国的其他有关法律、法规,是诉状写作时必须严格遵循的规范。在适用法律上应该慎重、严肃,注意认定的客观事实和适用的法律条款相一致。

五、经济起诉状的结构和写法

经济起诉状的结构包括标题、首部、主部、尾部、附项五个部分。

(一) 标题

标题一般分为两种:第一种是直接用文种作标题,如"经济纠纷起诉状"或"起诉状";第二种是由案由加文种组成,如"追偿欠款起诉状""财产纠纷起诉状"。标题位于诉状首行,居中。

(二) 首部

首部也叫"状头",即原被告双方当事人的基本情况。

在标题的下一行空两格起写上当事人的基本情况,主要包括原告和被告的姓名、性别、年龄、民族、籍贯、职业(职务)、工作单位、住址、电话号码等。如果原告和被告是企事业单位,要写明单位的全称、性质、所在地,法定代表人的姓名、职务,开户银行及账号;由诉讼代理人起诉时,应写明代理人的姓名、所在单位、代理权限和与原被告的关系等其他情况;如果有多个原告或被告,应依他们在案件中的地位、作用和责任的轻重依次说明其基本情况;如果是涉外案件,还要有相关当事人的国籍信息。

(三) 主部

这是起诉状的主体,包括"诉讼请求"及"事实和理由"两项内容。

1. 诉讼请求

诉讼请求是指原告向人民法院状告的目的、请求意见和要求。要简明扼要地写清请求人民法院解决的经济利益的争论所在,如要求"偿还债务""即时付清货款""继承遗产""赔偿损失""归还产权"等。这是诉讼要达到的最终目的。若有多项请求的,则要分项列出。

2. 事实和理由

这是指原告提出上述请求的依据。这部分是起诉状的核心部分,它关系到人民法院是否受理此案及对案件的判决。这一部分内容,包括事实和理由两个方面。

(1)事实,即经济纠纷的事实材料部分。要把引起纠纷的原因、时间、地点、经过和分歧的焦点以及侵权行为造成的后果、应承担的法律责任等写清楚,要用充分的证据来证明事实的真实性,使得诉讼有说明力。证据指证明事实的人证、物证、书证和其他有关材料。

(2)理由,即经济纠纷的法律材料部分。理由是诉状的"支柱",无论请求什么,都必须有充分的理由。理由一般分两个层次:一是事实认定的理由,重在分析纠纷的性质、结果、过错责任等;二是法律根据的理由,即提出诉讼请求所依据的法律条文,在引用相关法律条文时应全面、准确、具体。

事实和理由写完后,如有需要,可单独列出证据和证据来源,证人姓名和住址等。

(四)尾部

这是起诉状的结束部分,包括以下三项内容:

(1)致送人民法院的名称。另起一行空两格写"此致",再另起一行顶格写上"×××人民法院",后不加标点。

(2)具状人(起诉人)的签名或盖章。如果是法人或其他组织,不仅要写明全称,还须有法定代表人的姓名和印章。

(3)具状日期。要求年月日写全。

(五)附项

附项一般需写明诉状的证据材料的数量,包括本状副本份数、物证件数、书证件数等。

六、特别提醒

(1)请求事项合理合法,明确具体。

(2)事实经过真实,叙述顺序清楚。

(3)理由分析透彻,法律依据充分。

经济起诉状写作参考模板

经济起诉状

原告:姓名、性别、年龄(或出生年月日)、民族、籍贯、职业、工作单位、住址。(如系单位,则写单位全称、地址)

法定代表人(如原告系单位):姓名、性别、职务

委托代理人:姓名、性别、职业、工作单位

被告:姓名、性别、年龄(或出生年月日)、民族、籍贯、职业、工作单位、住址。(如系单位,则写单位全称、地址)

法定代表人(如原告系单位):姓名、性别、职务

诉讼请求

_____

事实和理由

_____

此致

_____人民法院

具状人:×××(或单位全称)(印章)
法定代表人:×××(印章)
××××年×月×日

附:本诉状副本×份

　　书证×份

　　物证×份

范文赏析

经济纠纷起诉状

原告：××市××综合贸易中心　　地址：××市中山路××号
法定代表人：李××　　性别：男　　年龄：52岁　　职务：总经理
委托代理人：张达　　性别：男　　职业：律师　　工作单位：××××律师事务所
被告：××市××贸易公司　　地址：××市人民路××号
法定代表人：王××　　性别：男　　年龄：50岁　　职务：总经理

诉 讼 请 求

1. 判决被告给付货款14.5万元。
2. 判决被告支付所欠货款利息及有关损失共20万元。
3. 判决被告承担全部的诉讼费用。

事 实 与 理 由

××××年×月×日，原告派采购员王××，先后两次与被告副经理李××签订购销合同。第一份合同系购买各种规格的圆钉共50吨，每吨单价0.22万元，合计人民币11万元。第二份合同系购买镀锌8号线200吨，每吨单价0.165万元，合计人民币33万元。原告严格按合同规定办事，合同签订后一个星期内，分别将两笔货款汇到被告的账号上，共计人民币44万元，分文不差。

但是，被告却不按合同规定办事。原告第一批货款11万元汇出后一个月，被告才首次发出圆钉20吨，其余30吨再无音讯。第二批货款33万元汇出后，亦未见将镀锌8号线发出。原告多次发出函电催货，他们都不予理会。×月份以来，原告两次派人专程赴被告所在地，找被告副经理李××面商，并主动提出，如无货物，可以退款。李××多方推脱责任，继续拖延。至今既未将货物发出，又不给原告退回货款。

两份合同都有规定：若供方在货款到后10日内未将货物发出，则处以货款10%的罚款。被告收到原告货款已经有85天，仍未将货物发齐，实属严重违反合同规定。

原告认为，被告的上述行为构成了明显的违约行为，致使原告的经营活动受到了严重影响，直接经济损失估计近10万元。根据《中华人民共和国民法典》第×章第×条，诉请你院依法秉公裁决。

此致
××市××区人民法院

起诉人：××市××综合贸易中心(公章)
法定代表人：李××(印章)
××××年×月×日

附件：1. 本状副本叁份
　　　2. 物证叁份

简评：该范文符合起诉状的基本格式。标题直接标明文种，首部的原告和被告都是单位，因此依次写明了原告和被告单位名称及所在地址，法定代表人姓名、性别、年龄、职务，委托代理人姓名、性别、职业等。主部的诉讼请求明确具体、合理适度，事实和理由部分叙述了被告侵权行为的具体事实,前因后果详略得当,观点明确,语言表述逻辑严谨。尾部项目齐全,格式正确。

任务实施

练一练

1. 填空题。

(1) 根据诉讼的主体划分,诉讼有_____和_____之分。自诉案件是由_____、_____、_____提起的诉讼;公诉案件是由_____提起的诉讼。

(2) 诉讼案件按性质不同分为三大类_____、_____、_____;经济纠纷属于_____。

(3) 各种诉状的收件人是_____。

(4) 行政起诉状的被告只能是_____。

(5) 经济起诉状的正文包括_____、_____两个部分。

(6) 经济起诉状的尾部包括_____、_____、_____。

写一写

2. 根据下面××有限公司负责人的口述材料,写一份起诉状。

今年 3 月 6 日,我单位与××科技公司签订了安装单位内局域网的合同。合同中约定的 60 台计算机和 1 台服务器,以及安装网络、调试运行均由该公司负责,总计设备费 680 000 元,工程费 60 000 元,合计 740 000 元。3 月 12 日,××科技有限公司来我司安装,3 月 21 日完工。4 月 1 日,我公司按合同付款。安装后,自 4 月中,设备就经常出问题,开始,我司打电话,××科技公司还来修理、调整,后来干脆不来,让我们自己解决。合同规定得很清楚,"设备硬件保修一年,在一年内无偿更换"。可他们根本不履行合同有关规定。我们找了几个计算机专业人员来查看,大家一致认为问题的真正原因是元件质量太差,所以,我们要求退货,但该公司不肯。我们觉得损失太大,所以要起诉,不但要退货,还得赔偿我们的损失。

任务三　撰写经济答辩状

任务导入

李某 2015 年进入某公司工作,并订立 10 年期劳动合同。合同中对岗位、工资、合同解除条件、违约金赔偿等均有明确约定。2020 年,李某向该公司递交了辞职报告,当日下午李某离开该公司。此后,双方劳动关系已实际解除,但未办理有关李某档案转移手续。李某要求该公司办理档案转移手续不成,遂于 2021 年向劳动争议仲裁委员会申请仲裁。该仲裁委员会作出仲裁裁决,裁决该公司为李某办妥人事档案转移工作等。该公司向法院起诉,要求支持该公司不予办理档案转移手续。

不久,李某接到了法院送达的某公司起诉状副本,李某该如何针对起诉状来拟写答辩状,对该公司的诉讼进行反驳呢?

任务要求

1. 了解经济答辩状的概念及分类
2. 掌握经济答辩状的内容要素及写作思路
3. 能够针对经济起诉状写作经济答辩状

知识准备

一、经济答辩状的概念

经济答辩状是指在经济诉讼活动中,被告或被上诉人,在收到人民法院送达的起诉状或上诉状副本后,在法定时间内,针对起诉状或上诉状陈述的事实和理由,进行答复和辩驳的法律文书。

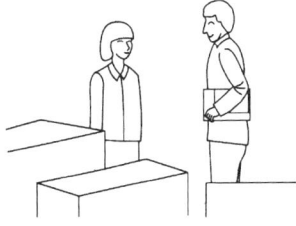

二、经济答辩状的分类

根据案件性质不同,答辩状可分为民事答辩状、刑事答辩状和行政答辩状,而经济答辩状属民事答辩状。

经济答辩状可分为两种:第一种是一审程序的经济答辩状,这是被告针对原告起诉状提出的;第二种是二审程序的经济答辩状(也即上诉程序的经济答辩状),是被上诉人针对上诉人的上诉状提出的。

根据有关法律条文规定,在法律诉讼活动中,原告和被告的诉讼地位是平等的,谁先到法院起诉,谁就制作起诉状,被起诉的一方就制作答辩状。对被告和被上诉人来说,提出答辩状,是一种重要的诉讼权利,体现了原告、被告诉讼权利平等的原则。在答辩中反驳原告、上诉人的诉讼,是被告、被上诉人为维护自身的合法权益,在审判程序中保护自己所采取的一种诉讼手段。提供答辩状,有利于法院全面了解案情,做到"兼听则明",公正合理地断案。

根据民事诉讼法规定,被告或被上诉人应在收到起诉状或上诉状副本之日起15日内提交答辩状。人民法院收到答辩状后,应当在5日内将答辩状的副本发送原告或上诉人。

三、经济答辩状的结构和写法

答辩状的写作格式与起诉状有很多相似之处,由标题、首部、主部、尾部、附项组成。

(一)标题

常见的经济答辩状的标题有两种:第一种是用"答辩状"直接作标题;第二种是由纠纷案件性质加文种组成,如"经济纠纷答辩状""民事诉讼答辩状"。

(二)首部

首部要写清答辩人、法定代表人及诉讼代理人的基本情况。如果答辩人有两人以上,按起诉状中被告或上诉状中被上诉人的顺序列出答辩人的基本情况。

同起诉状一样,如果答辩人是个人的,要写明答辩人的姓名、性别、年龄、民族、籍贯、职业(职务)、工作单位、住址等内容;答辩人是法人或其他组织的,应写明其名称、所在地址,然后写明法定代表人的姓名、职务、电话等。如果代理人是答辩人的亲属,应注明与答辩人的关系;如果代理人是律师,要写明姓名及所在的律师事务所名称。

与起诉状不同的是,答辩状只要写答辩人的基本情况,不必写原告或上诉人的基本情况。

(三)主部

主部包括案由、答辩理由、答辩建议三个部分。

1. 案由

案由即答辩的起因,应写明对何人的起诉或上诉进行答辩。

一般为程式化的语言,通常写为"因×××××(案由)一案,根据原告(上诉人)提出的诉状,答辩如下"或"答辩人因原告(上诉人)×××提起×××诉讼一案,提出答辩如下"。

2. 答辩理由

这是答辩状的主体,是答辩能否成功的关键部分。写作时主要针对原告或上诉人在诉状中提出的诉讼请求、事实和理由进行答复和辩解。答辩状中答辩的理由有以下几种情况:

第一,如果对方当事人提出的事实和理由是合情合理的,诉讼请求也是妥当的,则被告或被上诉人自动放弃答辩。

第二,如果对方当事人提出的事实是正确的,但仅是对原告或上诉人有利的一部分事实,则答辩人应补充出另一部分事实,分析对方隐瞒事实的意图,从而反驳对方的诉讼请求。

第三,如果对方当事人提出的事实和理由虚假或部分虚假,则答辩人应抓住对方虚假的事实和理由,并运用新的事实和理由反驳对方的诉讼请求,进而指出起诉请求不成立。

第四,如果对方当事人提出的事实本身是准确的,但依据的法律条文有出入或对法律的理解有偏差,答辩人应当据理反驳。

答辩理由的写作一般先列举对方诉状中的错误事实或理由为反驳的依据,树立靶标,然后列举事实或理由或相关的法律条文,作为反驳的论据,再运用逻辑推理得出新的结论。

3. 答辩建议

这部分是答辩人在提出事实、法律方面的答辩后,对本案的处理依法提出自己的答辩主张,请求法院裁判时予以考虑。如果说答辩理由是"破",则答辩主张为"立"。

(四)尾部

这是答辩状的结束部分,包括以下三项内容。

(1)致送人民法院的名称。另起一行空两格写"此致",再另起一行顶格写上"×××人民法院"。

(2)答辩人的签名盖章。如果是法人或其他组织,不仅要写明全称,还须有法定代表人的姓名和印章。

(3)答辩状写作日期。要求年月日写全。

(五)附项

附项一般需写明答辩状副本的份数,如"本答辩状副本×份;物证×份;书证×份"。

四、特别提醒

(1)答辩要有针对性,反驳要有力。

（2）事实要澄清,要依事论理。

（3）法律条文要熟悉,要有法可据。

范文赏析

经济纠纷答辩状

答辩人:苏州市××贸易公司

地址:苏州市人民路××号

法定代表人:王××　　性别:男　　年龄:50岁　　职务:总经理

委托代理人:李放　　　性别:女　　职业:律师　　工作单位:苏州××律师事务所

因××市综合贸易公司经济合同纠纷一案,根据原告提出的诉状,答辩如下:

原告诉称:原告与答辩人签订了两份合同,但答辩人没有如期交货,造成原告经济损失,要答辩人付违约金、赔偿款20万元。

原告所述失实。答辩人在××××年×月×日、×月×日先后两次与原告签订购买圆钉和镀锌8号线两份合同,金额共44万元,合同规定×月×日首货款必须全部汇到答辩人账号。但是直到×月×日,原告货款仍未汇到,迫于资金周转的压力,答辩人被迫将组织到的货源如数退掉;由于圆钉和镀锌8号线货源极为紧张,×月×日市场价格分别上调10％和15％,×月×日原告款项才汇入答辩人账户,但答辩人已无法按原价组织货源,原合同由于原告的违约已无法履行。答辩人通知原告予以退款,原告却坚持按原价履行合同,否则除退款外另加付违约金、赔偿金20万元。这就是事实真相。

综上所述,答辩人认为,原合同无法履行的根本原因在于原告的违约,原告应负全部责任。原告的诉讼请求缺乏事实及法律依据,请求法院查明真相,依法作出公正判决,以维护答辩人的合法权益。

此致

××市××区人民法院

答辩人:苏州市××贸易公司(公章)
法定代表人:王××(印章)
××××年×月×日

附件:1. 本答辩状副本壹份

　　　2. 物证叁份

简评:该范文符合答辩状的基本格式。标题中揭示了案件的纠纷性质,首部的答辩人是单位,因此依次写明了答辩单位名称及所在地址,法定代表人姓名、性别、年龄、职务,委托代理人姓名、性别、职业等。主部针对起诉状中的错误事实进行了有力反驳,进而指出对方的诉讼请求不成立。尾部项目齐全,格式正确。

经济答辩状写作参考模板

答　辩　状

答辩人:姓名、性别、年龄(或出生年月日)、民族、籍贯、职业、工作单位、现住址(如系单位,则写单位全称、地址)

法定代表人(如答辩人系单位):姓名、性别、职务

委托代理人:姓名、性别、职业、工作单位(如是律师,应写明工作单位)

因×××诉我(单位)××××一案,答辩如下:

_____

_____

此致

_____人民法院

答辩人:×××(或单位全称)(印章)

法定代表人:×××(印章)

××××年×月×日

附:1. 本答辩状副本×份

    2. 书证×份

    3. 物证×份

任务实施

练一练

1. 填空题。

(1) 根据案件性质不同,答辩状可分为_____、_____、_____,而经济答辩状属

_____。

(2) 答辩状根据法律程序不同可分为两种:_____、_____。

(3) 根据民事诉讼法规定,被告在收到起诉状副本之日起____日内提出答辩状。

(4) 人民法院收到答辩状后,应当在____日内将答辩状的副本发送原告。

(5) 答辩状的主部包括_____、_____、_____三项内容。

(6) 决定答辩能否成功的关键部分是_____。

改一改

2. 找出这份答辩状中的错误之处。

答 辩 状

××市××区人民法院:

    ××公司告我厂违约实在是冤枉。事实是双方签订了一份合同,约定由我厂为××公司加工制作一批儿童服装,但××公司未能在规定时间提供原材料。我厂为了不使工厂停工,只能改做其他单位的加工订货,因此才使得我们的交货超过了规定时间。所以责任主要在对方,希望人民法院能查明事实,作出公正的判决。

答辩人:××服装厂厂长×××

20××年×月×日

3.根据下列材料写一份答辩状,要求写作格式规范,内容完整清晰,用语准确。

有亲兄妹俩,哥哥王亮,妹妹王灿,他们都是无锡锡山区人。哥哥住在崇安区某新村,妹妹住在南长区某新村。其父早过世,其母78岁了,一人独居在锡山区某镇上,长期身体不好,平时家中请保姆照料。不久前,母亲去世,留下了私房2间;金银首饰数十件,价值10万元;储蓄人民币40多万元。哥哥认为自己是王家唯一的继承人,依风俗习惯,许多家庭父母家产都是由儿子继承。哥哥认为,妹妹出嫁以后,没有真正尽到赡养义务,没有经常看望母亲,也没有承担赡养费。妹妹一纸诉状,把哥哥告上了法庭。对此,哥哥向法院递交了一份答辩状。请代哥哥王亮拟一份答辩状。

任务四　撰写商品广告

任务导入

1∶1∶1,金龙鱼比出新天地

在中国,嘉里粮油(隶属马来西亚华裔创办的郭氏兄弟集团香港分公司)旗下的"金龙鱼"食用油,10年来一直以绝对优势稳居小包装食用油行业第一品牌地位。

调和油这种产品是"金龙鱼"创造出来的。当初,金龙鱼在引进国外已经很普及的色拉油时,发现虽然有市场,但不完全被国人接受。原因是色拉油虽然精炼程度很高,但没有太多的油香,不符合中国人的饮食习惯。后来,金龙鱼研制出将花生油、菜籽油与色拉油混合的产品,使色拉油的纯净卫生与中国人的需求相结合,使得产品创新终于赢得中国市场。

为了将"金龙鱼"打造成为强势品牌,"金龙鱼"在品牌方面不断创新,由最初的"温暖亲情·金龙鱼大家庭"提升为"健康生活金龙鱼",然而,在多年的营销传播中,这些"模糊"的品牌概念除了让消费者记住了"金龙鱼"这个品牌名称外,并没有引发更多联想,而且,大家似乎还没有清楚地认识到调和油到底是什么,有什么好。

2002年,"金龙鱼"又一次跳跃龙门,获得了新的突破,关键在于其新的营销传播概念"1∶1∶1"。看似简单的"1∶1∶1"概念,配合"1∶1∶1"最佳营养配方的理性诉求,既形象地传达出金龙鱼由三种油调和而成的特点,又让消费者"误以为"只有"1∶1∶1"的金龙鱼才是最好的食用油。

十年磨一剑。金龙鱼在2002年才让中国的消费者真正认识了调和油,关键在于找到了一个简单的营销传播概念。

(资料来源:《广告营销经典案例分析:创造最好的产品》)

以上可见,商品营销的策略很多,但商品营销的成功绝对离不开商品广告,好的商品广告所彰显的威力足以让人目瞪口呆。

任务要求

1.了解商品广告的概念和特点

2. 掌握商品广告文案写作的结构要素

3. 能评析并写作简单的广告语

知识准备

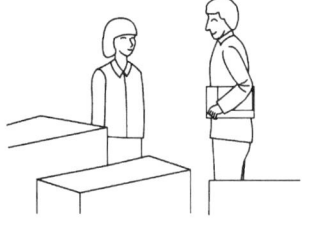

一、商品广告的概念

英语 Advertise(广告)这一术语,源于拉丁语 advertere,有"注意""诱导"等意思,但就字面解释,是唤起大众注意某事物,并诱导至一定方向所使用的一种手段。

广告有广义和狭义之分,广义的广告包括以盈利为目的的经济广告,也包括不以盈利为目的的非经济广告,如公益广告。狭义的广告专指以盈利为目的的商业广告,也叫商品广告。

所谓商品广告是指以经济利益为根本目的,有计划地通过媒介传播商品、服务或树立企业形象,从而促进销售的大众传播活动。

二、商品广告的作用

商品广告是一种宣传手段,在向社会传递信息的同时,还有介绍、说明、启发、提醒、说服和诱导等多种功能,在经营活动中有着不可忽视的作用,主要表现在以下几个方面。

1. 活跃经济、繁荣市场

我国地域辽阔,各地区产品各有优势,依靠覆盖范围广泛的现代广告宣传,就能轻松地为企业产、供、销三方面架起桥梁,利于调剂余缺,扩大销售,繁荣市场。

2. 了解商品、引导消费

商品广告便于消费者及时了解商品的性能、特点、购买方式、购买渠道等信息。众多强有力的商品广告,既可以刺激消费者购买欲望,影响他们的消费习惯,又能让消费者从比较中选择自己满意的商品。

3. 指导生产、促进竞争

企业从商品广告中,可获取大量经济情报和市场信息,根据市场变化和需求及时调剂品种,调整计划,进行决策。同时这些信息也促进企业对已有产品进行改进和新产品的开发,增强企业自身的竞争力。

4. 美化生活、改善环境

一则好的广告,不仅能让人们从中了解商品的知识,还可得到美的享受。广告中美的语言、美的形象、美的观念、美的情感、美的画面往往能潜移默化地作用于人们的心灵,从而激发人们去积极改善、美化自己的生活和环境。

三、商品广告的特点

1. 真实性

真实性是商品广告的生命和本质,是商品广告的灵魂。作为一种负责任的信息传递,真实性原则始终是广告设计首要的和最基本的原则。

为了确保广告的真实性,《中华人民共和国广告法》第三条规定,广告应该真实、合法,符合社会主义精神文明建设的要求;第四条规定,广告不得含有虚假的内容,不得欺骗和误导消费者。

2. 原创性

商品广告的原创性就是要有独创性,是个性化的内容和独创的表现形式的和谐统一。广告设计的创新性有助于塑造鲜明的品牌个性,能让品牌从众多的竞争者中脱颖而出,强化其知名度,鼓励消费者选择此品牌。因此,品牌个性是一个有价值的资产。

3. 法规性

《中华人民共和国广告法》第五条规定,广告主、广告经营者、广告发布者从事广告活动,应该遵守法律、行政法规,遵循公平、诚实信用的原则。此项规定明确要求商品广告在市场竞争中不得侵权、不得恶意攻击同类商品或竞争对手。

4. 艺术性

商品广告重要的美学特征在于"达意",正确真实地表达产品本身的个性特征,即通过美表达出真(产品的真实可信)和善(产品的质地优良)。

真,是美的基础,在商品或服务信息的传递上要立足于真实,不能虚假和伪造。善,是要表达产品的实用价值,对社会、对消费者有实际利益。只有实现了善,才可能有美的存在。美,必须建立在真善的基础上,但美最终是为了真、善。只有真、善、美三个方面的高度统一,商品广告的艺术美才能得以充分体现。

5. 民族性

商品广告是针对一定时期、一定区域、一定对象的,必须适应相应的社会生活和文化传统,诸如时代气息、生活方式与习惯、风俗、禁忌等。"国际品牌,本土文化"这句话既是商品广告定位的策略问题,也是文化对立、沟通、交融的认识问题。一些拥有全球品牌的跨国公司,如果不顾国家与地区市场的文化差异,按照自己的意愿做广告,必将付出惨重代价。

6. 传播性

商品广告的最终目的是获得经济效益。成功与否,一个重要的标志就是看传播过程是否合理有效。为了达到这一目的,任何商品广告产生之前,都要拟定广告策略,了解消费者的购买动机,针对他们的消费心理投其所好。

四、商品广告的分类

根据传播媒介的不同,广告可分为路牌广告、报刊广告、广播广告、电视广告、网络广告等几种。路牌广告包括橱窗、招贴、霓虹灯等广告。报刊广告以文字为主,也可配以图像。广播广告通过声音播出,有的还配以乐曲。电视广告兼有上述三种形式的特点,包含文字、图像、播音、乐曲,是最重要的广告宣传形式。随着电脑、智能手机普及,广告开始充分利用网络功能作宣传,并且网络成为最具潜力的广告宣传方式。

五、商品广告文案的结构和写法

一则典型的商品广告文案,由标题、正文、广告标语(口号)、落款四个部分组成。

(一)标题

标题是揭示广告主题的短句,被喻为广告的灵魂。好的标题能有效地吸引注意力,传递重要的广告信息,诱导消费者阅读正文。常用的广告标题有直接标题、间接标题和复合标题三种。

1. 直接标题

直接标题就是把最重要的事实和情况直截了当地告诉消费者。例如,"松树牌人参精"直接道出商品名称;"朵而,由内而外的美丽"直接道出商品名称和作用。

2. 间接标题

间接标题用迂回的办法诱导消费者饶有兴趣地去阅读广告正文。例如,"眼睛是灵魂的窗户,为了保护您的灵魂,请给窗户安上玻璃吧!"这则美国眼镜广告标题,它没有直接说出广告的商品,但已用暗喻的手法间接地告诉了消费者,从而使消费者乐于接受这样的诱导。

3. 复合标题

复合标题是上述两类标题的结合形式,使两类标题在一起相映成趣,更好地发挥广告效应。例如,"正题:松下变频式空调的使用者越来越多,副题:这么多的笑脸是舒适性和令人信赖的质量之证明""引题:四川特产,口味一流,正题:天府花生,副题:越剥越开心"。

(二) 正文

这是商品广告构成要素中属于文章形态的部分,它必须是简洁通俗的日常用语,必须针对目标诉求对象对广告的产品或服务作具体而真实的阐述。撰写时必须能有效地强调广告产品或服务的魅力与特点,且要有趣味性。

1. 商品广告的主体内容

商品广告的主体内容一般有以下三个方面:

(1) 商品的名称、性能、特点、用途、价格和使用方法等。

(2) 商品销售的方式、时间、地点等。

(3) 为顾客所提供的售后服务、责任和其他好处。

2. 商品广告主体的结构

商品广告主体的结构一般也有以下三个部分:开端、中心段、结尾。

例如,雀巢咖啡广告词:"(开端)瑞士雀巢公司隆重向您推出驰名中外的雀巢咖啡。(中心段)精选优良的咖啡豆焙烘而成,用一茶勺雀巢咖啡加热水、加糖,就即刻冲成一杯香浓美味的咖啡,提神醒脑,敬客自奉,至高享受——(结尾)味道好极了!雀巢咖啡!"

3. 商品广告正文的写法

商品广告正文的写法有陈述式、问答式、证言式、文艺式(描写式)等。

陈述式:直截了当陈述商品名称、功能、规格、价目,让人一目了然。例如,神奇牌蒸汽电熨斗的广告词:"一气呵成,无需反复。增加了强力蒸汽,喷气量大小可供选择,便于携带,易于存放,大面积熨烫,速度快,成型效果极佳,它的出现——改写了熨烫工具的历史。"

问答式:采用设问或对话形式介绍商品,形式活泼,易于激发消费者好奇心和购买欲。

证言式:借用权威人士和明星评价或赞誉来宣传介绍商品,也可用获奖情况、荣誉称号或典型用户的见证来证实广告内容的真实性。例如,汰渍洗衣粉电视广告,就是通过一位家庭主妇讲述亲身体验来证明产品的功效。

文艺式(描写式):运用艺术语言介绍商品。集诗歌、散文、小说、童话、戏剧、歌曲、对联、相声小品体等各种文艺形式,增强广告的形象性和感染力。

(三) 广告标语

广告标语也叫广告口号。它与标题不同,主要功能在于表达企业的目标、主张、政策或商品的内容、特点、功能等,是企业从长远的利益出发,在一定时期内反复使用的特定宣传语句。标语可以放在广告版面的任何位置,有时可以取代标题置于广告版面的显著位置。广告标语在广告中往往起到画龙点睛的作用。

作为"语言的标志",标语必须是具有韵味且意义完整的句子。它必须易读、易记并具有强化商品形象的功能。广告标语一般都只有寥寥几字,很少超过十个字。它还必须适合于反复诉求,容易记忆,并有一定的号召力,通俗而具有现代感。

一句广告语是否精彩,一般可从几个方面来评析:一看广告语是否突出了商品品牌及其最重要的特点。二看广告语是否有好的语言形式。在广告词中最常见的修辞手法就是对偶和双关。三看广告词有无体现人文关怀。现代社会提倡"以人为本",这一思想也应渗入广告语中。

例如,现代汽车的广告标语"驾驭现代,成就未来!"这句广告语中,一有商品的品牌——"现代"两字,鲜明地突显了一种"现代生活"的理念;二在语言上运用了对偶和双关,驾驶现代车,有助于你开创未来;三体现了一种人文关怀,在做商品推介的同时告诫人们要珍惜现在,把握住现在,利用好现在,成就自己的人生,开拓自己的未来。

(四) 落款

商品广告的落款也叫商品广告随文,又称附文,是广告文案的附属文字部分,是对广告内容必要的交代或进一步的补充。例如,附上生产销售单位的名称、地址、开户银行、联系人、联系电话等;有时也写一些促销活动的解释性话语,如奖品的兑现方法及解释权等。

范文赏析（一）

亮出身份特权　就在动感地带

一片动感地带 SIM 卡,特权身份就是我的。除了基本通话功能,还拥有四大特权任我享用:狂打电话特权——多种动感资费套餐供应,让我放下话费包袱,轻松饱尝沟通乐趣;喜新厌旧权——常有新款手机打包给我,旧的没去新的已经来了;花样翻新权——业务极大丰富,听的说的,看的玩的,都是我变着花样想要的;有福同享权——N 多厂商与我联盟,吃穿玩用都有特殊待遇,别人的地盘,正在变成我的地盘。我爱这特权,爱这里东东特别全。

口号:动感地带,我的地盘,听我的

中国移动服务热线:10086

简评:这则广告文案结构完整,由标题、正文、广告标语(口号)、落款四个部分组成。采用直接式标题,鲜明生动道破商品名称、作用,由此增强了品牌形象的吸引力。正文部分,侧重突出四大功用,写得简洁而生动。广告口号,既显示了品牌特点,又体现了人文关怀,言语中充满拥有它的自信和霸气,易读易记,激发了消费者必须拥有它的一种内在冲动。

范文赏析（二）

电视画面——父亲与儿子的对话

儿子:给您换一个大的,看得清楚,遥控,坐哪里都没问题。

妈不在了,一个人吃饭不能随便,给您买了微波炉,又快又方便……

您腰不好,有时间就用它按摩,很舒服呢。

爸,我走了,有事传呼我。

父亲:又不能在家吃饭了?

儿子:以后再说吧,哪儿不是吃饭? 朋友多,天天都要应酬。爸,我走了。

……

儿子:我跟他们说了,今天哪里都不去。

爸,咱们先做饭,吃完再陪您下两盘,很久没跟您下棋了。

字幕:沟通就是关怀。电信沟通　心意互通

简评:这是香港 4A 广告创作大奖"金帆奖"的爱立信广告片文案《父子篇》中的片段。"爱立信"曾经做过一组非常著名的品牌形象广告,它是从最易引起消费者共鸣的亲情入手,通过《代沟篇》《父子篇》向消费者传达爱立信品牌形象——沟通就是"理解",沟通就是"关怀"的利益承诺。整个文案运用写实手法,演员完全是生活化的人物,语言也是地地道道的生活中的语言,用感人肺腑的细节,把如何"理解"、如何"关怀"写得情真意切。

任务实施

练一练

1. 下列广告语和广告词有何特色?

(1) 别克君威——在动静中容智慧,于无声处见君威。

(2) 吉利汽车——沟通于心,服务于行。

(3) 除了妈妈外,最爱护我的就是强生。

(4) 娃哈哈采用的说唱形式的电视广告词:

唱:中国有个娃哈哈,说:千家万户都知道它。

唱:一日两瓶营养液,说:每天吃饭就是香。

唱:银耳燕窝好气派,说:送给爷爷和奶奶。

卡通唱:酸酸甜甜新果奶,说:妈妈我要——喝。

写一写

2. 为自己所在学校设计招生广告宣传标语。

3. 为自己喜欢的一种物品写一篇完整的广告文案。

任务五　撰写调查报告

任务导入

　　江南集团有限公司财务部出纳兼公司文员古月,刚进公司不久,公司总经理为考察其工作能力,要求她对公司财务制度进行一次为期两周的调查,并形成书面报告。事关工作前程,古月必须及时撰写出一份格式规范、内容完备的调查报告。

任务要求

1. 了解调查报告的性质、作用、特点及类别
2. 掌握调查报告的内容要素及写作思路
3. 能够根据相关要求独立撰写调查报告

知识准备

一、调查报告的性质及作用

调查报告是对客观事物深入细致地调查和研究后,揭示事物本质或反映事物客观规律的书面报告。

调查报告是经济活动和管理工作中获取信息、解决问题常用的一种重要手段。它主要有四个方面的作用:一是能为领导者正确决策和指导工作提供依据;二是能传播经验,推动工作;三是能揭露问题,引发关注;四是能澄清事实,消除影响。

二、调查报告的特点

1. 材料的客观性

调查报告必须以客观事实为基础,掌握和分析客观真实的材料,由此得出正确的结论。如实反映客观事实和结论,调查报告才有价值。

2. 主旨的针对性

调查报告应有的放矢,带有一定目的、有针对性地调查了解社会、基层、市场等情况,把好的工作方法和典型经验及时加以研究推广,将人们普遍关心的问题或尚未引人注意的问题加以披露,让人引以为戒。

3. 观点的科学性

调查报告不只是把调查得到的事实材料公之于众,而是要从事实中引出带规律性的观点和结论,使读者得到科学、正确的指导。

三、调查报告的类别

调查报告按照性质划分,可分为反映社会情况的调查报告、推广典型经验的调查报告和揭露问题的调查报告。

调查报告按照内容涉及的范围划分,可分为综合调查报告和专题调查报告。

四、调查的方法

(一)调查的基本方法

调查的基本方法有普遍调查、典型调查、重点调查、抽样调查、个案调查等。普遍调查是全面性的调查,花费大、时间长,不仅不经济,而且调查的结果往往因为时间长而失去意义。在社会发展迅速,各方面情况变化速度较快的当下,一般不采用普遍调查的方法,而大多采用典型调查、重点调查、抽样调查、个案调查的方法。

1. 典型调查

典型调查是指从调查对象的总体中选取一个或几个具有代表性的单位,如个人、群体、组织、社区等,进行全面、深入的调查。其目的是通过直接地、深入地调查研究个别典型,来认识同类事物的一般属性和规律。

正确地选择典型是进行典型调查的关键。典型选得适当,调查的结果可以真实地反映同类事物的一般属性。典型选错了,调查的结果就不能真实地反映同类事物的共性,只会得出错误的结论。典型是客观存在着的,不是调研者主观选就的。调查者选择典型的过程,是根据调研目的,在调查对象中发现和确定典型的过程。

典型调查的目的不在于认识少数的几个典型,而在于借助于典型认识它所代表的同类事物的共性。这就要求对典型进行深入的、全面的直接调查。

2. 重点调查

重点调查是通过对重点样本的调查来大致地掌握总体的基本数量情况的调查方式。所谓"重点",是指总体中那些在某一或某些数量指标上占有较大比重的单位或个体。

重点调查与典型调查一样,它们都不是采取随机抽样的方法确定具体的调查对象,因此,选点都易受主观因素的影响。但它们调查对象的数量都较少,因此都比较省时、省力、方便易行。两者的差异在于:重点调查的具体对象是重点,重点不一定要有代表性或典型性,而要求在总体中具有重要地位或在总体的数量总值中占有较大比重,而典型调查的对象则要求其具有代表性或典型性;另外,重点调查主要是数量认识,而典型调查主要是性质认识。

3. 抽样调查

抽样调查是指从调查对象的总体中抽取一些个人或单位作为样本,通过对样本的调查研究来推论总体的状况。

与典型调查相比,抽样调查一般是标准化、结构式的社会调查,它具有综合定性研究和定量研究的功能。因此,抽样调查已成为现代社会调查的主要方式。

抽样调查的调查对象一般要求采取随机抽样的方法确定。随机样本的代表性较少受到抽样者主观因素的影响,其代表性是由随机抽样方法来保证的。因此,抽样调查的可信度和有效度首先依赖于科学的抽样方法。

根据调查任务的具体要求,确定总体的范围,这个范围就是抽样的范围。如果不能明确抽样的具体范围,就不能采取随机抽样的方法进行抽样。

4. 个案调查

个案调查有两种情形:一是专项调查,即调查的对象只有一个个体,调查的目的只是了解这一个体的状况;二是从某一社会领域中选择一两个调查对象进行深入细致的研究。这种研究的主要目的就是认识所选调查对象的现状和历史,而不要求借此推论同类事物的有关属性。因此,个案调查如需选择具体的调查对象,则并不要求其代表性或典型性,但要求个案本身具有独特性。

(二)调查的具体方法

具体的调查方法可分为以下三种。

1. 观察法

观察法是调查者亲临现场,对被调查者的行为、言谈不直接提出问题,而是在被调查者无所感知的情况下进行调查。这种调查方法可以细致地观察被调查者的行动、神态、所处的环境等。通过这种调查所搜集的资料比较真实可靠,推断出来的结论非常接近实际,效果比较好。它的不足之处是调查面较窄,花费时间较多,所接触的只是一些事物的表象,有时不能深刻地揭示事物的内在因素。

2. 询问法

询问法是调查者事先确定好调查内容,通过与被调查者的接触、交流,取得调查资料。交流可以用书面、电话、面谈等方式进行。

3. 实验法

实验法是调查者有目的、有意识地通过改变某些重要因素来认识被调查对象的本质及其发展规律的方法。例如,当商品设计、包装、品质、价格、广告、陈列方式等因素改变时,就经常通过这种调查方法来了解它们的效果如何,是否有发展前途,还存在哪些问题等。市场上经常举办的展销会、新产品试销活动等都是实验法的具体表现。

以上三种调查的具体方法可以单独使用,也可以结合起来使用。

五、调查报告的写作

调查报告的结构一般由三部分组成:标题、正文、落款。

(一)标题

调查报告的标题一般有以下三种写法。

1. 公文式标题

公文式标题常用介词"关于"引出调查的对象、内容或范围,再加"调查报告",如《关于××企业文化建设情况的调查报告》《关于××公司推行人事制度改革的调查报告》。公文式标题能使读者对调查对象和调查内容等有个大概的了解。

2. 文章式标题

文章式标题一般用于概括调查内容或提示调查结论、表明观点,如《改善经营管理,提高经济效益》《××农民是如何脱贫致富的》。这类标题便于读者抓住调查报告的中心。

3. 新闻式标题

新闻式标题又叫复合式标题,即同时使用上述两种标题。上一行是正题,用文章式标题点明调查内容或主要观点,下一行是副题,用公文式标题补充说明调查对象、内容或范围,使读者在阅读正文前就对调查报告的情况有初步了解,如《深化改革,走出困境——关于××市××厂改革经营方式的调查》。

(二)正文

调查报告的正文一般分为前言、主体和结尾三部分。

1. 前言

前言或叫开头、引言、导语。内容不同,写法也不同。常见的写法有三种:一是交代基本情况,如调查的时间、地点、对象、范围、方式、目的等;二是概括全文内容,或揭示主旨;三是介绍主要经验或成果。

无论是哪种写法,都要为主体的开展做好准备,打下基础,要求言简意赅,明确醒目,引人注意,富有吸引力。

2. 主体

主体部分是调查报告的主干、核心,主要运用整理出来的材料,展示事物发生、发展、变化的过程,揭示出事物的本质和规律;从材料的分析中,揭露事物的矛盾,抓住问题的关键,阐明正确的观点,获得正确的结论,找出解决问题的途径和方法。

不同的调查报告包括的内容有所不同。反映社会情况的调查报告内容包括"情况"和"分析";推广典型经验的调查报告内容包括"做法"和"效果";揭露问题的调查报告包括"问题"和"原因"。

调查报告的类型不同,主体的写法也随之而异,但合理地安排结构,则是共同的要求。调查报告的主体通常按下面三种结构方式进行写作:

(1) 纵式结构,即按事件发生、发展的顺序写,材料前后连贯。

(2) 横式结构,即把材料概括为几个方面分别阐述。

(3) 纵横结合式结构。材料总体上分为并列的几个部分,在每一部分内又是按事件发生、发展顺序写,材料前后连贯;或材料总体上分为连贯的几个部分,在每一部分内又是互相并列的。

3. 结尾

结尾要根据调查报告的不同种类来写。反映社会情况的调查报告结尾可针对情况提出建议;推广典型经验的调查报告结尾可阐述重大意义,提出希望;揭露问题的调查报告结尾可以提出处理意见和改进措施。如果主体部分已包含上述内容,可不加结尾部分。但不管写什么,都要写得简明扼要,不要单纯地重复主体的内容,更不能"画蛇添足",说些与主题无关甚至损害主题的话。

(三) 落款

正文结束之后,一般在正文右下方写明调查报告作者的名称,以示对调查报告所反映的内容负责,并写上成文日期。

资料卡

写作调查报告的步骤

1. 确立调查目标,制订调查计划。

2. 深入实际,认真调研,广泛收集资料。

3. 认真研究,分析整理,得出结论。

4. 编写提纲,提炼观点,形成报告。

5. 修改润色。

范文赏析

××省高校大学生宗教信仰情况调查报告

宗教作为一种意识形态,在长期的传播过程中拥有深厚的土壤,对当代大学生也必然产生一定影响。而大学生作为国家的未来,在现代化建设中具有非常重要的地位。基于此,高校大学生宗教信仰现状的调查显得必不可少,因此,在这一背景下设计了"大学生宗教信仰调查问卷",对××省部分高校进行了问卷调查。

本次调查主要对××农业大学、××中医药大学、××大学、××医药学院、××化工学院等 5 所院校进行调查,调查范围涵盖各高校 4 个年级本科生。调查问卷采取抽样调查的方式进行,调查主要以电子问卷形式为主,借助微信、QQ等社交软件发送问卷。

此次调查主要为以下几方面:首先是全部参与调查大学生对宗教的基本认识、对社会主义社会的基本了解以及对高校思政课教育的认同度基本认识;其次是对有宗教信仰大学生相关问题的调查;最后一部分是为对没有宗教信仰大学生相关问题的调查。在获得调查问卷数据后通过"问卷星平台"的信息处理工具对调查数据进行汇总整。

此次调查共发放电子问卷 1 000 份,在为期一周的调查问卷发放后,回收有效问卷 996 份,有效回收率为 99.6%。在 996 份调查问卷中,表示有宗教信仰的学生有 62 人,没有宗教信仰的学生有 934 人,有宗教信仰的学生占调查总人数 6.22%。

一、获取宗教信息途径分析

调查数据显示,在了解宗教的途径中,有 24.2% 的学生通过"家人"认识宗教,有 5.73% 的学生通过"朋友或同学"开始接触,5.92% 的学生通过"路人发宣传册"了解,0.5% 的学生表示通过"专门的传教团"了解,43.47% 的学生表示通过"书籍或网络"了解宗教,其他形式的有 20.8%。从中不难看出,大学生对宗教的了解与接触的途径并不单一,而其中主要来自家人及书籍或网络的传播。因此,这一调查结果应引起重视,同时相关书籍以及网络信息的广泛传播也是不可忽视的。但是当问及在校园内是否收到过宗教宣传品时,全部调查者中有 1.91% 表示"经常",16.57% 调查者表示"偶尔",81.53% 表示"从未",从这一方面体现出高校校园内对于宗教非法宣传的管控相对较成功。

二、对宗教基本认识的分析

在全部调查者中,有 504 名调查者认为宗教是"一种古老的历史文化",占调查者的 50.6%;有 79 人认为是"封建迷信的产物",占总调查者的 7.93%;有 276 名调查者认为是"唯心主义的产物";占总调查者的 27.71%。在科学与宗教是否对立方面,有 47.99% 的学生认为是"对立可协调"的,有 7.03% 的学生认为"对立不可协调",有 16.06% 的学生认为二者"不对立",有 28.92% 的学生认为"说不清";在邪教与宗教是否一样的调查中,有 63.96% 的调查者认为"不一样",有 27.01% 的调查者认为二者"有相似,但是邪教违法",有 1.91% 的调查者认为"二者一样",有 7.13% 的调查者认为"说不清"二者的关系。从中可以见得,理念的正确与否意义十分巨大,这一点在宗教信仰上也一样。而从数据中可以分析出,调查者中普遍对宗教持有正确的认识,并且对宗教认识相对理性,同时对于宗教的认识具有一种发展性的眼光。从中可以看出学生对事物的包容性较大,但同时也看出部分学生对宗教与科学、宗教与邪教之间的关系缺乏准确的辨别能力,无法对其关系进行准确的判定。

三、对信仰宗教种类的分析

从调查中得出,总信教学生数中信仰佛教的学生占总数的 46.77%,信仰基督教或天主教的学生占总数的 14.52%,信仰伊斯兰教的占总数的 6.45%,信仰道教的占总人数的 9.68%,信仰其他宗教的学生占总调查数的 22.58%。

从中分析出,佛教偏多,说明其在中国长时间的传播中,使佛教在我国传播范围和影响力都更深入人心,其次是近代传入我国的西方基督教或天主教,这表现出近代以来西方宗教在我国的宣传确实已经具有一定影响力,并逐步影响到我国青年人。

四、对高校宗教相关教育开展情况的分析

在这一问题调查中,对所在学校是否开展过宗教方面教育时,有 49 名学生表示"有,并开设相关课程",有 45 名学生表示"有,经常召开相关座谈会议",有 218 名学生表示"印象不

深刻",有 622 名学生表示"没有"。同时,有 532 名学生表示学校应该增强大学生宗教常识及宗教政策的宣传教育,并表示大家对这方面认识不足。而学生们对此类教育的需求排在前三位的内容为:宗教的历史文化和发展现状、宗教与社会主义的关系、我国宗教制度和宗教政策,人数分别为 620 人、412 人、408 人。

可以看出,现在高校对于宗教的正面教育工作不够,这不利于大学生通过高校这一正规的途径来了解宗教及我国宗教政策,对宗教产生正确认识,并更准确地理解我国宗教政策等一系列问题,也不利于高校学生通过大学的学习过程形成正确的宗教观。

五、结语

对高校大学生宗教信仰调查问卷分析可知,在 996 人中,虽然有宗教信仰的学生占比不大,但是绝对数不小,共有 62 人。其中在调查分析中展现出的各种现象,也有很多值得深思的方面,比如大学生普遍对我国宗教政策不了解、无法完全正确地看待宗教与社会主义社会之间的关系等,因此在进入新常态的当今世界,了解大学生宗教信仰现状不可忽视。高校作为培养大学生的重要场所,承担着培养具有坚定马克思主义信仰的年轻人的责任,因此对大学生宗教信仰问题予以重视是高校相关部门要特别重视的环节,进而通过对高校大学生的理想信念的教育,为社会主义现代化建设提供力量源泉。

大学生作为即将步入社会并接受高等教育的一类群体,其宗教信仰问题更是当前高校相关部门要特别重视的环节。探索更多适合解决高校大学生的宗教相关问题的对策,使高校大学生成为有坚定马克思主义信仰的群体,为社会主义现代化建设贡献自己的力量具有非常重要的现实意义。

简评:高校作为意识形态斗争的前沿阵地,是传播先进思想,培养社会主义建设者和接班人的重要场所。因此积极向上的文化建设必不可少,该问题是值得调查研究的课题。范文是属于研究问题,以便于有关方面制定政策、落实措施的调查报告。范文标题由调查内容和文种两部分组成。前言从背景分析入手,说明调查研究的重要意义,随后交代调查研究范围、调查对象、调查主题等调查的基本情况。主体部分从宗教获取信息、宗教基本认识、信仰宗教种类、高校宗教相关教育开展等方面展开数据分析,角度得当、层次清楚。最后,在分析的基础上提出高校应特别重视大学生的宗教信仰问题,积极有为,出举措,见实效,真正落实立德树人根本任务。

任务实施

练一练

1. 目前儿童食品、用品消费已进入了"消费旺季",厂家纷纷认准了儿童这一庞大的消费群体,想方设法地对自己的产品进行全方位的包装、促销,以吸引孩子们的眼球。然而,在利益的驱动下,许多厂商完全无视国家的有关规定,利用包装、广告、促销等种种手段,将劣质商品,甚至是有毒有害商品搬上了柜台,从而使儿童这一特殊消费群体的权益受到侵害。假如你打算写一份《儿童商品包装调查报告》,你可以从哪些方面进行调查?

写一写

2. 请与同学组成小组,从下列题目中选择一项,进行调查并写作调查报告。

(1) 调查本校(或本系、本班)同学的课外阅读情况。

(2) 调查本校(或本系、本班)同学的手机使用情况。

（3）调查本校（或本系、本班）同学的睡眠质量情况。

（4）调查本校（或本系、本班）同学的校内用餐情况。

（5）调查本校（或本系、本班）同学的生活费来源与使用情况。

（6）调查本校（或本系、本班）同学的课外兴趣爱好情况。

（7）调查本校（或本系、本班）同学的人生规划与就业意向情况。

（8）调查本校（或本系、本班）同学的体育锻炼与身体素质情况。

（9）调查本校（或本系、本班）同学的人际交往情况。

（10）调查本校（或本系、本班）同学对课程或教师满意情况。

3. 请以"当代大学生课余时间安排调查"为选题，设计调查问卷，开展调查，并写作调查报告。

任务六 撰写经济论文

任务导入

××城市学院财务管理专业古月同学临近毕业，系主任提出最后的考核以论文方式进行，论文题目自拟。古月苦思冥想，仍不知道该如何选题，也不清楚论文到底该怎样完成，于是她来到了指导教师王老师的办公室，向王老师请教经济论文的选题和写作思路。

任务要求

1. 了解经济论文的性质、意义及特点
2. 掌握经济论文的内容要素和写作思路
3. 能够根据相关要求独立撰写经济论文

知识准备

一、经济论文的性质及意义

经济论文是财经工作者在对财经领域的问题进行探讨和研究之后，表述研究成果的文章。它涉及国民经济各个方面，如会计、统计等各专门学科，是经济研究过程和研究成果的反映。一篇优秀的经济论文可以使作者的学术成果、思想观点得以展示和传播；可以成为国家制定经济政策的理论依据；还能指导经济实践，促进社会主义经济学科的发展。

二、经济论文的特点

1. 科学性

经济论文首先研究的应当是经济活动中的实际问题，而不是空洞的理论；其次应当揭示经济规律，论点、论据、论证过程都应该是客观科学的。

2. 实践性

经济论文一般是对社会生活中的经济现象、案例进行深入分析后,得出理性的结论,并提出具有建设性意见的解决方案,因此应当能够解决社会经济发展中的实际问题。

3. 独创性

由于经济论文研究的是经济活动中出现的新问题、新事物、新情况,没有现成的规律可以借用,必须依靠新思路,表达新见解,因而撰写经济论文时不能"拾人牙慧",而要经过自己的研究摸索。

三、经济论文的类别

经济论文,按照不同标准可以分出不同的类型。

(一) 从研究的着眼点看,可分为宏观经济论文和微观经济论文

1. 宏观经济论文

宏观经济论文考察全国的经济活动,研究具有全局性、根本性。它是研究经济中的总量及其变化,如中央银行金融调控手段、剩余价值规律的合理利用等。

2. 微观经济论文

微观经济论文以单个经济单位为考察对象,一般研究个别企业、个别市场、个别消费者。例如,乡镇税务工作、某厂工资调节税的作用等。

(二) 从课题研究设计的范围来看,可分为专题性论文和综合性论文

1. 专题性论文

专题性论文是指集中研究某一个方面的问题的论文,如研究国际经济与贸易、财政管理等,作者就某种社会现象或业务中的问题深入探究,将情况和结论写成文字材料。这类文章对社会实践有很大的作用。

2. 综合性论文

综合性论文指的是在同一时空内将某些学术问题的结论加以整合归纳,提出问题,引起社会的重视。这类文章通常以评论为主。

四、经济论文的写作

经济论文的写作不是一蹴而就,而是精打细磨的过程,一般分为选题、搜证、构思和执笔、修改和定稿四个过程。

(一) 选题

选题就是要选择研究的论题,选择课题是写作经济论文的第一步,它是研究开始前的酝酿阶段。

1. 选题的原则

选题应当符合两个原则:一个是具有理论和实践价值,即所选择的的题目一方面能够对现有的经济学说进行完善、深化、突破,另一方面能够对当前的经济活动有直接的指导作用。另一个是要切实可行,即所选的题目应当是符合自己的知识结构、智力能力、兴趣爱好,同时又是能够驾驭的,否则劳心劳力,前功尽弃。

2. 选题的范围

经济论文选题时一般围绕三种：一是开创性课题，即前人没有研究过的课题；二是延伸性课题，即前人已经有了相当程度的研究，但是还可以发展、补充或者修正；三是综合归纳性课题，把别人的研究成果加以综合评析，指出问题，取得新的成果。而校园经济论文一般以第二种最为可取。

（二）搜证

课题确定后需要去搜集大量的材料。写作经济论文，收集材料至关重要。收集材料的途径主要有两个：社会调查和查阅文献资料。

1. 社会调查

社会调查的方法主要有观察法、询问法和实验法。

（1）观察法，指的是调研者亲临现场，在对方没有感知的情况下进行调查。这类调查主要研究经济活动中的客体，能够掌握真实可靠的资料，但因为接触的是事物的表象，因此会有局限性。

（2）询问法，调研者可以直接和被调查者进行交谈，掌握可靠资料。这种调查可以采用书面、电话或者口头等方式。

（3）实验法，是动用推算因素变化而产生的影响来调查社会经济发展变化的趋势。

这三种方法可以单独使用，也可以结合使用。

2. 查阅文献资料

查阅文献资料一般经过两个步骤：第一步是广泛收集研究课题需要的书名、篇名及出处。尽可能地查阅前人的研究成果，并将查到的目录分类，确定研读的先后顺序。第二步是阅读文献，做好摘要。对材料进行分类、鉴别、研究、归纳，最终获得自己需要的材料。

（三）构思和执笔

1. 构思

有了材料之后，写作的初级阶段基本完成，但是在执笔前还需要将自己的整体构思进行梳理。因此在执笔前需要有个腹稿，即构思阶段，构思主要是确立论文的三要素：论点、论据、论证。

（1）论点。论点是论文的核心思想。论点确立后，可以从不同角度、不同层次提出分论点来证明中心论点，而不管是分论点还是中心论点，措辞要注意精确。

（2）论据。经济论文是对经济领域某一学科规律的揭示，是对真理的探究和发现。研究者使用的论据必须准确、科学、典型。理论论据是被前人证明的真理，用来证明观点的权威性；事实论据是用来证明课题研究的适切性。

（3）论证。确立了论点、论据之后，就要展开论证过程，一般的论证过程为"绪论—本论—结论"三步骤。绪论相当于文书的开头，担负着提出问题的任务，主要说明研究的动机、缘由，有的会阐释基本观点的含义。本论部分主要是分析问题，阐明观点，结合论据对论点进行阐释。结论部分是对本文的论证作一个归纳，表明总的看法和意见，或者强调某些观点。

2. 执笔

通过构思完成腹稿之后，作者就可以正式执笔表述了，在这个过程中会对之前的腹稿不断修改。一般来说,执笔内容包括标题、作者姓名和单位、摘要、关键词、正文、结语、参考文献七个部分。

(1)标题。标题是在限定课题之后确定的论述题目。课题只是一个研究方向,而题目才是调研者要研究分析的内容,如"金融结构"是一个课题,它可以写几篇论文,那么针对"金融结构"将"金融结构调整的迫切性"定为要单独研究的题目,就缩小了范围,保证了研究的质量。

(2)作者姓名和单位。这项属于论文署名。署名大致分为单个署名和多个署名。后者按署名顺序列为第一作者、第二作者等,重要的是坚持实事求是的态度,对研究工作与论文撰写贡献最大的列为第一作者。

(3)摘要。论文一般应有摘要,有些为了国际交流,还需要外文摘要。摘要是论文内容的简短陈述。摘要应当包括从事研究的目的和重要性、研究的主要内容、获得的基本结论和研究成果、结论或者结果的意义等内容。它能够令读者对论文的全貌一目了然。

(4)关键词。关键词一般3~5个,用来描述文献资料主题和给出检索文献资料的一种新型的检索语言词汇,关键词的标识能够让读者了解文章的侧重点。

(5)正文。经济论文是议论文的一种,其主要表达方式是议论,但有时也会用到叙述、说明和描写。议论文的论述就是根据题目、需要运用论据来证明观点。常用论证方法有例证法、引证法、反证法、比较法、喻证法等。此外,论文的语言要合乎逻辑,合乎事物的发展规律,尽量做到严谨、精确、平实。

(6)结语。结语是在正文之后独立成段,属于作者对全文的收束。这一部分可以是对全文进行画龙点睛的总结,也可以提出研究的新境界,给其他研究者以方向。结语不能代替学术研究最终得到的结论。

(7)参考文献。优秀的论文除了单独标明文中句子的出处外,在文末应当列举自己撰写本文时阅读的文献资料。文献资料的列举一方面表明文章的科学性,同时也可以给其他研究者以启迪。在标注参考文献时应当注意格式的规范性。参考学术论著的,应当标明作者、书名、出版地、社名、出版年月和起止页,如"朱新蓉.金融概论[M].北京:中国金融出版社,2002:1-3"。参考杂志、报纸应标明作者、题名、刊名、出版年月、期号(卷号)、起止页,如"杨汉东.紧扣'求''职''信',写好求职信[J].吉林教育学院学报.2013(1):141-142"。

(四)修改和定稿

文章写好后,作者要经过反复的修改才能定稿。修改不仅是字句的问题,还有检查自己对客观事物的认识。一般先作一个总体检查,主要检查观点和结构,着重看论证是否合理,观点材料是否统一;然后做局部检查,包括材料和文字。

定稿时要检查文章的引文出处,对有需要的予以加注,如果有调查问卷的则需要作为附录呈现在参考文献之后。

资料卡 ▶▶▶▶▶

经济论文的特点:科学性、实践性、独创性。

经济论文的内容要素:标题、作者姓名单位、摘要、关键词、正文、结语、参考文献七部分,有的还有引言和附录。

经济论文的结构要素:绪论、本论、结论。

范文赏析

论金融债权的风险与保全

×××（作者姓名）　　××××××（单位名称）

摘要：随着经济的全球化及快速增长，各商业银行、信用合作社的竞争也日益激烈，他们以为大中小企业提供资金，提供发展机会而获取利息，企业为发展壮大或解决一时的财政危机而需要向其贷款，这本为互利状态，而如今却出现多数债务人钻法律漏洞，采用诸如将企业改制、破产等方式来逃废金融债权，给国家和各金融机构造成了很大的损失，对整个金融环境造成了很大的影响。金融业不允许被破坏，因为它的表现代表了一个地区甚至一个国家的法制环境，同时，也反映了该地区或国家公民的信用和道德水准。企业逃废金融债务已经成为困扰金融业的重要问题，作为一名多年的工作者，笔者也深深感受到了金融债权面临的风险。所以为保全金融债权，加强金融债权管理已变得刻不容缓。本文对此浅谈一下自己的认识与见解。

关键词：金融债权；金融机构；经济信用

所谓金融债权是指各金融机构按照信贷合同约定将资金借贷给借款人而形成的权利，它与借款人的义务是相对应的。而金融债权风险则是指由于各种原因，环境的或者人为的因素，而无法实现该有的权利。当然纯粹的侵犯金融债权行为是一种违法行为，是要受到法律制裁的。因此，大多数造成金融债权损失的不是那种赤裸裸的侵犯债权行为，而是通过将企业改制、兼并或者破产等方式，享受法律的规定和保护，利用优惠政策，如破产可以救济债务人，可以终结债权债务关系。现在，这种侵犯行为已经愈演愈烈，危害性极大，这不是一方的力量可以制止的，这需要我们共同努力营造一个纯净的金融环境，为我国经济的正确发展铺正道路。

一、当今金融债权面临的风险及原因

如今企业逃废债务情况越来越多，资金是一个很具有诱惑性的东西，当这份诱惑遇到了可以利用的环境，那它就变成了现实。据统计，截至 2003 年年末，某市在工、农、中、建四家国有商业银行开户的改制企业有 126 户，涉及贷款本息 4.74 亿元。其中，经过金融债权管理办公室认定的逃废债企业 70 户，占改制企业的 55.6％，逃废银行贷款本息 1.62 亿元，占改制企业贷款本息的 34.2％。此数据可以看出金融债权面临的形势十分严峻。中国人民银行曾采取各种措施对逃废债企业进行打击：首先，对逃废债企业发通知书，督促逃废债企业纠正错误行为；其次，组织公开曝光，利用舆论评论、各方媒体共同抵制逃废债行为；最后，采取法律手段请人民法院进行诉讼、保全、冻结其结算账户，虽说制裁措施非常严厉，然而效果却不明显。

原因是多方面的，主要是因为这些企业的生存环境给了它太多的纵容，各地政府、行政部门金融风险控制意识不够强，只顾局部的小利益而不能从大局出发，顾全国家的大利益。当然金融机构内部也有自己的不足，通常，银行或者信用社要将巨额的资金借贷给企业，必须要有实质性的提前调查，合同审查和贷后跟踪，而这些重要的工作却往往被忽略了或者流于形式化，造成最后债权的流失。还有一个不能排除的原因就是我国的法律太过笼统，不够细化，致使一些企业趁机钻"空子"，逃避债务。

二、金融债权意识的提高及其在保全中的重要性

如今金融债权问题突出一部分原因就是金融债权意识淡薄。加强金融债权管理是防止信用危机的有效手段,逃废金融债权不仅仅是未履行该承担的义务,更重要的是破坏了我们正常的信用秩序。债权的存在依赖信用,有了信用作为支撑,债权工作才会大大简化。加强金融债权管理也为国民经济的健康发展提供了有力的保障,我们的日常消费离不开货币的交换,离不开与银行的合作,当今,几乎人人都要在银行存钱取钱,银行掌握了国家大量的资金,债权的长期流失必然会动摇经济的稳定。企业要长存,就必然要建立现代企业制度,在这样的制度里,企业的产权必须明晰,各种职权必须要明确,还要有科学的管理,绝不是靠逃避债务可以做到的,那只不过是用来摆脱资金匮乏的困境。然而银行的债权得不到实现,造成国有资产的大量流失,那么企业的"造血干细胞"以后则无法再为它输送"鲜血",企业只能在有限的管道里枯萎。我们倡导企业摆正心态,改变经营观念,本着诚实守信的原则,有借有还,科学地管理企业,努力提高产品质量,扩大产品的市场。在和谐的环境中,共赢共利。

三、维护金融债权的各项措施

随着社会经济体制的不断改革,金融债权风险会越来越大,而且形式会越来越多。现在为逃避债务,很多企业想出了各种各样的办法,诸如:多头开户,用一户向银行借款,然后这个公司就只挂空名,将这些资金拿去他用;或将借贷的资金分配给公司职员,让他们入股,把公司改制成股份制,以此来逃脱债务。如果再没有有力的措施对金融债权进行维护和保障,金融危机的出现将不再是传言。要保全金融债权,我们要从多个角度采取措施,完善机制。

1. 从国家的角度可采取的措施

国家的政策引领每个行业往不同的方向前进。为保全金融债权,国家首先要完善法律,虽然法律上有与公司并购、重组、破产和清算时债务债权有关的规定,但是这些规定不够具体,不能细化至专门的规范文件,而且没有说明逃废债务行为应承担怎样的处罚。随着金融债权风险新形式的不断出现,法律也应该适时进行补充。加强各地政府行政人员的教育,强化他们的金融意识,引起他们对金融债权的重视,以及了解金融风险给国家和国民经济带来的不利影响。

2. 各地政府应该采取的措施

地方党委和政府应该齐心协力为当地营造良好的信用环境,市场经济的发展离不开一个好的信用制度,政府部门不仅要加大金融法律法规的宣传,而且要倡导中华民族诚实守信的传统美德,加强公民的信用观念。企业恶意逃废债务破坏了当地的投资环境,使当地的金融环境出现恶性循环,也损害了当地的对外形象。因此政府部门不能只看重地方当前的利益而默许和纵容企业的逃废债务行为。

3. 金融机构的改进

从内部环境来讲,金融机构要加强自身建设,完善内部管理,努力提高员工的素质,加强法制观念,配备足够的法律人员,为保全金融债权做好准备工作,加强自我保护意识。金融机构要严格按照法律规定办事,如《贷款通则》规定:"贷款发放后应对借款人执行借款合同情况进行跟踪检查",但很多金融机构重前不重后,忽略贷后资金的跟踪。信贷人员需要参与到企业改制中,主动了解企业的变动情况,及时掌握信息,防范金融风险。金融机构的管理者要明确规定各级领导干部应该履行的责任,做好借贷工作的每一步。对因不履行责任而造成机构贷款大量损失的干部给予处分,情节严重的,如故意弄虚作假损害机构权益的,要开除公职。

从外部环境来看,金融机构要加大与政府部门的沟通协调,争取当地政府的支持。政府的理解与支持将更有利于机构维护自己的债权;与此同时,金融机构还要与司法机关多多交流,让司法机关对本机构的职能与系统有更清楚的了解,有利于以后在债务案件审理中争取到比较居中的裁判,维护该有的权益;各金融机构也要紧密合作,资源共享,记录企业的信用情况,形成一个公开的信息网,供社会各界浏览和监督。对那些逃避债务的企业法人,将其纳入黑名单,对其所负责的企业或者是主管的部门不提供任何的借贷。金融机构要充分利用资源维护自己的权益,有效地打击侵犯债权的行为。

4. 企业和企业法人

企业作为受益者,要保护自己所在的环境,利用这个环境让自己不断壮大,不让其恶化,尤其是每个行业的领军人物,要为整个行业塑造良好的氛围。企业存在的价值不只是为国家制造财富,它还需要承担一定的社会责任。

四、结语

金融债权风险已成为金融业的一大威胁。通过对现状的分析,我们不能不感叹保全金融债权的紧迫性。该文分别从国家、各地政府、金融机构和企业四个角度提出了一些建议,但是放在具体的实施过程中,还需要根据实际情况做相应的变动。任何一项措施的实施都要有合适的环境。希望社会各界学者都能就此问题发表自己的见解,共同研究,相信将来的金融环境会带给我们安定的社会。

参考文献:

[1] 张大龙.加强金融债权管理的难点及对策[J].上海会计.2003(7):28-29.

[2] 王光.浅谈金融债权管理的难点与对策[J].海南金融.2003(12):12-13.

[3] 张晋军,程国章.加强金融债权管理保障金融资产安全[J].经济师.2000(3):30-32.

简评:该范文是一篇现实性很强的经济论文。

这篇论文研究了当前社会大家关心的金融债权问题。经济论文的结构要素完备,标题说明了文章研究的问题,也正是大家关心的问题。绪论部分着重说明了文章研究的主要内容,本论部分从三个方面递进式地说明了金融债权面临的问题、提高金融债权安全的重要性和我们应当采取的措施。每一大点又有独段的阐述,条理清晰,论点清楚。最后在结语部分再次重申保全金融债权的紧迫性。文章的篇幅虽然不短,但是语言简明、准确。文后的参考文献格式也符合规范。

经济论文写作的参考模板

×××××××

×××(作者姓名)　　×××××(单位名称)

摘要:200字

关键词:3~5个

正文:绪论

　　　本论

　　　结论

结语:总结性的或启发性的

参考文献:

(附录)

🔘ⓘ 任务实施

练一练

1. 请根据下列材料,拟写分论点。

(1) 电子商务税收的监管与实现不仅需要对纳税人的经营场所和交易的细节进行认真准确的鉴定,同时还要具备对交易单据凭证进行核对的条件以及对商业活动进行有效的监控,这些活动环节都面临着虚拟化带来的诸多问题。这些问题就是现行税收法律体系不能有效适应电子商务活动的具体表现,可以将其归纳为三个方面:一是纳税主体。电子商务交易双方往往采用虚拟方式进行交易,真实身份无法查证,使得现行税务机关无法判定纳税主体,这就导致传统的税源控制方法失去效力。二是征收对象。征税对象是征税的依据,而电子商务中的书籍和软件等数字化产品很难判定为商品还是服务,到底应该征收增值税还是营业税,根据现行的税收理论很难作出准确判定。三是征税环节。现行税法体系对征税环节的规定是基于有形产品的,主要适用于对流转额征税,而网络交易的销售和流通等阶段无法准确切分,最终往往导致征税环节难以判定。

(2) 金融犯罪仅是操作风险中的主要类型,并不能涵盖所有类型的操作风险。根据我国对金融犯罪的定义,金融犯罪是指在金融活动中,侵害金融管理制度、金融市场秩序以及其他社会经济关系,依照我国刑法规定,应当受到刑法处罚的行为。对比巴塞尔委员会关于操作风险的定义,金融犯罪显然不包括那些由于银行自身不完善的流程和系统漏洞,以及外部事件等因素造成的操作风险。最简单的例子就是操作失误,比如银行员工误将取款操作成存款,或者数字录入错误等均属于操作风险的范畴,但并不构成犯罪。将操作风险等同于金融犯罪,往往会使商业银行无意识地缩小操作风险的管理范围,错误地将操作风险管理等同于金融犯罪管理,从而将操作风险管理职责不恰当地赋予内部审计或安全保卫部门。这恰恰是造成目前我国商业银行操作风险管理进展缓慢的原因所在。

(3) 一方面个人所得税是所得税税种中纳税人最多的一种,征管工作量大;另一方面个人所得税也是最复杂、最难管的税种之一,应税项目多,计算公式多,再加上个人收入多元化、隐性化,现金交易的大量存在,税源难以监控。尽管计算机信息技术在中国运用十分广泛,但税务系统内部缺乏必要的部门配合和监管手段,限制了对纳税人个人信息的掌握。如果个人恶意隐瞒收入来源和收入水平,或者使用现金交易逃税,税务机关将很难加以监控。同时,技术落后对纳税人申报带来了极大不安全和不便,目前尚未形成以计算机网络为依托的现代化征管手段。

2. 根据以下题目,任选一个拟写文章大纲,要求有论点和论据。

(1) 审计的地位和作用研究。

(2) ××公司内部审计现状与问题。

(3) ××公司出纳工作现状与问题。

(4) 论会计凭证的审核。

(5) 论互联网对财务会计的影响。

改一改

3. 找出并修改经济论文中的几处错误。

投　资

20世纪80年代兴起的行为金融理论研究了人的心理、行为所造成的投资失误和市场"异象"。在分析投资者心理、行为特征的基础上对投资策略进行了探讨。

关键词：行为金融理论　投资策略　投资心理

行为金融学概述

传统金融理论是建立在市场参与者是理性人的假定的基础上。在此基础上，传统金融学的核心内容是著名的有效市场假说（EMH）。该假说认为，相关的信息如果不受扭曲且在证券价格中得到充分反映，市场就是有效的。根据这一假说发展起来的各种金融理论，包括现代资产组合理论（MPT）、资本资产定价理论（CAPM）、套利定价理论（APT）、期权定价理论（OPT）等一起构成了现代金融理论的基础，也构成了现代证券投资策略的理论基础。然而，随着金融证券市场的不断发展，传统金融理论和金融证券市场的现实不断发生着冲突，大量的实证研究发现，人的行为、心理感受等主观因素在金融投资中起着不可忽视的作用，人们并不总以理性的态度作出决策。在现实中，存在诸多的认知偏差和不完全理性的现象，证券投资行为中会表现出各种偏激和情绪化特征；在证券市场上则表现出股票价格的各种"异象"，如一月效应、周末（周一）效应等，用传统金融理论很难对这些"异象"作出合理的解释。在这种情况下，源于20世纪50年代的行为金融学受到了重视，它从一个全新的视角来分析金融市场，克服了传统金融学的一些弊端。

行为金融投资决策的心理、行为特征

De Bondet和Thaler（1995）认为，过度自信或许是人类最为稳固的心理特征，他们列举了大量证据显示人们在做决策时，对不确定性事件发生的概率的估计过于自信。资金管理人、投资顾问和投资者都对自己可能驾驭市场的能力过于自信，在投资决策中过高估计自己的技能和预测成功的趋势，或者过分依赖自己的信息而忽视公司基本面状况，从而造成决策失误的可能性。这种过度自信完全有可能导致大量过度交易的产生。

行为金融投资策略

任何理论都是为应用服务的，行为金融学也不例外。行为金融学不仅是对传统金融学理论的革命，也是对传统投资实践的挑战。如行为金融学大师Richard Thaler，他既是理论家，又是成功的实践者，他和Russell Fuller一同发起成立了以他们的名字命名的Fuller&Thaler资产管理公司，管理着15亿美元资产。他认为他们的基金投资策略的理论基础是：利用由于行为偏差引起的系统性心理错误。投资者所犯的心理错误导致市场未来获利能力和公司收益的偏差期望的改变，并引起这些公司股价的错误定价。发现投资者心理上的系统性偏差，是基金获利的基点。其基金业绩似乎也在证明着这一点，从1992—2001年，其基金的报酬率高达31.5%，而同时期的大盘指数收益仅为16.1%。总体而言，行为金融的理论和实践之间还存在着很大差距，还没有成为投资专家们广泛而普遍的制导理论。有两个原因：一是行为金融理论本身并不完全成熟；二是利用这些理论测定各种各样影响价格的心理变量时，会遇到很多操作难题。当然，任何理论都是有缺陷的，在金融市场中没有人也没有任何投资策略可以一直获得超额回报。行为金融投资策略让投资者具备了战胜市场的可能，但永远也无法具备打败市场的保证。

反向投资策略

反向投资策略就是买进过去表现差的股票而卖出过去表现好的股票来进行套利的投资方法。由于股票市场经常是反应过度和反应不足的,对反应过度的修正会导致过去输家的将来表现高于市场平均水平,从而产生长期超常回报现象。邦特(Debondt)和塞勒(Thaler)(1985)的研究表明这种投资策略每年可获得大约8%的超常收益。对此,行为金融理论认为,这是由于投资者在实际投资决策中,往往过分注重上市公司近期表现的结果,通过一种质朴策略(nave strategy)———也就是简单外推的方法,根据公司的近期表现对其未来进行预测。从而导致对公司近期业绩情况作出持续过度反应,形成对绩差公司股价的过分低估和对绩优公司股价的过分高估现象,为投资者利用反向投资策略提供了套利的机会。

惯性交易策略

惯性交易策略是指在分析股票过去相对短的时间内(通常是一个月到一年)的表现的基础上,预先对股票收益和交易量设定过滤规则(filter rules),当股票收益或股票收益与交易量同时满足过滤规则就买下或卖出股票的投资策略。Rou venhorst(1998)对其他12个国家的研究证实了动量效应的存在,从而证明了这种效应并不是由于数据采样的偏差所造成的误解。我国市场存在明显的惯性效应,利用股票在一定时期的波动采用此策略可以买入卖出而获得价差收益。

结论

自20世纪80年代起至丹尼尔·卡尼曼(Daniel Kahneman)的行为经济学获2002年诺贝尔经济学奖,行为金融理论迅速崛起,对现代金融理论提出了强有力的挑战,可以说,行为金融理论已经成为金融理论领域最为引人注目的研究主题之一。当然,行为金融理论远非一个完全成熟的理论,其对投资实践的指导能力也因时因地而异。

参考文献

1. 李心丹.行为金融学———理论及在中国的证据[M].上海:上海三联书店,2004.

2. 杨奇志.证券投资者行为偏差研究及在我国证券市场中的应用[J]. 现代管理.

写一写

4. ××学院财务管理专业王海星老师准备在自己班开展小组研讨,他给学生罗列了《论我国对外贸易环境》的提纲,让学生分头准备资料,要求学生讨论交流。

《论我国对外贸易环境》

1. 我国对外贸易的制度背景

(1) 转轨经济。

(2) 发展中经济。

(3) 特有的思想文化背景。

2. 我国对外贸易的国际环境

(1) 世界经济基本格局。

(2) 世贸组织对华政策。

(3) 发达国家对华政策。

（4）亚太经合组织对华政策。

3. 我国对外贸易的内部条件

（1）国内经济增长、技术进步。

（2）国内经济发展周期。

（3）人民币汇率的变动。

在讨论交流之后，请你就以上提纲，用手头资料完成一篇规范的经济论文。

任务七　撰写内部审计报告

任务导入

江南集团股份有限公司出纳兼文员古月因工作出色，被调至审计部担任内部审计人员。今年年初，公司将组织对上年财务收支情况进行内部审计，古月被委任为本次审计的审计组组长兼主审，全面负责本次审计事宜。作为该项目的主审，在现场审计结束后，古月要根据审计情况，汇总整理资料，最终形成内部审计报告，那么内部审计报告的写作有什么样的要求呢？

任务要求

1. 了解内部审计报告的性质及特点

2. 掌握内部审计报告的内容要素及写作思路

3. 能够根据相关要求独立撰写简单的内部审计报告

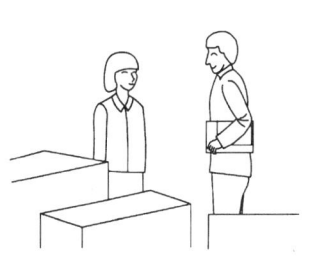

知识准备

一、内部审计报告的性质及分类

内部审计报告是内部审计人员根据审计计划对本单位实施必要的审计程序后，就本单位经营活动和内部控制的适当性、合法性和有效性出具的书面文件。根据《内部审计具体准则第7号——审计报告》第四条规定，内部审计人员应在审计实施结束后，以经过核实的审计证据为依据，形成审计结论与建议，出具审计报告。

根据审计内容的不同，内部审计可以分为财务收支审计、基建项目审计、经济责任审计、专项审计等。因审计事项的不同，内部审计报告也各有侧重，审计内容和审计目标紧密结合是内部审计报告撰写的基本要求。

二、内部审计报告的特点

1. 准确性

内部审计报告应该实事求是，所陈述的内容都应该经过取证，以充分的事实为依据。对审计中发现的被审计单位取得的成绩或管理中存在的亮点,要如实地加以反映;对审计中发现的问题,要揭示真相,分析原因。

2. 及时性

内部审计机构是本单位的一个部门,可以通过日常了解,及时发现本单位管理中存在的问题或问题的苗头,简化审计程序,迅速与有关职能部门沟通或与管理者反映,随时对本单位的问题进行审查,纠正已出现和可能出现的问题。

3. 建设性

内部审计报告要针对本单位的问题提出可行的改进建议,以发挥其对促进改善经营管理、提高经济效益的作用,进而促进组织目标的实现。

资料卡

审 计 小 知 识

审计是什么? 审计经过不断地完善和发展,至今已经形成一套比较完备的科学体系。美国会计学会(AAA)审计基本概念委员会在《基本审计概念说明》中将其定义为:"审计是一个系统化过程,即通过客观地获取和评价有关经济活动与经济事项认定的证据,以证实这些认定与既定标准的符合程度。"

审计三要素:审计主体、审计客体、审计授权或委托人。

审计按主体不同分为:政府审计、内部审计、注册会计师审计。

三、内部审计报告的写作

内部审计报告结构主要包括标题、主送人、正文、审计报告出具人和出具日期等。

(一) 标题

内部审计报告的标题类似于公文的准齐式标题,一般由"事由""文种"两个要素组成,事由主要写明审计的具体项目,如《关于××××年度财务收支情况的审计报告》《关于对××公司原总经理×××同志任期经济责任的审计报告》《关于拟并购××公司资产情况的审计报告》等。

(二) 主送人

根据内部审计机构隶属关系的不同,内部审计报告的主送人一般是内审机构的上级部门或领导,如董事会、总经理等。

(三) 正文

内部审计报告一般由开头、主体两部分构成,因审计事项的差异,内部审计报告在正文部分会有一定差异,现以财务收支审计事项为例。

1. 开头

内部审计报告的开头包括审计依据、审计工作开展情况、会计责任和审计责任等。

(1)审计依据:内部审计人员开展审计工作的依据。一般可以表述为"根据××××年审计计划或审计计划委员会安排"。

(2)审计工作开展情况:包括审计范围、审计方式、审计实施的起止时间等。一般可以表述为"审计组自××××年××月××日至××××年××月××日,以就地审计或送达审计的方式,对××公司××××年度财务收支情况进行了审计"。

(3)会计责任和审计责任的划分。会计责任是指被审计单位或部门应建立、健全相关的内部控制制度,保护其资产的安全、完整,对其会计资料的真实性、完整性、合法性负责。审计责任是指审计人员对其出具的审计报告的真实性、合法性负责。

一般可以表述为"×××对其提供的与审计相关的会计资料、其他证明材料的真实性和完整性负责。审计组的责任是根据提供的会计资料及其他资料发表审计意见"。

2. 主体

内部审计报告的主体包括基本情况、审计查出的主要问题、审计建议。

(1)基本情况:主要反映被审计单位的管理体制、人员情况、财务隶属关系、财务收支及资产负债情况等。

(2)审计查出的主要问题:在审计报告中陈述时,根据问题的重要性,如金额的大小、性质、影响程度等,对问题进行排序。揭示每个问题时先定性质后量化,即先以定性的方式概括指出审计查出的问题是什么,随后对问题的内容、金额、结果等进行明确具体的描述。

(3)审计建议:审计建议是根据审计查出的问题,提出的合理化建议。审计建议要符合有关法律、法规和制度的要求,同时也要结合实际情况突出针对性,注重可操作性,以便于被审计单位或部门进行整改。

(四)审计报告出具人和出具日期

正文右下方要署上审计组组长及审计组成员的姓名和出具审计报告的日期。

范文赏析

关于20××年财务收支情况的审计报告

尊敬的公司董事会及分管领导:

根据公司20××年审计计划安排,审计组于20××年3月1日至3月25日对公司20××年度财务收支情况进行了就地审计。审计组实施了包括抽查会计凭证在内的必要审计程序,公司财务部对会计资料的真实性、合法性和完整性负责,审计组的责任是对审计结果发表意见。现将审计结果报告如下:

一、基本情况

(一)财务收支情况

20××年,公司收入总额6 950万元,其中营业收入6 600万元、营业外收入350万元;成本费用总额7 806万元,其中营业成本5 520万元、管理费用820万元、财务费用762万元、销售费用646万元、营业外支出58万元;收支净额－856万元。

(二)资产负债和净资产情况

截至20××年12月31日,公司资产总额9 850万元,负债总额4 569万元,净资产5 281万元。

二、审计发现的问题

(一)财务核算方面

(1)库存现金和银行存款入账不及时。通过审核现金和银行存款日记账发现,截至审计日,库存现金和银行存款业务前3日的业务尚未登记入账,未做到"日清月结"。

(2)费用单据报销不规范。抽查反映部分招待费报销凭证要素不全。如20××年12月8#记账凭证所附报销单据未注明报销事由;同月15#凭证所附报销单据证明人栏未见签字。

(二)资产管理方面

已交付使用厂房未及时纳入"固定资产"科目核算。公司委托建造的办公用房5 600平方米,总价3 200万元,已于20××年8月31日交付使用,截止审计时尚未纳入"固定资产"科目核算。

三、审计建议

(1)出纳人员应及时登记现金和银行存款日记账,做到"日清月结",确保会计资料真实完整。

(2)各部门在费用报销时应切实做好报销单据的填列工作,财务部门应加强对相关单据的审核,确保会计资料的完整和公司内控制度的有效运行。

(3)购建固定资产要及时办理入账手续,建立、健全资产管理制度,定期或者不定期进行清查盘点,保证账账相符,账实相符。

审计组组长:李阳

审计组成员:蒋昱辉、沈春

20××年4月15日

简评:内部审计是为单位或组织内部服务的,因而内部审计报告在格式上较政府审计和注册会计师审计而言,更加灵活。

此篇内部审计报告在内容上属于财务收支情况的审计报告。报告开头阐述了审计依据、审计范围、审计方式、起止时间及责任划分等内容;首先,主体部分对上年本公司年度财务收支及资产负债情况进行了简单介绍;其次,重点对审计中发现的问题进行了陈述,并针对问题提出了具体的审计建议;最后,具明审计组人员姓名及审计报告出具的时间。问题明确、建议合理,思路清晰、结构完整。

任务实施

练一练

1. 江南公司审计部派出以古月为组长,以过明明、刘丽云为组员的审计组,于4月1日至4月20日,对公司上年度财务收支情况进行审计。审计中,审计人员注意到下列事项:

(1)4月16日下午4点,审计人员对公司库存现金进行突击盘点,盘点结果如下:①人民币:100元币8张、50元币20张、5元币18张、1元币12张、5角币28张、1角币12张。②现金日记账的余额为1 653.20元。③4月16日,已办理收款手续,尚未入账的现金收款凭证金额为860元;已办理付款手续,尚未入账的现金付款凭证为780元。④4月5日出纳以白条方式借给某职工现金800元。⑤银行核定的库存现金限额为1 000元。

(2)上年度3月,22#凭证以库存现金支付大华公司办公用品65 000元;上年度8月,19#凭证以库存现金支付利升公司房租款42 000元。

（3）4月18日，审计人员对库存物资进行监盘，相关资料如下表所示：

存货名称	财务明细账数量	仓库明细账数量	单价（元）	实际监盘数量
A产品	35套	30套	3 500	30套
B材料	1 600千克	1 700千克	2.5	1 700千克

经查，A产品差异的原因是产品已出库，但仓库未及时将单据传递至财务部；B材料差异的原因是材料入库后财务部没有及时登记财务明细账。此外，在查阅仓库资料时发现，仓库上任保管员于上年8月31日离职并进行了移交，但未进行全面盘点。

（4）公司采用完工百分比法确认合同收入和合同费用，按累计实际发生的合同成本占合同预计总成本的比例确定合同完工程度，上年1月与××公司签订一份总金额为400 000元固定造价的建筑承包合同，合同预计总成本为350 000元。上年实际发生成本252 000元，预计为完成该合同，公司尚需在2015年度发生成本98 000元，该合同的结果能够可靠估计，但公司上年未确认与该项合同相关的收入和成本。

要求：试根据上述资料说明公司存在哪些问题，并提出相应审计建议。

写一写

2. 根据上述事项，结合下列所附材料，请代审计组拟写审计报告，要求格式正确、内容完备。

附件一

资产负债表

编制单位：江南公司　　　　　　20××年12月31日　　　　　　单位：万元

资产	年末余额	年初余额	负债和股东权益	年末余额	年初余额
流动资产：			流动负债：		
货币资金	45	25	应付账款	398	106
交易性金融资产	10	5	流动负债合计	398	106
应收账款	398	199	非流动负债：		
存货	125	236	长期借款	450	435
流动资产合计	578	465	非流动负债合计	450	435
非流动资产			负债合计		
长期股权投资	30	0	股东权益：		
固定资产	1 230	945	股本	300	300
无形资产	8	8	未分配利润	698	577
非流动资产合计	1 268	953	股东权益合计	998	877
资产合计	1 846	1 418	负债和股东权益合计	1 846	1 418

附件二

利 润 表

编制单位:江南公司　　　　　　　　　　20××年　　　　　　　　　　单位:万元

项目	本年金额	上年金额
一、营业收入	3 000	2 850
减:营业成本	2 450	2 396
税金及附加	26	25
销售费用	22	20
管理费用	42	38
财务费用	95	86
二、营业利润	365	285
加:营业外收入	45	70
减:营业外支出	43	75
三、利润总额	367	280
减:所得税费用	102	82
净利润	265	198

任务八　撰写财务分析报告

❖❖ 任务导入

　　江南集团有限公司财务部出纳兼公司文员古月,已经在公司工作了两年多,积累了一定的经验,平时踏实勤奋,赢得了领导同事的一致肯定。所以,财务部经理将撰写上半年财务分析报告的任务交给了古月。这是古月第一次独立撰写财务分析报告,请你帮帮古月吧!

◎ 任务要求

　　1. 了解财务分析报告的性质及特点
　　2. 了解财务分析的方法,掌握财务分析报告的写作思路
　　3. 能够根据相关要求独立撰写财务分析报告

☢ 知识准备

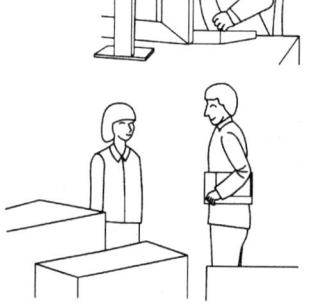

一、财务分析报告的性质及分类

　　财务分析报告属于经济活动分析报告的范畴,是对一定时期内企业财务活动状况进行分析的基础上反映分析结果和评价

意见的应用文体,又称财务情况说明书。

　　财务分析报告按照时间分,可以分为定期分析报告和非定期分析报告,其中定期分析报告的具体时限可以根据公司需要和要求来定;按照编写的内容范围分,可以分为综合分析报告、专题分析报告和简要分析报告。

　　此外,财务分析报告还有典型财务分析报告和财务预测报告。前者是分析与财务活动有关的、重大突出的、有普遍意义的典型事例所写的报告,常用第三人称。后者也称为可行性预测报告,是企业在某一特定时期或对某一经营业务的财务成果进行预测时所写的报告。

资料卡

财务分析报告的分类

　　综合分析报告:又称全面分析报告,内容丰富、涉及面广,影响深远。

　　专题分析报告:又称单项分析报告,是针对企业经营管理中的关键问题、重大经济举措或薄弱环节等专门分析形成的书面报告,不受时间限制,易于被经营管理者接受,收效快。

　　简要分析报告:对主要经济指标在一定时期内存在的问题,进行概要分析而形成的书面报告。

二、财务分析报告的特点

　　财务分析报告和其他经济活动分析报告相比较,有其自身特点。

1. 同比性

　　财务分析报告的同比性即以实际资料同企业经营财务状况的标准资料进行对比,寻找企业实际与标准指标或资料的差异。财务分析报告最常用的方法就是比较法。

2. 真实性

　　财务分析报告的主要作用是供领导正确决策之用。所以,材料的真实性至关重要。任何虚假的材料都会导致判断的失误,进而导致决策的错误而给企业带来经营风险。

3. 议论性

　　财务分析报告的主要表达方式是议论,其他的记叙、说明等都是为议论服务的,最后的结论也是建立在议论分析的基础上的。所以,夹叙夹议是财务分析报告最佳的表述方式。

三、财务分析的方法

　　财务分析的方法主要有比较分析法、因素分析法和比率分析法。

1. 比较分析法

　　比较分析法是对两个或几个有关的可比数据进行对比,以此揭示差异和矛盾的一种分析方法。按分析比较对象不同可分为与本公司历史比(趋势分析);与同类公司比(横向比较);与计划预算比(预算差异分析)等。

2. 因素分析法

　　因素分析法是通过分析影响财务指标的各个因素,并计算其对指标的影响程度,同时说明本期实际与计划或基期相比,财务指标发生变动或者差异产生的主要原因的一种分析方法。因素分析法适用于多种因素构成的综合性指标的分析。由于在分析时要逐次进行各因素有序替代,所以又称"连环替代法"。

3. 比率分析法

比率分析法是指同一会计报表的不同项目之间,或是不同会计报表的有关项目之间进行对比,用计算出的比率来反映各个项目之间的相互关系,借此来评价企业的财务状况和经营成果的一种分析方法。采用比较分率法,可以把某些在不同条件下不可比的指标,变为具有可比性的指标,因此在企业经营分析中具有特殊的重要意义。

四、财务分析报告的写作

财务分析报告一般是由标题、正文、落款三部分构成。

(一)标题

财务分析报告的标题一般是由单位或企业的名称、时限、分析内容和文种四项构成,如《××公司 2012 年度财务分析报告》。有时可以根据需要省略其中的某个部分,有的专题分析报告为了突出重点,也会直接用建议或意见作标题,如《关于节支增收扭亏增盈的意见》。

(二)正文

正文是财务分析报告的主体部分,一般由开头、主体、结尾三个部分组成。常用的格式是条文与表格相结合的综合样式。

1. 开头

正文的开头,又称引言,是以简练的语言概括介绍报告期内财务活动所取得的主要成绩或存在的主要问题,并作总的评价。这部分内容以概述为主,同时要用具体的数据和指标进行说明,为下面的分析做好铺垫。

2. 主体

主体是财务分析报告的核心部分,主要是对各项指标完成情况以及相关的工作加以说明,对影响指标增减变化的原因进行分析。

主体部分可以分为说明段、分析段、评价段。说明段主要是对公司运营及财务现状的介绍。该部分要求文字表述恰当、数据引用准确。分析段是对公司的经营情况进行分析研究。在说明问题的同时还要分析问题,寻找问题的原因和症结,以达到解决问题的目的。评价段是作出财务说明和分析后,对于经营情况、财务状况、盈利业绩,从财务角度给予公正、客观的评价和预测。

资料卡

财务分析段的内容

盈利能力分析:指对报告期内企业利用经济资源获取收益能力的分析。其主要指标包括销售毛(净)利率、总资产报酬率、净资产收益率等。

营运能力分析:指企业资产管理效率的分析。其主要指标包括应收账款周转率、营运资本周转率,总资产周转率。

偿债能力分析:指企业偿还到期债务(包括本息)的能力的分析。由于偿债能力分析包括短期偿债能力分析和长期偿债能力分析,所以债务按到期时间分为短期债务和长期债务,偿债能力也分为短期偿债能力和长期偿债能力。短期偿债能力指标包括流动比率、速动比率、现金比率等;长期偿债能力指标包括资产负债率、利息保障倍数。

发展能力分析:其主要指标包括销售增长率、资本积累率、总资产增长率等。

3. 结尾

结尾是财务人员在对经营运作、投资决策进行分析后形成的意见和看法,特别是对经营运作过程中存在的问题所提出的改进建议。

(三)落款

财务分析报告的落款包括撰写财务报告的部门名称和日期,写在正文的右下方。

五、财务分析报告的写作注意事项

(1)要明确报告阅读的对象及报告分析的范围。报告阅读对象不同,那么,报告的侧重点和语言也应该因人而异。报告分析的范围不同,分析的内容也应该作相应的调整。

(2)要了解读者对信息的需求。在撰写前要充分领会"读者"所需要的信息是什么。财务分析报告是为业务服务的,没有针对性的财务分析报告是起不到应有的作用的。

(3)要有清晰的框架和分析思路。财务分析报告的框架一般为:报告目录——重要提示——报告摘要——具体分析——问题重点综述及相应的改进措施。

(4)要与公司经营业务紧密结合。撰写者应深刻领会财务数据背后的业务背景,才能切实揭示业务过程中存在的问题,提出有针对性的建议、措施,从而有效地挖掘企业潜力,提高管理水平。

资料卡

财务分析报告的框架

报告目录:告知阅读者报告所涉及的内容及所在的页码。

重要提示:对报告中新增的内容或必须引起重大关注的问题作提前说明。

报告摘要:报告的高度浓缩,一定要言简意赅。

具体分析:分析要条理清楚,层层分解,环环相扣,各方面内容有着紧密的联系。

问题重点综述及相应的改进措施:对之前报告中问题的跟踪汇报和对本期报告中问题的集中阐述。

范文赏析

××公司××年度财务分析报告

××公司董事会:

××年度,我公司在全市经济持续稳步发展的形势下,坚持以提高效益为中心,以搞活经济、强化管理为重点,深化企业内部改革,进一步完善了企业内部经营机制,实现销售收入××万元,比去年增长××％,实现净利润××万元,比去年增长×％,并在取得良好经济效益的同时,取得了较好的社会效益。

（一）主要经济指标完成情况

本年度商品销售收入为××万元，比上年增加××万元。净资产收益率为××％，比上年的××％略有提高。全年毛利率达到××％，比上年提高××％。销售费用率本年实际为××％，比上年升高×％。全年实现利润××万元，比上年增长×％。（注：以上可列表说明）

（二）财务情况分析

1. 销售收入情况

全年度销售收入总额比上年增加××万元，增长率为×％。销售收入增加中，因为价格下降导致收入减少××万元。价格下降的原因主要为了扩大销售量，提高公司产品竞争力。

2. 销售成本情况

公司本年度销售成本总额比上年增长××万元，增长率为××％。因为销售增长××％而导致成本增加××万元，因为生产成品增加而导致销售成本增加××万元。

3. 管理费用（销售费用）水平情况

公司管理费用总额比上年增加××万元，费用水平上升××％。其中，运杂费增加××万元；职工薪酬增加××万元。从变化因素看，主要是由于公司政策因素影响。

4. 资金营运情况

20××年12月31日，全部资金占用额为××万元。

（三）财务情况总体评价

1. 经营情况综合评价（略）

2. 盈利能力评价（略）

3. 财务风险评价（偿债能力评价、现金流）（略）

4. 资产管理能力评价（略）

5. 未来发展能力评价（略）

（四）存在的问题和建议

问题之一：资金占用增长过快，结算资金占用比重较大。

建议：各级管理部门要引起重视，应抽出专人成立清收小组，积极回收，也可将奖金和工资同回收货款挂钩，调动回收人员积极性。同时，要求各部门经理要严格控制赊销商品管理，严防新的三角债产生。

问题之二：经营性亏损部门有增无减，亏损额不断增加。全公司未弥补亏损额高达××万元，比去年大幅度上升。

建议：公司管理层要加强对亏损子公司的整顿和管理，做好扭亏转盈工作。

问题之三：产品生产成品控制不力，存在不同程度的生产浪费情况。

建议：略

××公司财务部

20××年×月×日

简评：该范文撰写的是一则财务分析报告，虽然有很多内容的省略，但是，基本的思路很清晰，按照财务分析报告的一般格式来写，条理清楚，格式规范。

财务分析报告写作的参考模板

××公司××年度财务分析报告

开头：内容概述

主体：说明段

　　　　分析段

　　　　评价段

结尾：建议段

×××××××

××××年×月×日

任务实施

练一练

1. 请分析下面的财务分析报告用到了哪些财务分析方法。

2. 根据财务分析报告的写作方法，分析下面的这篇财务报告有何优点，又有哪些不足。

××公司1~7月份财务分析报告

×××有限公司董事会：

我公司于××××年×月份正式投产，在董事会的正确决策及总经理室的经营管理下，公司业务稳步增长，自×月投产至7月末，累计生产外贸服装××万件，销售服装××万件，实现销售收入×××万元，总资产规模由年初×××万元增长到×××万元，翻了一番。

（一）主要经济指标完成情况

1~7月实现销售收入×××元，其中经销收入××万元，加工收入×××万元。实现销售利润××万元，销售利润率为×％，三大费用为××万元，经营性亏损为××万元，应收账款周转天数×××天，存货周转天数×××天，总资产增长率为××％。

（二）主要财务情况分析

1. 盈利能力分析

××××年1~7月份，实现销售收入××万元，销售成本××万元，销售毛利为×万元，毛利率为10％，低于15％的行业平均毛利率水平，三大费用（销售费用、管理费用、财务费用）合计额为××万元，占销售收入的×％。从费用水平看，略高于正常水平，但考虑到三大费用具有一定的刚性，维持企业正常运转，必然产生一定的销售费用、管理费用和财务费用，随着业务量的拓展，从绝对值来看还会进一步增长，所以说单纯降低费用消耗水平，并非是提高企业经济效益的主要途径。若结合应收账款周转率、存货周转率及流动资产周转率等指标（详见营运能力指标分析），可以看出，加速资金周转，减少存货及应收账款资金占用，才是当前企业经营管理亟须解决的一个关键问题。从7月末存货资产占用×××万元来看，远远高于维持企业生产经营所需要的水平。从10％的毛利率水平来看，确实不高，但考虑到我公司是新开办企业，生产经营还处在磨合期，尤其4月份是外贸服装企业的淡季，所接订单的工价不甚理想，只求维持一定生产业务量，稳定员工队伍。另外，从成本角度来看，以缝制车间为例，我司职工的劳动生产率水平(或单位台产水平)并不高，根据测试记录与车间实际完成工时比较来看，1～7月份缝制车间平均只能完成标准工时(即测时工时)的90％还不到，为了稳定员工，还是给予相对较高的工资水准，增加了单位产品的人工成本，从而降低了毛利率水平。

这里面有新老工人技能水平差异的问题，也有经营与生产脱节，经营计划与生产调度不协调的问题，经营与生产本来就是一对矛盾，是企业生存发展的双刃剑，在以经营为中心的前提下，如何协调和处理好两者之间的关系，这是企业经营管理层应当研究的一个重要课题。

同时，我们也应注意到，经过近半年的不断磨合、调整，缝制车间的台产稳步增长，标准工时完成程度由起初的82％左右提升到目前的97％左右的水平，提升了近15个百分点；但同时由于进入夏季高温季节，水电等费用成倍增长，抵消了一部分劳动生产率提高所降低的成本，毛利率水平并没有显著提高。

因此，我们认为，目前的经营亏损是暂时性的，在正常合理的范围之内，是可控的，通过提高技术、管理水平、加强经营与生产的协调，实现计件考核制，合理拉开职工收入差距，调动职工的积极性，进一步提高劳动生产率，发展优良客户，缩短结算周期及加快资金回笼速度，确保到20××年年末达到盈亏平衡，力争略有资金积累。

2. 营运能力分析

由于我司没有自营进出口，是单纯的服装加工型企业，结算周期较长，是此类企业的特点。再加上我司投产初期，正处于服装行业的淡季，为了维持企业的正常生产水平，稳定员工队伍，甚至接三手订单，导致资金回笼慢，周转失衡。再加上由于企业基本建设及设备投资超付出，平均每月至少要××万元左右资金来支付基建及设备欠款，给企业生产经营带来了很大的资金压力，虽然5月份向××行融资××万元，也只能解燃眉之急、一时之渴。

从应收账款周转速度来看，我公司1～7月份应收账款平均周转率为1年6次不到；从周转周期来看，应收账款平均周转天数为××天，远高于30～45天的行业正常水平，导致资金周转困难，经常出现资金缺口。

从企业发展态势来看，5月始，我公司经营逐渐走向良性循环，订单工价提高，资金回笼加快，至7月末，××万元的应收账款中有一半是3月份生产出运的订单(其中：××客户×万元，××客户×万元，××客户×万元)，当前只有将这部分应收账款尽快解决，企业资金压力才能有所减轻，资金周转速度才能显著提高。

3. 偿债能力分析

如果说，营运能力指标体现了企业的经营风险，那么偿债能力指标体现了一个企业的财务风险。从流动比(流动资产与流动负债的比值)这个指标来看，7月末我公司的流动比为0.65，表明企业的流动资产不足以支付流动负债，但考虑到流动负债中有×××万是母公司投入的资金(暂未办验资增资手续)，不是实际对外负债。扣除股东借款后的流动比将近1，即流动资产勉强能够支付流动负债，企业的短期债务偿还能力存在一定的风险。

事实表明，我公司自开业至今流动资金一直处于紧张状态，这也是处于扩张期的新办企业普遍存在的问题，目前也只有通过缩短结算周期，加速资金回笼才能缓解这一矛盾。如企业能按目前趋势正常发展，计划至今年年底将基建及设备款项基本支付完毕，明年企业即能轻装上阵。

结论:综上所述,我公司自投产开业以来,生产业务量稳步增长,正处于飞速扩张阶段,在不到半年的时间里,总资产规模较年初翻了一番,但同时也面临着资金短缺、劳动生产率较低、经营与生产失调、存在着一定的经营风险与财务风险,但只要管理层及全体职工同心协力,不折不扣的落实董事会的经营方略,沿着磨合、调整、稳定、发展的经营思路,弘扬团结、创新、务实、高效的企业精神,在技术、管理、经营上更上新的一层台阶,力争到本年底扭亏为盈,为明年公司的进一步发展打下良好的基础。

报告人:××

20××年×月×日

想一想

3. 请你思考一下,如何才能写好一份财务分析报告。

写一写

4. 无锡市江南集团公司财务处古月,要写一份第二季度的财务分析报告,董事会需要了解公司本季度的财务状况,以便为下季度的公司营运作出正确的决策。

请根据这个情况,结合下面相关的材料和数据,撰写一份财务分析报告。

材料一:资产负债表分析。

项　　目	时间		增减额	增减率
	20××年3月	20××年6月		
流动资产	86 118.26	159 232.85	73 114.59	84.90%
非流动资产	17 495.22	40 693.03	23 197.81	132.60%
资产总计	103 613.48	199 925.88	96 312.40	92.95%
流动负债	76 154.14	160 437.79	84 283.64	110.68%
非流动负债	37.50	168.44	130.94	349.17%
负债合计	76 191.64	160 606.23	84 414.58	110.79%
股东权益	27 421.83	39 319.65	11 897.82	43.39%

材料二:利润表分析。

项　　目	本季度数	本年累计	同期累计	增减额	增减率
营业收入	72 183.41	300 529.25	126 656.40	173 872.85	137.28%
营业成本	56 625.25	243 560.08	103 475.63	140 084.46	135.38%
税金及附加	34.14	836.12	583.00	253.12	43.42%
销售费用	9 206.35	36 308.05	15 263.08	21 044.96	137.88%
管理费用	3 909.97	10 023.08	3 359.67	6 663.41	198.34%
财务费用	52.71	290.98	170.88	120.1	70.28%
营业利润	2 439.25	9 776.73	4 859.24	4 917.49	101.20%
利润总额	2 509.69	9 906.00	4 935.68	4 970.32	100.70%
净利润	1 634.39	7 851.99	4 215.94	3 636.05	86.25%

附录一　党政机关公文处理工作条例

中办发〔2012〕14 号

第一章　总则

第一条　为了适应中国共产党机关和国家行政机关(以下简称党政机关)工作需要,推进党政机关公文处理工作科学化、制度化、规范化,制定本条例。

第二条　本条例适用于各级党政机关公文处理工作。

第三条　党政机关公文是党政机关实施领导、履行职能、处理公务的具有特定效力和规范体式的文书,是传达贯彻党和国家方针政策,公布法规和规章,指导、布置和商洽工作,请示和答复问题,报告、通报和交流情况等的重要工具。

第四条　公文处理工作是指公文拟制、办理、管理等一系列相互关联、衔接有序的工作。

第五条　公文处理工作应当坚持实事求是、准确规范、精简高效、安全保密的原则。

第六条　各级党政机关应当高度重视公文处理工作,加强组织领导,强化队伍建设,设立文秘部门或者由专人负责公文处理工作。

第七条　各级党政机关办公厅(室)主管本机关的公文处理工作,并对下级机关的公文处理工作进行业务指导和督促检查。

第二章　公文种类

第八条　公文种类主要有:

(一)决议。适用于会议讨论通过的重大决策事项。

(二)决定。适用于对重要事项作出决策和部署、奖惩有关单位和人员、变更或者撤销下级机关不适当的决定事项。

(三)命令(令)。适用于公布行政法规和规章、宣布施行重大强制性措施、批准授予和晋升衔级、嘉奖有关单位和人员。

(四)公报。适用于公布重要决定或者重大事项。

(五)公告。适用于向国内外宣布重要事项或者法定事项。

(六)通告。适用于在一定范围内公布应当遵守或者周知的事项。

(七)意见。适用于对重要问题提出见解和处理办法。

(八)通知。适用于发布、传达要求下级机关执行和有关单位周知或者执行的事项,批转、转发公文。

(九)通报。适用于表彰先进、批评错误、传达重要精神和告知重要情况。

（十）报告。适用于向上级机关汇报工作、反映情况，回复上级机关的询问。

（十一）请示。适用于向上级机关请求指示、批准。

（十二）批复。适用于答复下级机关请示事项。

（十三）议案。适用于各级人民政府按照法律程序向同级人民代表大会或者人民代表大会常务委员会提请审议事项。

（十四）函。适用于不相隶属机关之间商洽工作、询问和答复问题、请求批准和答复审批事项。

（十五）纪要。适用于记载会议主要情况和议定事项。

第三章　公文格式

第九条　公文一般由份号、密级和保密期限、紧急程度、发文机关标志、发文字号、签发人、标题、主送机关、正文、附件说明、发文机关署名、成文日期、印章、附注、附件、抄送机关、印发机关和印发日期、页码等组成。

（一）份号。公文印制份数的顺序号。涉密公文应当标注份号。

（二）密级和保密期限。公文的秘密等级和保密的期限。涉密公文应当根据涉密程度分别标注"绝密""机密""秘密"和保密期限。

（三）紧急程度。公文送达和办理的时限要求。根据紧急程度，紧急公文应当分别标注"特急""加急"，电报应当分别标注"特提""特急""加急""平急"。

（四）发文机关标志。由发文机关全称或者规范化简称加"文件"二字组成，也可以使用发文机关全称或者规范化简称。联合行文时，发文机关标志可以并用联合发文机关名称，也可以单独用主办机关名称。

（五）发文字号。由发文机关代字、年份、发文顺序号组成。联合行文时，使用主办机关的发文字号。

（六）签发人。上行文应当标注签发人姓名。

（七）标题。由发文机关名称、事由和文种组成。

（八）主送机关。公文的主要受理机关，应当使用机关全称、规范化简称或者同类型机关统称。

（九）正文。公文的主体，用来表述公文的内容。

（十）附件说明。公文附件的顺序号和名称。

（十一）发文机关署名。署发文机关全称或者规范化简称。

（十二）成文日期。署会议通过或者发文机关负责人签发的日期。联合行文时，署最后签发机关负责人签发的日期。

（十三）印章。公文中有发文机关署名的，应当加盖发文机关印章，并与署名机关相符。有特定发文机关标志的普发性公文和电报可以不加盖印章。

（十四）附注。公文印发传达范围等需要说明的事项。

（十五）附件。公文正文的说明、补充或者参考资料。

（十六）抄送机关。除主送机关外需要执行或者知晓公文内容的其他机关，应当使用机关全称、规范化简称或者同类型机关统称。

（十七）印发机关和印发日期。公文的送印机关和送印日期。

第十条 公文的版式按照《党政机关公文格式》国家标准执行。

第十一条 公文使用的汉字、数字、外文字符、计量单位和标点符号等，按照有关国家标准和规定执行。民族自治地方的公文，可以并用汉字和当地通用的少数民族文字。

第十二条 公文用纸幅面采用国际标准 A4 型。特殊形式的公文用纸幅面，根据实际需要确定。

第四章　行文规则

第十三条 行文应当确有必要，讲求实效，注重针对性和可操作性。

第十四条 行文关系根据隶属关系和职权范围确定。一般不得越级行文，特殊情况需要越级行文的，应当同时抄送被越过的机关。

第十五条 向上级机关行文，应当遵循以下规则：

（一）原则上主送一个上级机关，根据需要同时抄送相关上级机关和同级机关，不抄送下级机关。

（二）党委、政府的部门向上级主管部门请示、报告重大事项，应当经本级党委、政府同意或者授权；属于部门职权范围内的事项应当直接报送上级主管部门。

（三）下级机关的请示事项，如需以本机关名义向上级机关请示，应当提出倾向性意见后上报，不得原文转报上级机关。

（四）请示应当一文一事。不得在报告等非请示性公文中夹带请示事项。

（五）除上级机关负责人直接交办事项外，不得以本机关名义向上级机关负责人报送公文，不得以本机关负责人名义向上级机关报送公文。

（六）受双重领导的机关向一个上级机关行文，必要时抄送另一个上级机关。

第十六条 向下级机关行文，应当遵循以下规则：

（一）主送受理机关，根据需要抄送相关机关。重要行文应当同时抄送发文机关的直接上级机关。

（二）党委、政府的办公厅（室）根据本级党委、政府授权，可以向下级党委、政府行文，其他部门和单位不得向下级党委、政府发布指令性公文或者在公文中向下级党委、政府提出指令性要求。需经政府审批的具体事项，经政府同意后可以由政府职能部门行文，文中须注明已经政府同意。

（三）党委、政府的部门在各自职权范围内可以向下级党委、政府的相关部门行文。

（四）涉及多个部门职权范围内的事务，部门之间未协商一致的，不得向下行文；擅自行文的，上级机关应当责令其纠正或者撤销。

（五）上级机关向受双重领导的下级机关行文，必要时抄送该下级机关的另一个上级机关。

第十七条 同级党政机关、党政机关与其他同级机关必要时可以联合行文。属于党委、政府各自职权范围内的工作，不得联合行文。党委、政府的部门依据职权可以相互行文。部门内设机构除办公厅（室）外不得对外正式行文。

第五章　公文拟制

第十八条　公文拟制包括公文的起草、审核、签发等程序。

第十九条　公文起草应当做到：

（一）符合国家法律法规和党的路线方针政策，完整准确体现发文机关意图，并同现行有关公文相衔接。

（二）一切从实际出发，分析问题实事求是，所提政策措施和办法切实可行。

（三）内容简洁，主题突出，观点鲜明，结构严谨，表述准确，文字精炼。

（四）文种正确，格式规范。

（五）深入调查研究，充分进行论证，广泛听取意见。

（六）公文涉及其他地区或者部门职权范围内的事项，起草单位必须征求相关地区或者部门意见，力求达成一致。

（七）机关负责人应当主持、指导重要公文起草工作。

第二十条　公文文稿签发前，应当由发文机关办公厅（室）进行审核。审核的重点是：

（一）行文理由是否充分，行文依据是否准确。

（二）内容是否符合国家法律法规和党的路线方针政策；是否完整准确体现发文机关意图；是否同现行有关公文相衔接；所提政策措施和办法是否切实可行。

（三）涉及有关地区或者部门职权范围内的事项是否经过充分协商并达成一致意见。

（四）文种是否正确，格式是否规范；人名、地名、时间、数字、段落顺序、引文等是否准确；文字、数字、计量单位和标点符号等用法是否规范。

（五）其他内容是否符合公文起草的有关要求。

需要发文机关审议的重要公文文稿，审议前由发文机关办公厅（室）进行初核。

第二十一条　经审核不宜发文的公文文稿，应当退回起草单位并说明理由；符合发文条件但内容需作进一步研究和修改的，由起草单位修改后重新报送。

第二十二条　公文应当经本机关负责人审批签发。重要公文和上行文由机关主要负责人签发。党委、政府的办公厅（室）根据党委、政府授权制发的公文，由受权机关主要负责人签发或者按照有关规定签发。签发人签发公文，应当签署意见、姓名和完整日期；圈阅或者签名的，视为同意。联合发文由所有联署机关的负责人会签。

第六章　公文办理

第二十三条　公文办理包括收文办理、发文办理和整理归档。

第二十四条　收文办理主要程序是：

（一）签收。对收到的公文应当逐件清点，核对无误后签字或者盖章，并注明签收时间。

（二）登记。对公文的主要信息和办理情况应当详细记载。

（三）初审。对收到的公文应当进行初审。初审的重点是：是否应当由本机关办理，是否符合行文规则，文种、格式是否符合要求，涉及其他地区或者部门职权范围内的事项是否已经协商、会签，是否符合公文起草的其他要求。经初审不符合规定的公文，应当及时退回来文单位并说明理由。

（四）承办。阅知性公文应当根据公文内容、要求和工作需要确定范围后分送。批办性公文应当提出拟办意见报本机关负责人批示或者转有关部门办理；需要两个以上部门办理的，应当明确主办部门。紧急公文应当明确办理时限。承办部门对交办的公文应当及时办理，有明确办理时限要求的应当在规定时限内办理完毕。

（五）传阅。根据领导批示和工作需要将公文及时送传阅对象阅知或者批示。办理公文传阅应当随时掌握公文去向，不得漏传、误传、延误。

（六）催办。及时了解掌握公文的办理进展情况，督促承办部门按期办结。紧急公文或者重要公文应当由专人负责催办。

（七）答复。公文的办理结果应当及时答复来文单位，并根据需要告知相关单位。

第二十五条　发文办理主要程序是：

（一）复核。已经发文机关负责人签批的公文，印发前应当对公文的审批手续、内容、文种、格式等进行复核；需作实质性修改的，应当报原签批人复审。

（二）登记。对复核后的公文，应当确定发文字号、分送范围和印制份数并详细记载。

（三）印制。公文印制必须确保质量和时效。涉密公文应当在符合保密要求的场所印制。

（四）核发。公文印制完毕，应当对公文的文字、格式和印刷质量进行检查后分发。

第二十六条　涉密公文应当通过机要交通、邮政机要通信、城市机要文件交换站或者收发件机关机要收发人员进行传递，通过密码电报或者符合国家保密规定的计算机信息系统进行传输。

第二十七条　需要归档的公文及有关材料，应当根据有关档案法律法规以及机关档案管理规定，及时收集齐全、整理归档。两个以上机关联合办理的公文，原件由主办机关归档，相关机关保存复制件。机关负责人兼任其他机关职务的，在履行所兼职务过程中形成的公文，由其兼职机关归档。

第七章　公文管理

第二十八条　各级党政机关应当建立健全本机关公文管理制度，确保管理严格规范，充分发挥公文效用。

第二十九条　党政机关公文由文秘部门或者专人统一管理。设立党委（党组）的县级以上单位应当建立机要保密室和机要阅文室，并按照有关保密规定配备工作人员和必要的安全保密设施设备。

第三十条　公文确定密级前，应当按照拟定的密级先行采取保密措施。确定密级后，应当按照所定密级严格管理。绝密级公文应当由专人管理。公文的密级需要变更或者解除的，由原确定密级的机关或者其上级机关决定。

第三十一条　公文的印发传达范围应当按照发文机关的要求执行；需要变更的，应当经发文机关批准。涉密公文公开发布前应当履行解密程序。公开发布的时间、形式和渠道，由发文机关确定。经批准公开发布的公文，同发文机关正式印发的公文具有同等效力。

第三十二条　复制、汇编机密级、秘密级公文，应当符合有关规定并经本机关负责人批准。绝密级公文一般不得复制、汇编,确有工作需要的,应当经发文机关或者其上级机关批准。复制、汇编的公文视同原件管理。复制件应当加盖复制机关戳记。翻印件应当注明翻印的机关名称、日期。汇编本的密级按照编入公文的最高密级标注。

第三十三条 公文的撤销和废止,由发文机关、上级机关或者权力机关根据职权范围和有关法律法规决定。公文被撤销的,视为自始无效;公文被废止的,视为自废止之日起失效。

第三十四条 涉密公文应当按照发文机关的要求和有关规定进行清退或者销毁。

第三十五条 不具备归档和保存价值的公文,经批准后可以销毁。销毁涉密公文必须严格按照有关规定履行审批登记手续,确保不丢失、不漏销。个人不得私自销毁、留存涉密公文。

第三十六条 机关合并时,全部公文应当随之合并管理;机关撤销时,需要归档的公文经整理后按照有关规定移交档案管理部门。

工作人员离岗离职时,所在机关应当督促其将暂存、借用的公文按照有关规定移交、清退。

第三十七条 新设立的机关应当向本级党委、政府的办公厅(室)提出发文立户申请。经审查符合条件的,列为发文单位,机关合并或者撤销时,相应进行调整。

第八章 附则

第三十八条 党政机关公文含电子公文。电子公文处理工作的具体办法另行制定。

第三十九条 法规、规章方面的公文,依照有关规定处理。外事方面的公文,依照外事主管部门的有关规定处理。

第四十条 其他机关和单位的公文处理工作,可以参照本条例执行。

第四十一条 本条例由中共中央办公厅、国务院办公厅负责解释。

第四十二条 本条例自 2012 年 7 月 1 日起施行。1996 年 5 月 3 日中共中央办公厅发布的《中国共产党机关公文处理条例》和 2000 年 8 月 24 日国务院发布的《国家行政机关公文处理办法》停止执行。

中共中央办公厅 国务院办公厅
2012 年 4 月 12 日

附录二 党政机关公文格式

（GB/T 9704—2012）

1 范围

本标准规定了党政机关公文通用的纸张要求、排版和印制装订要求、公文格式各要素的编排规则，并给出了公文的式样。

本标准适用于各级党政机关制发的公文。其他机关和单位的公文可以参照执行。

使用少数民族文字印制的公文，其用纸、幅面尺寸及版面、印制等要求按照本标准执行，其余可以参照本标准并按照有关规定执行。

2 规范性引用文件

下列文件对于本标准的应用是必不可少的。凡是注日期的引用文件，仅所注日期的版本适用于本标准。凡是不注日期的引用文件，其最新版本（包括所有的修改单）适用于本标准。

GB/T 148 印刷、书写和绘图纸幅面尺寸

GB 3100 国际单位制及其应用

GB 3101 有关量、单位和符号的一般原则

GB 3102（所有部分） 量和单位

GB/T 15834 标点符号用法

GB/T 15835 出版物上数字用法

3 术语和定义

下列术语和定义适用于本标准。

3.1 字 word

标示公文中横向距离的长度单位。在本标准中，一字指一个汉字宽度的距离。

3.2 行 line

标示公文中纵向距离的长度单位。在本标准中，一行指一个汉字的高度加 3 号汉字高度的 7/8 的距离。

4 公文用纸主要技术指标

公文用纸一般使用纸张定量为 $60\ g/m^2 \sim 80\ g/m^2$ 的胶版印刷纸或复印纸。纸张白度

194

80%～90%,横向耐折度≥15 次,不透明度≥85%,pH 值为 7.5～9.5。

5　公文用纸幅面尺寸及版面要求

5.1　幅面尺寸

公文用纸采用 GB/T 148 中规定的 A4 型纸,其成品幅面尺寸为:210 mm×297 mm。

5.2　版面

5.2.1　页边与版心尺寸

公文用纸天头(上白边)为 37 mm±1 mm,公文用纸订口(左白边)为 28 mm±1 mm,版心尺寸为 156 mm×225 mm。

5.2.2　字体和字号

如无特殊说明,公文格式各要素一般用 3 号仿宋体字。特定情况可以作适当调整。

5.2.3　行数和字数

一般每面排 22 行,每行排 28 个字,并撑满版心。特定情况可以作适当调整。

5.2.4　文字的颜色

如无特殊说明,公文中文字的颜色均为黑色。

6　印制装订要求

6.1　制版要求

版面干净无底灰,字迹清楚无断划,尺寸标准,版心不斜,误差不超过 1 mm。

6.2　印刷要求

双面印刷;页码套正,两面误差不超过 2 mm。黑色油墨应当达到色谱所标 BL100%,红色油墨应当达到色谱所标 Y80%、M80%。印品着墨实、均匀;字面不花、不白、无断划。

6.3　装订要求

公文应当左侧装订,不掉页,两页页码之间误差不超过 4 mm,裁切后的成品尺寸允许误差±2 mm,四角成 90°,无毛茬或缺损。

骑马订或平订的公文应当:

a) 订位为两钉外订眼距版面上下边缘各 70 mm 处,允许误差±4 mm;

b) 无坏钉、漏钉、重钉,钉脚平伏牢固;

c) 骑马订钉锯均订在折缝线上,平订钉锯与书脊间的距离为 3 mm～5 mm。

包本装订公文的封皮(封面、书脊、封底)与书芯应吻合、包紧、包平、不脱落。

7 公文格式各要素编排规则

7.1 公文格式各要素的划分

本标准将版心内的公文格式各要素划分为版头、主体、版记三部分。公文首页红色分隔线以上的部分称为版头;公文首页红色分隔线(不含)以下、公文末页首条分隔线(不含)以上的部分称为主体;公文末页首条分隔线以下、末条分隔线以上的部分称为版记。

页码位于版心外。

7.2 版头

7.2.1 份号

如需标注份号,一般用 6 位 3 号阿拉伯数字,顶格编排在版心左上角第一行。

7.2.2 密级和保密期限

如需标注密级和保密期限,一般用 3 号黑体字,顶格编排在版心左上角第二行;保密期限中的数字用阿拉伯数字标注。

7.2.3 紧急程度

如需标注紧急程度,一般用 3 号黑体字,顶格编排在版心左上角;如需同时标注份号、密级和保密期限、紧急程度,按照份号、密级和保密期限、紧急程度的顺序自上而下分行排列。

7.2.4 发文机关标志

由发文机关全称或者规范化简称加"文件"二字组成,也可以使用发文机关全称或者规范化简称。

发文机关标志居中排布,上边缘至版心上边缘为 35 mm,推荐使用小标宋体字,颜色为红色,以醒目、美观、庄重为原则。

联合行文时,如需同时标注联署发文机关名称,一般应当将主办机关名称排列在前;如有"文件"二字,应当置于发文机关名称右侧,以联署发文机关名称为准上下居中排布。

7.2.5 发文字号

编排在发文机关标志下空二行位置,居中排布。年份、发文顺序号用阿拉伯数字标注;年份应标全称,用六角括号"〔〕"括入;发文顺序号不加"第"字,不编虚位(即 1 不编为 01),在阿拉伯数字后加"号"字。

上行文的发文字号居左空一字编排,与最后一个签发人姓名处在同一行。

7.2.6 签发人

由"签发人"三字加全角冒号和签发人姓名组成,居右空一字,编排在发文机关标志下空二行位置。"签发人"三字用 3 号仿宋体字,签发人姓名用 3 号楷体字。

如有多个签发人,签发人姓名按照发文机关的排列顺序从左到右、自上而下依次均匀编排,一般每行排两个姓名,回行时与上一行第一个签发人姓名对齐。

7.2.7 版头中的分隔线

发文字号之下 4 mm 处居中印一条与版心等宽的红色分隔线。

7.3 主体

7.3.1 标题

一般用 2 号小标宋体字,编排于红色分隔线下空二行位置,分一行或多行居中排布;回行时,要做到词意完整,排列对称,长短适宜,间距恰当,标题排列应当使用梯形或菱形。

7.3.2 主送机关

编排于标题下空一行位置,居左顶格,回行时仍顶格,最后一个机关名称后标全角冒号。如主送机关名称过多导致公文首页不能显示正文时,应当将主送机关名称移至版记,标注方法见 7.4.2。

7.3.3 正文

公文首页必须显示正文。一般用 3 号仿宋体字,编排于主送机关名称下一行,每个自然段左空二字,回行顶格。文中结构层次序数依次可以用"一、""(一)""1.""(1)"标注;一般第一层用黑体字、第二层用楷体字、第三层和第四层用仿宋体字标注。

7.3.4 附件说明

如有附件,在正文下空一行左空二字编排"附件"二字,后标全角冒号和附件名称。如有多个附件,使用阿拉伯数字标注附件顺序号(如"附件:1.××××××");附件名称后不加标点符号。附件名称较长需回行时,应当与上一行附件名称的首字对齐。

7.3.5 发文机关署名、成文日期和印章

7.3.5.1 加盖印章的公文

成文日期一般右空四字编排,印章用红色,不得出现空白印章。

单一机关行文时,一般在成文日期之上、以成文日期为准居中编排发文机关署名,印章端正、居中下压发文机关署名和成文日期,使发文机关署名和成文日期居印章中心偏下位置,印章顶端应当上距正文(或附件说明)一行之内。

联合行文时,一般将各发文机关署名按照发文机关顺序整齐排列在相应位置,并将印章一一对应、端正、居中下压发文机关署名,最后一个印章端正、居中下压发文机关署名和成文日期,印章之间排列整齐、互不相交或相切,每排印章两端不得超出版心,首排印章顶端应当上距正文(或附件说明)一行之内。

7.3.5.2 不加盖印章的公文

单一机关行文时,在正文(或附件说明)下空一行右空二字编排发文机关署名,在发文机关署名下一行编排成文日期,首字比发文机关署名首字右移二字,如成文日期长于发文机关署名,应当使成文日期右空二字编排,并相应增加发文机关署名右空字数。

联合行文时,应当先编排主办机关署名,其余发文机关署名依次向下编排。

7.3.5.3 加盖签发人签名章的公文

单一机关制发的公文加盖签发人签名章时,在正文(或附件说明)下空二行右空四字加盖签发人签名章,签名章左空两字标注签发人职务,以签名章为准上下居中排布。在签发人签名章下空一行右空四字编排成文日期。

联合行文时,应当先编排主办机关签发人职务、签名章,其余机关签发人职务、签名章依次向下编排,与主办机关签发人职务、签名章上下对齐;每行只编排一个机关的签发人职务、签名章;签发人职务应当标注全称。

签名章一般用红色。

7.3.5.4 成文日期中的数字

用阿拉伯数字将年、月、日标全,年份应标全称,月、日不编虚位(即 1 不编为 01)。

7.3.5.5 特殊情况说明

当公文排版后所剩空白处不能容下印章或签发人签名章、成文日期时,可以采取调整行距、字距的措施解决。

7.3.6 附注

如有附注,居左空两字加圆括号编排在成文日期下一行。

7.3.7 附件

附件应当另面编排,并在版记之前,与公文正文一起装订。"附件"二字及附件顺序号用 3 号黑体字顶格编排在版心左上角第一行。附件标题居中编排在版心第三行。附件顺序号和附件标题应当与附件说明的表述一致。附件格式要求同正文。

如附件与正文不能一起装订,应当在附件左上角第一行顶格编排公文的发文字号并在其后标注"附件"二字及附件顺序号。

7.4 版记

7.4.1 版记中的分隔线

版记中的分隔线与版心等宽,首条分隔线和末条分隔线用粗线(推荐高度为 0.35 mm),中间的分隔线用细线(推荐高度为 0.25 mm)。首条分隔线位于版记中第一个要素之上,末条分隔线与公文最后一面的版心下边缘重合。

7.4.2 抄送机关

如有抄送机关,一般用 4 号仿宋体字,在印发机关和印发日期之上一行、左右各空一字编排。"抄送"二字后加全角冒号和抄送机关名称,回行时与冒号后的首字对齐,最后一个抄送机关名称后标句号。

如需把主送机关移至版记,除将"抄送"二字改为"主送"外,编排方法同抄送机关。既有主送机关又有抄送机关时,应当将主送机关置于抄送机关之上一行,之间不加分隔线。

7.4.3 印发机关和印发日期

印发机关和印发日期一般用 4 号仿宋体字,编排在末条分隔线之上,印发机关左空一字,印发日期右空一字,用阿拉伯数字将年、月、日标全,年份应标全称,月、日不编虚位(即 1 不编为 01),后加"印发"二字。

版记中如有其他要素,应当将其与印发机关和印发日期用一条细分隔线隔开。

7.5 页码

一般用 4 号半角宋体阿拉伯数字,编排在公文版心下边缘之下,数字左右各放一条一字线;一字线上距版心下边缘 7 mm。单页码居右空一字,双页码居左空一字。公文的版记页前有空白页的,空白页和版记页均不编排页码。公文的附件与正文一起装订时,页码应当连续编排。

8 公文中的横排表格

A4 纸型的表格横排时,页码位置与公文其他页码保持一致,单页码表头在订口一边,双页码表头在切口一边。

9 公文中计量单位、标点符号和数字的用法

公文中计量单位的用法应当符合 GB 3100、GB 3101 和 GB 3102(所有部分),标点符号的用法应当符合 GB/T 15834,数字用法应当符合 GB/T 15835。

10 公文的特定格式

10.1 信函格式

发文机关标志使用发文机关全称或者规范化简称,居中排布,上边缘至上页边为 30 mm,推荐使用红色小标宋体字。联合行文时,使用主办机关标志。

发文机关标志下 4 mm 处印一条红色双线(上粗下细),距下页边 20 mm 处印一条红色双线(上细下粗),线长均为 170 mm,居中排布。

如需标注份号、密级和保密期限、紧急程度,应当顶格居版心左边缘编排在第一条红色双线下,按照份号、密级和保密期限、紧急程度的顺序自上而下分行排列,第一个要素与该线的距离为 3 号汉字高度的 7/8。

发文字号顶格居版心右边缘编排在第一条红色双线下,与该线的距离为 3 号汉字高度的 7/8。

标题居中编排,与其上最后一个要素相距二行。

第二条红色双线上一行如有文字,与该线的距离为 3 号汉字高度的 7/8。

首页不显示页码。

版记不加印发机关和印发日期、分隔线,位于公文最后一面版心内最下方。

10.2 命令(令)格式

发文机关标志由发文机关全称加"命令"或"令"字组成,居中排布,上边缘至版心上边缘为 20 mm,推荐使用红色小标宋体字。

发文机关标志下空二行居中编排令号,令号下空二行编排正文。

签发人职务、签名章和成文日期的编排见 7.3.5.3。

10.3 纪要格式

纪要标志由"×××××纪要"组成,居中排布,上边缘至版心上边缘为 35 mm,推荐使用红色小标宋体字。

标注出席人员名单,一般用 3 号黑体字,在正文或附件说明下空一行左空两字编排"出

席"二字,后标全角冒号,冒号后用 3 号仿宋体字标注出席人单位、姓名,回行时与冒号后的首字对齐。

标注请假和列席人员名单,除依次另起一行并将"出席"二字改为"请假"或"列席"外,编排方法同出席人员名单。

纪要格式可以根据实际制定。

11　式样

A4 型公文用纸页边及版心尺寸见图 1;公文首页版式见图 2;联合行文公文首页版式 1 见图 3;联合行文公文首页版式 2 见图 4;公文末页版式 1 见图 5;公文末页版式 2 见图 6;联合行文公文末页版式 1 见图 7;联合行文公文末页版式 2 见图 8;附件说明页版式见图 9;带附件公文末页版式见图 10;信函格式首页版式见图 11。

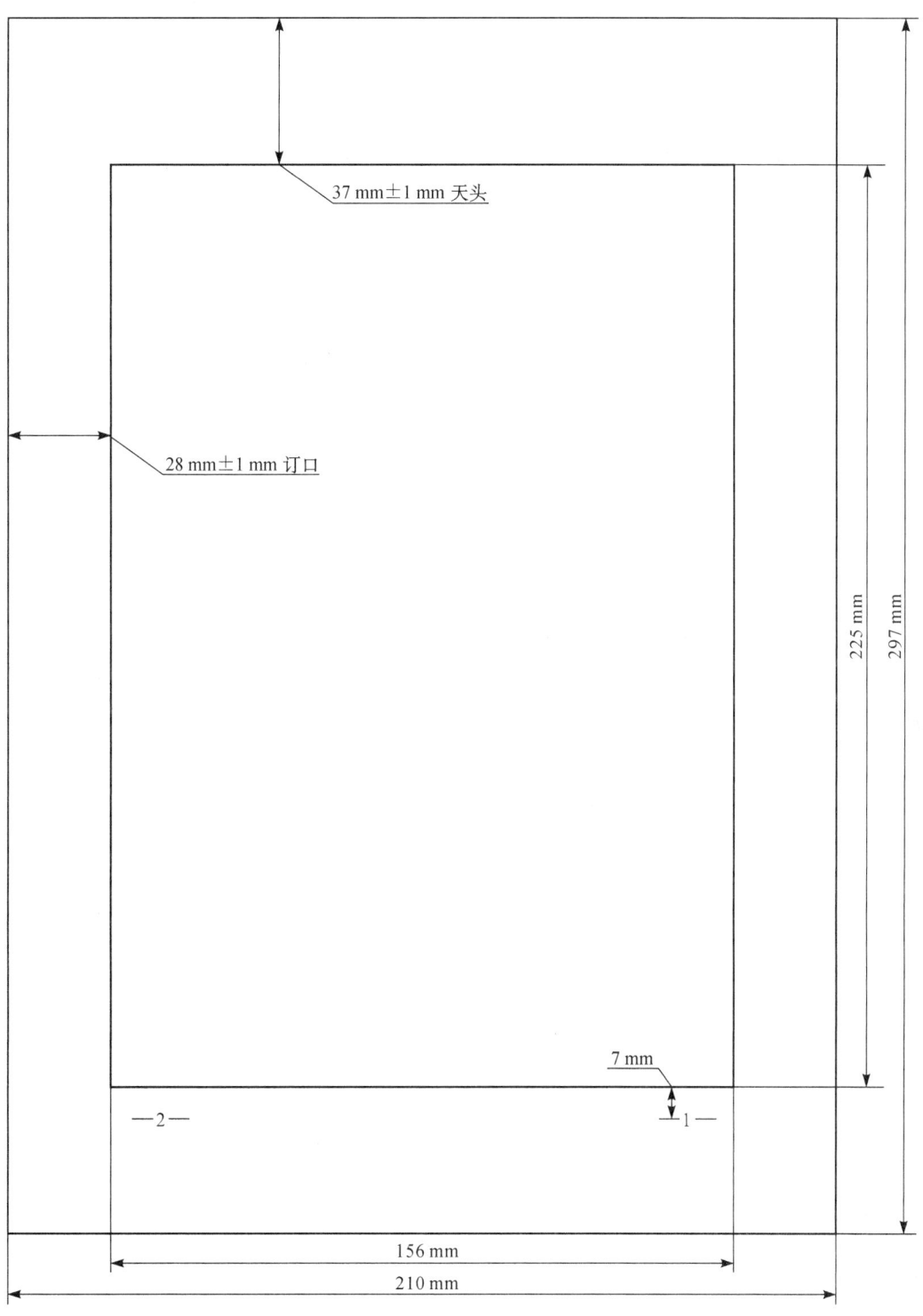

37 mm±1 mm 天头

28 mm±1 mm 订口

225 mm

297 mm

7 mm

—2—

—1—

156 mm

210 mm

图1 A4型公文用纸页边及版心尺寸

000001

机密 ★1 年

特急

×××〔20××〕10 号

×××××关于××××××的通知

×××××××:

　　×××××××××××××××××××××××

×××××××××××××××××××××××××

×××××××××××××××××××××××××

××××。

　　×××××××××××××××××××××××

×××××××××××。

　　××××××××××。

　　×××××。××××××××××××××××

××××××××××××××××××××××××

×××××××××××××××××××××××××

— 1 —

图 2　公文首页版式

注：版心实线框仅为示意，在印制公文时并不印出。

000001

机密★1年

特急

××××××

×　　×　　×　文件

×××××

×××〔20××〕10 号

××××××关于××××××的通知

×××××××:

　　××××××××××××××××××××××××××

　　××××××××××××××××××××××××××

××××××××××××××××××××××××××

×××××××××××××××××××××××××

××××。

　　××××××××××××××××××××××××××

— 1 —

图 3　联合行文公文首页版式 1

注:版心实线框仅为示意,在印制公文时并不印出。

000001

机　密

特　急

×××××

×　　×　　×

×××××

签发人：×××　×××

×××

×××〔20××〕10 号

××××××关于×××××××的请示

×××××××××：

　　××××××××××××××××××××××

××××××××××××××××××××××××

××××××××××××××××××××××××

××××。

　　××××××××××××××××××××××××

— 1 —

图 4　联合行文公文首页版式 2

注：版心实线框仅为示意，在印制公文时并不印出。

××××××××××××××。
　　×××××××××××××××××××××
××××××××××××××××××××××
××××××××××。

(此处盖相关机关公章)
×　　×　部
20××年 7 月 1 日

(×××××)

抄送:××××××××,××××××,×××××,×××××,
　　×××××。

×××××××××　　　　　　　　20××年 7 月 1 日印发

图 5　公文末页版式 1

注:版心实线框仅为示意,在印制公文时并不印出。

××××××××××××××××。
　　××××××××××××××××××××××
××××××××××××××××××××××××
××××××××。

　　　　　　　　　　××××××××××
　　　　　　　　　　20××年 7 月 1 日

（×××××）

抄送：×××××××××，×××××××，×××××，×××××，
　　　×××××。

×××××××××　　　　　　　　20××年 7 月 1 日印发

— 2 —

图 6　公文末页版式 2

注：版心实线框仅为示意，在印制公文时并不印出。

××××××××××××××××，

　××××××××××××××××××××××

×××××××××××××××××××××××××

××××××××××。

　　　　　　　　　　(此处盖相关机关公章)　　(此处盖相关机关公章)

　　　　　　　　　×　×　部　　　　×　×　部

　　　　　　　　　　　　　　　　　20××年 7 月 1 日

　（×××××）

抄送: ×××××××，××××××，×××××，×××××，

　××××。

×××××××××　　　　　　　　20××年 7 月 1 日印发

— 2 —

图 7　联合行文公文末页版式 1

注: 版心实线框仅为示意,在印制公文时并不印出。

×××××××××××××××。
　×××××××××××××××××××××××
××××××××××××××××××××××××××
×××××××××。

　　　　（此处盖相关机关公章）　　　（此处盖相关机关公章）　　　（此处盖相关机关公章）
　　　　× 　 × 　部　　　　　× 　 × 　部　　　　　× 　 × 　部

　　　　　（此处盖相关机关公章）　　　（此处盖相关机关公章）
　　　　　× 　 × 　部　　　　　× 　 × 　部
　　　　　　　　　　　　　　　　　20××年 7 月 1 日

　　（×××××）

抄送：×××××××××，×××××××，×××××，×××××，
　　　×××××。

××××××××　　　　　　　　　　20××年 7 月 1 日印发

— 2 —

图 8　联合行文公文末页版式 2

注：版心实线框仅为示意，在印制公文时并不印出。

×××××××××××××

　×××××××××××××××××××

××××××××××××××××××××××

××××××××××××.

　　附件：1.××××××××××××××××××

　　　　　×××××

　　　　2.×××××××××××

　　　　　　　　　××××××××

　　　　　　　　　×　×　×　×

　　　　　　　　　　20××年7月1日

（×××××）

图9 附件说明页版式

注：版心实线框仅为示意，在印制公文时并不印出。

附件2

××××××××××××

　　×××××××××××××××××××××××××
××××××××××××××××××××××××××
×××。
　　×××××××××××××××××××××××××
×××××××××××××××××××××××××××
×××××××××××××××××××××××××××
×××××××××××××××××××××××××××
×××××××××××××××××××××××××××
××××××××××××××××。

抄送：××××××××，××××××，×××××，×××××，
　　×××××。

××××××××　　　　　　　　　　20××年 7 月 1 日 印 发

— 4 —

图 10　带附件公文末页版式

注：版心实线框仅为示意，在印制公文时并不印出。

中华人民共和国×××××部

000001　　　　　　　　　　　×××〔20××〕10号

机　密

特　急

×××××关于×××××××的通知

×××××××××：

　　×××××××××××××××××××××××××
×××××××××××××××××××××××××××××
×××××××××××××××××××××××××××××
×××××××××××××

　　×××××××××××××××××××××××××××
×××××××××××××××××××××××××××××
×××××××××××××××××××

　　×××××××××××××××××××××××××××
×××××××××××××××××××××××××××××
×××××××××××××××××××××××××××××
×××××××××××××××××××××××××××××
×××××××××××××××××××

　　×××××××××××××××××××××××××××

图 11　信函格式首页版式

注：版心实线框仅为示意，在印制公文时并不印出。